वाल्ट ह्विटमन

घास की पत्तियाँ : संचयन

महात्मा गांधी अन्तरराष्ट्रीय हिन्दी
विश्वविद्यालय, वर्धा

वाणी प्रकाशन
नयी दिल्ली

वाल्ट ह्विटमन

घास की पत्तियाँ : संचयन

हिन्दी अनुवाद
चंद्रबली सिंह

वाणी प्रकाशन

'लोगो' वाणी प्रकाशन : मक़बूल फ़िदा हुसेन

वाणी प्रकाशन, 4695, 21-ए, दरियागंज, नयी दिल्ली-110002

वाणी प्रकाशन, अशोक राजपथ (पटना कॉलेज के सामने), पटना (बिहार)

WALT WHITMAN : GHASS KI PATTIYAN : SANCHAYAN

***Translated by* Chandrabali Singh**

Poetry

ISBN : 978-93-5000-494-4

महात्मा गांधी अन्तरराष्ट्रीय हिन्दी विश्वविद्यालय, वर्धा
के लिए प्रकाशित

प्रथम संस्करण

मूल्य : 350/-

वाणी प्रकाशन

फोन : 0091#11#23273167, फोन व फैक्स 23275710

वेबसाइट : www.vaniprakashan.in

ई-मेल : vaniprakashan@gmail.com

आर.टेक ऑफसेट द्वारा दिल्ली-110095 में मुद्रित

समर्पण

चार अत्यंत प्रिय दिवंगतों को

शिवनाथ सिंह
डॉ. रामविलास शर्मा
केदारनाथ अग्रवाल
डॉ. ओमप्रकाश ग्रेवाल

पुरोवाक्

वाल्ट ह्विटमन का काव्याकाश

वाल्ट ह्विटमन (1819-1892) अमेरिकी कविता के आदि-पुरुष हैं। यूरोपीय परम्परा से अलग अमेरिका की अपनी खाँटी पहचान बनाने वालों में वे अग्रगण्य हैं। उनकी कविताओं, लेखों और उनकी जीवन-शैली ने अमेरिकी भावबोध और अस्मिता के निर्माण में केन्द्रीय भूमिका निभाई है। वे अमेरिका के टाल्स्टॉय हैं। वाल्ट ह्विटमन व्यक्ति की गरिमा और स्वतंत्रता के जितने प्रखर समर्थक थे, वे समष्टि के, बहुलता के और समाज की अन्तर्निहित एकता और जनवाद के भी उतने ही मुखर प्रवक्ता थे। वाल्ट ह्विटमन के लेखे संयुक्त राज्य अमेरिका मात्र राजनीतिक स्वतंत्रता और प्रजातंत्र का ही द्योतक नहीं था, उनके लिए तो अमेरिका स्वयं ही विशाल पटल पर लिखी हुई एक महाकविता है। उनका अमेरिका मेहनतकश लोगों का समूहगान है— जो लोहारों, बढ़इयों, राज-मिस्त्रियों, गृहिणियों, मजदूरों, किसानों, बच्चों... के समवेत को ध्वनित करता है। वाल्ट ह्विटमन की कविता अमेरिकी जीवन के अनेकानेक स्पन्दनों के ताने बाने से बुनी हुई एक सुदीर्घ सिम्फ़नी है। इतनी प्रबल ऊर्जा वाले इस कवि के सामने काव्यरचना के पारम्परिक छन्दबन्ध कैसे टिक सकते थे। वाल्ट ह्विटमन पहले अमेरिकी कवि थे जिन्होंने मुक्त छन्द का चलन चलाया और कविता के लिए अपार संभावनाओं के द्वार खोल दिए।

वाल्ट ह्विटमन का काव्य-संग्रह 'घास की पत्तियाँ' विश्व-कविता की अनुपम धरोहर है। इस संग्रह में वे लगातार परिवर्तन-परिवर्द्धन करते रहे। संस्करण-दर-संस्करण इसका विस्तार होता गया, खण्ड पर खण्ड जुड़ते गये और कविताओं की बनावट और कथ्य में भी परत-दर-परत अर्थ-गौरव समृद्ध होता गया। छन्द मुक्त होने के बावजूद वाल्ट ह्विटमन की कविता की असमाप्य आभ्यन्तरिक लय और स्पन्दन ने अमेरिकी जनमानस को बहुत गहरे जाकर छुआ और इस कविता ने अमेरिकी भावबोध और संवेदना को एक नया 'कैनन' प्रदान किया जो आज भी उतना ही जीवन्त और जाग्रत है जितना सौ साल पहले था। वाल्ट ह्विटमन ने बतकही की भाषा में छुपे हुए छन्द को पहचाना और बातचीत, उद्‌बोधन, आत्मालाप, विलाप, संलाप...की प्रविधियों द्वारा कविता को जन-जन तक फैल जाने वाली संप्रेषणीयता प्रदान की। उन्होंने बाइबिल

जैसी भाषा का भी प्रयोग किया जिसमें शब्दों की टेक और पुनरावृत्ति की अजब-सी रेटरिक वाली ताकत थी–जिसके चलते यह कविता दिलोदिमाग में गूँजती रहने वाली, दुख-सुख में आत्मा के संबल के रूप में साथ खड़ी रहने वाली एक ज़िन्दा चीज़ बन गई। अमेरिका के शुद्धतावादी समाज में वाल्ट ह्विटमन की कविताएँ एक विस्फोट की तरह आईं। उन पर अश्लीलता के आरोप लगाकर उन्हें प्रतिबंधित कर दिया गया। किन्तु सूर्योदय को कौन कब रोक सका है। अतः शीघ्र ही इन पर से प्रतिबंध हटाना पड़ा। बिखरी हुई भाषा, खुले मौन प्रतीकों, अटपटी उपमाओं और नयी काव्य संरचना के चलते इन कविताओं को विरोध का भी सामना करना पड़ा। एमर्सन और थोरो जैसे प्रशंसक एक ओर थे तो मैथ्यू अर्नाल्ड जैसे कटु आलोचक भी थे। किन्तु अन्ततोगत्वा दुनिया ने माना कि वाल्ट ह्विटमन एक कालजयी कवि हैं और अमेरिका की नयी कविता के आधार स्तंभ हैं। वाल्ट ह्विटमन की कविता की ऊर्जा आज भी अमेरिकी जन-मानस के लिए पावर हाउस का काम करती रहती है।

प्रोफेसर चंद्रबली सिंह सिद्ध काव्यानुवादक हैं। विश्व स्तर के अनेक कवियों की रचनाओं से उन्होंने हिन्दी कविता प्रेमियों का परिचय कराया है। काव्यानुवाद की उनकी यह साधना हिन्दी प्रेमियों के बीच अविस्मरणीय रहेगी। कविताओं के अनुवाद पढ़ने का एक अलग सुख होता है–अटपटा, आत्मीय, अतृप्त...अनिर्वचनीय। ध्यातव्य है कि 'पाठ' कविता का प्राण तत्त्व है दूसरी भाषा में अवतरित होने पर यह पाठ भी कमोबेश कुछ न कुछ रूपान्तरित हो ही जाता है। यह कविता का एक प्रकार का पुनर्जन्म है जिसमें कुछ न कुछ नया, अपरिचित और अलभ्य तत्त्व आ ही जाता है। काव्यानुवाद करना और पढ़ना दोनों में ही तलवार की धार पर धावना है। आशा है इस काव्यानुवाद के झरोखे से हिन्दी काव्य प्रेमियों को वाल्ट ह्विटमन के विस्तृत काव्य आकाश में उड़ान भरने का आनंद और उल्लास अवश्य प्राप्त होगा।

–दिनेश कुमार शुक्ल

भूमिका

दुनिया भर में वाल्ट ह्विटमन का नाम जनतंत्र और मुक्त छंद के जन्मदाता कवि के रूप में प्रसिद्ध है। उसकी कविता ने अपनी परवर्ती विश्व कविता पर गहरा असर डाला और अनेक कवियों ने अपने ऊपर पड़े उसके प्रभाव को स्वीकार किया है।

1819 में एक अत्यंत गरीब बढ़ई परिवार में जन्मे वाल्ट ह्विटमन को किसी औपचारिक शिक्षा का अवसर नहीं प्राप्त हुआ। उसने अपनी आँखों के सामने अमेरिका में रची जा रही एक नयी दुनिया और उसकी महान सम्भावनाओं को देखा। अमेरिका मुख्यतः कृषि-प्रधान व्यवस्था से औद्योगिक व्यवस्था में संक्रमण कर रहा था। वैज्ञानिक अन्वेषणों और अमेरिका की प्राकृतिक सम्पदा ने आर्थिक, सामाजिक, राजनीतिक और सांस्कृतिक विकास को अभूतपूर्व गति दी थी। यूरोप, एशिया और अफ्रीका के महाद्वीपों के रहने वाले अमेरिका में आकर नये जीवन की शुरुआत कर रहे थे। अमेरिका का उसमें नये-नये राज्यों के जुड़ने से विस्तार होता जा रहा था। अनेक नस्लों और भाषाओं के बोलने वाले लोग एक नयी सभ्यता का निर्माण कर रहे थे।

वाल्ट ह्विटमन ने 1855 में प्रकाशित 'घास की पत्तियाँ' के पहले और एक अत्यन्त छोटे संग्रह की भूमिका में कहा था कि "अमेरिका एक राष्ट्र ही नहीं, बल्कि राष्ट्रों के हुजूम से बना एक राष्ट्र है और वह अपने विराट और उदात्त निरूपण की प्रतीक्षा कर रहा है।" अमेरिकी जनता की अद्‌भुत रचनाशक्ति से उत्साहित होकर उसने उसी भूमिका में कहा था—"पृथ्वी पर किसी भी समय के सारे राष्ट्रों की तुलना में अमेरिका वाले सम्भवतः सबसे ज्यादा काव्यमय प्रकृति के हैं। संयुक्त राज्य अमेरिका स्वतः अपने मूलरूप में महानतम कविता है।

पृथ्वी के अभी तक के इतिहास में जो कुछ भी सबसे विशाल और उत्तेजक रहा है वह संयुक्त राज्य अमेरिका की विपुलतर विशालता और उत्तेजना में निस्तेज और क्रमबद्ध लगता है। उसने अमेरिका के नये समाज के साथ एक नये तरह के जन का उदय होते हुए देखा जिसमें केन्द्रीय गुण आत्मा की 'विशालता और उदात्तता' था।" अमेरिका को एक ऐसे कवि की प्रतीक्षा थी जो उसके विराट और उदात्त स्वरूप का निरूपण कर सके।

अपने भीतर ऐसी ऐतिहासिक भूमिका को सम्पन्न करने की अपार और निर्बाध रचनात्मक ऊर्जा का बोध लेकर उसने दृढ़ विश्वास और साहस के साथ घोषित किया–

> "अपने जन्म स्थान मत्स्याकार पामनाक से चलकर / माता-पिता की स्वस्थ संतान, सर्वथा योग्य माता से पालन-पोषण पाकर / बहुत सारे देशों के भ्रमण के अनन्तर जनक्रांत पथों का प्रेमी / अपने नगर मनहटा में या दक्षिणी घास के मैदानों में निवास कर / या खेमों में सैनिक का जीवन व्यतीत कर / या अपना थैला और बन्दूक ढोते हुए / या कैलिफोर्निया की खानों में मजदूर का जीवन व्यतीत कर / या डकोटा के जंगलों में अपने गृह में असभ्य-सा रहकर, मांस का भोजन और निर्झर का जल पीकर / या किसी गहन गुफा में चिन्तन और मनन करने के लिए संसार से अपने को उदासीन बनाकर / भीड़ों के कोलाहल से दूर, अपने विश्राम को तन्मयता और हर्ष से भरकर / निर्मल मुक्तदान करती हुई प्रवाहित मिसौरी का बोध लेकर और बोध लेकर नियाग्रा का, / मैदानों में चरते हुए भैंसों के झुंडों और लम्बे बाल वाले उन्नत वक्ष वृषभ का बोध लेकर / पृथ्वी, चट्टानों, वासंती फूलों का अनुभव लेकर वर्षा, हिम पर चकित होकर, महोब के स्वरों और पहाड़ी बाज के उड़ने का अध्ययन कर, / और पौ फटने के समय दलदलों के देवदारों के बीच अद्वितीय, तपस्विनी सारिका को सुनकर, / अकेला, पश्चिम का गायक, मैं एक नयी दुनिया की रचना का संकल्प लेता हूँ।"
>
> –**'पामनाक से चलकर'**

'घास की पत्तियाँ' के प्रारम्भ में ही उसका सामना प्राचीन कवियों की प्रतिभा से होता है और वह आतंकित करती हुई आवाज में उससे पूछती है–

> "क्या गा रहा है तू!
> जानता नहीं तू क्या केवल एक विषय है अमर चारणों के लिए?
> और वह युद्ध का विषय है, संग्राम में पलटता पासा,
> पूर्ण कुशल सैनिकों का निर्माण करना।"

उसकी चुनौती स्वीकार करते हुए वह कहता है–

> "एवमस्तु, मैंने कहा,
> मैं भी दुर्विनीत छाया, मैं भी करूँगा युद्धगान और अन्य किसी युद्ध से बढ़कर दीर्घकालीन महत्तर अपनी पुस्तक में पलटते पासे के बीच,

भागते हुए, आगे बढ़ते हुए और पीछे हटते हुए, विजय में विलम्ब और
विचलन के बीच, (फिर भी ऐसा निश्चित लगता है, और अन्त में
निश्चित के बराबर है)
दुनिया रणक्षेत्र
जीवन और मृत्यु के निमित्त और अनन्त आत्मा के निमित्त,
यह देखो, मैं भी आ पहुँचा हूँ, युद्धों का गान करते हुए,
सर्वोपरि मैं सैनिकों का प्रणेता हूँ।"

—'जब मैं मौन चिन्तन कर रहा था'

उसने सामने उभरती हुई नयी दुनिया को प्रतिबिम्बित करने की महत्वाकांक्षा लिए हुए अपनी भूमिका में कहा था—"जो महानतम कवि बनना चाहता है उसकी सीधी परीक्षा आज है।"

वाल्ट ह्विटमन ने जनतंत्र में स्वतंत्रता पर जोर देते हुए लिखा था—"जब स्वतंत्रता चली जाती है तब वह जाने वाली चीजों में पहली, दूसरी या तीसरी नहीं होती है—वह शेष सभी चीजों के चले जाने की प्रतीक्षा करती है, और सबके अंत में जाती है।" लेकिन स्वतंत्रता से भी ज़्यादा ज़ोर वह समानता पर देता है। समानता पर उसका ज़ोर ही अहंवाद के उस आरोप का उत्तर है जो उस पर उसकी 'मैं' के माध्यम से बोलने की वजह से लगाया जाता है। उसने लिखा—"सारे लोगों में मैं अपने को देखता हूँ, कोई भी मुझसे बढ़कर नहीं और कोई भी जौ के एक दाने भर भी कमतर नहीं, और जो कुछ भी अच्छा या बुरा अपने बारे में कहता हूँ, वही उसके बारे में कहता हूँ।"

—'आत्मगान'

उसकी नजरों में समाज के सारे लांछित प्रवंचित भी उतने ही सम्मान के अधिकारी हैं जितने समाज के उच्च कहे जाने वाले व्यक्ति। उसने ऐसे व्यक्तियों को सम्बोधित करते हुए कहा—"निर्वस्त्र हो जाओ। मेरे निकट तुम अपराधी नहीं, निस्तेज या परित्यक्त नहीं।" समाज में गन्दे समझे जाने वाले लोगों से अपनी समानता व्यक्त करते हुए वह कहता है—"गन्दगी को मैं अपना दान करता हूँ ताकि उस घास में उग पाऊँ जो मुझे प्रिय है। अगर तुम फिर मुझे चाहते हो तो मुझे अपने जूतों के तल्लों के नीचे ढूँढ़ो।"

—'आत्मगान'

वाल्ट ह्विटमन ने न सिर्फ अमेरिका में बल्कि सारी दुनिया में जनतंत्र की स्थापना का जो स्वप्न देखा था, उसमें स्वाधीनता, समानता और भ्रातृत्व की परिकल्पना

फ्रांसीसी क्रांति के आदर्शों से कहीं आगे जाती थी। अपने ज़माने में अनेक यूरोपीय क्रांतियों की विफलता के बावजूद उसने जनतंत्र की अन्तिम विजय में अपनी आस्था नहीं छोड़ी। उसने अमेरिका को एक भविष्यवाणी के रूप में और उसके विकास को भविष्योद्घाटन के रूप में देखा। इस आस्था के बावजूद वाल्ट ह्विटमन अन्धा स्वप्नद्रष्टा नहीं था। एक यथार्थवादी के रूप में उसने अपने ज़माने में हो रही उन घटनाओं को भी देखा जो पूँजीवादी विकास में अनिवार्यतः अन्तर्विरोध के रूप में पैदा होती हैं। अपनी पुस्तक 'जनतांत्रिक परिदृश्य' (Democratic Vistas) में उसने लिखा—"हृदय का जैसा खोखलापन आज है, वैसा अतीत में कभी नहीं था और यह यहाँ संयुक्त राष्ट्र अमेरिका में है। लगता है सच्ची आस्था ने हमारा साथ छोड़ दिया है। इस राज्य के गठन में अन्तर्निहित सिद्धान्तों पर ईमानदारी के साथ विश्वास नहीं किया जाता। यह दृश्य डरावना है। हम पूरी तरह पाखण्ड के वातावरण में साँस ले रहे हैं। मैं जोर देकर कहना चाहता हूँ कि अब तक नयी दुनिया का जनतंत्र अपने सामाजिक पक्षों और वास्तविक भव्य धार्मिक, नैतिक, साहित्यिक और सौन्दर्य शास्त्रीय परिणामों को देखते हुए लगभग पूरी तरह असफल रहा है।....

......हमारे समाज के वणिक वर्गों का चारित्रिक पतन उससे कम नहीं है जितना हम सोचते हैं, बल्कि उसकी तुलना में हद से ज्यादा है।......

अमरीकी राजनीति और समाज की विकृत वास्तविकताएँ सिर्फ गुज़र जाने वाली घटनाएँ और विकास के अधीन प्रेरणा के कोर हैं।"

उसने **'घास की पत्तियाँ'** की भूमिका में कहा था—"न तो प्रकृति, न राज्यों (प्रदेशों) का हुजूम, न वाष्पचालित जलपोत, न फलता-फूलता व्यवसाय, न फार्म न पूँजी, न विद्वत्ता, मानवीय आदर्श के लिए पर्याप्त हो सकते हैं... और न कवि के लिए पर्याप्त।"

उसे अमेरिकी जनतान्त्रिक संस्थानों में घुसी हुई सड़ांध का भी बोध हुआ और अमरीकी कांग्रेस और अनेक राष्ट्रपतियों के चरित्र पर प्रहार करते हुए लिखा—

> "क्यों लेटे रहना, प्रश्न करते जाना? क्यों मेरा और सबका ऊँघते जाना?
> कैसा गहराता धुँधलका—लहरों के शीर्ष पर ग़लीज़ का तिरना
> कौन हैं वे चमगादड़ों और रात के कुत्तों से कांग्रेस भवन में तिरछी नज़र से देखते हुए?
> कितना घिनौना है राष्ट्रपति का पद? (ओ दक्षिण, तुम्हारे दहकते सूरज! ओ उत्तर, तुम्हारे अंधसागर में हिम का जमना!)
> क्या वे सचमुच कांग्रेस के सदस्य हैं, क्या वे महान न्यायाधीश? क्या वह राष्ट्रपति हैं?"

संयुक्त राज्य के प्रति (16वें, 17वें, 18वें राष्ट्रपति-काल की पहचान के लिए)

अपना परिचय देते हुए वाल्ट ह्विटमन ने कहा–

वाल्ट ह्विटमन, एक ब्रह्माण्ड, मनहटा का पुत्र
विक्षुब्ध, मांसल, इन्द्रियासक्त, भोजन पान और प्रजननरत
भावुकता में बहने वाला नहीं, ऐसा नहीं जो पुरुषों या
स्त्रियों से अपने को ऊपर रक्खे या उनसे अलग खड़ा हो
जाय, जितना विनत उससे कम अविनत नहीं।
मैं तन और क्षुधाओं में विश्वास करता हूँ, देखना, सुनना, अनुभव करना
चमत्कार और मेरा प्रत्येक अंग और उसका नाम चमत्कार"

–**'आत्मगान'**

नयी दुनिया की धुरी जनतंत्र है और वाल्ट ह्विटमन के निकट जनतंत्र केवल राजनीतिक आस्था नहीं बल्कि एक नया धर्म है। इसमें मात्र स्वतन्त्रता, समानता और भ्रातृत्व ही सम्मिलित नहीं हैं बल्कि यह आम धारणा से सर्वथा भिन्न है। उसने कहा था–"लोगों को, खास तौर पर अमरीका के नौजवान पुरुषों और स्त्रियों को, यह सीखना शुरू करने की सख़्त ज़रूरत है कि धर्म (कविता की तरह) उससे बिल्कुल भिन्न है जो वे अब तक समझते आये हैं। बेशक वह नयी दुनिया की शक्ति और निरंतरता के लिए इतना महत्त्वपूर्ण है कि उसे अब और समय तक चर्चों, नये या पुराने, कैथोलिक या प्रोटेस्टेन्ट, इस सन्त या उस सन्त को समर्पित नहीं किया जा सकता। .... अब आगे यह अनिवार्यतः समष्टिगत जनतंत्र और साहित्य को समर्पित होना चाहिए उसे अनिवार्यतः राष्ट्र की कविता में प्रवेश करना चाहिए। उसे अनिवार्यतः राष्ट्र का निर्माण करना चाहिए।" उसका संकल्प एक ऐसे धर्म की स्थापना करना था जिसमें विज्ञान भी हो और जिसमें कोई चर्च या पुजारी न हो।

'आत्मगान' में उसने कहा था–"मैं जन का सखा और सहचर हूँ।" उसके निकट जनतंत्र का अर्थ साधारण जन के बीच खुला जीवन था और उसने कहा था–

"मैं आसक्त हूँ घर के बाहर खुले में विकसित होने पर उन आदमियों पर जो पशुओं के ढोरों में रहते या जो महासागरों या वनों का स्वाद लेते हैं। उन पर जो जलपोतों के निर्माता या चालक हैं और जो कुल्हाड़ियों या मोंगरे चलाते हैं या जो अश्वों के चालक हैं। उनके साथ मैं सप्ताह से सप्ताह करते हुए भोजन शयन कर सकता हूँ।"

इसी तरह 1873 में कांग्रेस के शिशिर सत्र के दौरान समाचार-पत्रों में छपी किसी अप्रिय कार्रवाई का ज़िक्र होने पर वह कहता है–"मत, मत बताओ मुझे आज की प्रकाशित लज्जा पढ़कर मत सुनाओ मुझे संवाद पत्र का भीड़ भरा पृष्ठ, समाचार जो भाल पर भाल दग्ध कर जाते हैं। एक अपराधी स्तम्भ के बाद दूसरा अपराधी स्तम्भ।"

यह सच है जनता राष्ट्र में होने वाले अन्याय और भ्रष्टाचार को सहती जाती है, लेकिन वह दिन भी आता है जब जनता बगावत कर देती है। शासकों को आगाह करते हुए वाल्ट ह्विटमन **'एक राष्ट्रपति से'** कविता में कहता है कि जनता के साथ धोखाधड़ी बहुत दिनों तक नहीं चल सकती–

"वह सब जो तुम कर या कह रहे हो अमेरिका के लिए
झूलती मरीचिकाएँ हैं
तुमने यह देखा नहीं कि संयुक्त राज्य के लिए उसके समान जो हैं,
और वह जो उससे कम है जल्द ही कुछ दिनों बाद, तय है संयुक्त राज्य
से उठ जायेगा।"

अपने ज़माने में यूरोप की जनवादी क्रांतियों की विफलता के बावजूद वाल्ट ह्विटमन ने समाज के जनवादी रूपांतरण की अनिवार्यता में आस्था नहीं खोयी। **'स्पेन, 1873-74'** कविता में वह कहता है–

"सघनतम बादलों के अंधकार के नीचे से
सामंती विध्वंसों और राजाओं के राशि-राशि अस्थिपिंजरों के नीचे
सम्पूर्ण प्राचीन योरोपीय मलबे, ध्वस्त हुए मूकामिथकों के नीचे से
जर्जर गिरजाघरों, ढहते प्रासादों, पादरियों के मक़बरों के नीचे से
वह देखो स्वाधीनता की आकृति स्फूर्तिमय, धुंधरहित झाँकती है
वही अमर प्रकृति झाँकती है;
(एक झाँकी जैसे यह तुम्हारी माँ के चेहरे की हो, कोलम्बिया या खड्ग
की चमक जैसी अर्थपूर्ण, तुम्हारी ओर विकीर्ण।)"

वाल्ट ह्विटमन की कविता का फलक इतना विस्तृत है कि उसमें अन्तर्विरोधों का होना स्वाभाविक है। उसने स्वयं इस प्रश्न को उठाया और इसका उत्तर दिया–

"क्या मैं अपना खण्डन करता हूँ?
ठीक है तब, मैं अपना खण्डन करता हूँ
(वृहदाकार मैं हूँ, मुझमें भीड़ रहती है)"

–**'आत्मगान'**

'आत्मगान' को प्रारम्भ करते हुए वह बड़े ही दावे के साथ कहता है–

"और जो मेरी मान्यता है तुम्हारी मान्यता होगी, क्योंकि मेरा अणु
जितना मेरा है उतना ही तुम्हारा है।"

और उसके बाद ही वह **'आत्मगान'** के अगले खण्ड में कहता है–
"निश्चय ही अब आगे तुम या दूसरे या तीसरे स्रोत से चीज़ें नहीं

स्वीकार करोगे, या न मृतकों की आँखों से देखोगे, या न पुस्तकों के
प्रेतों से अपना भोजन प्राप्त करोगे
निश्चय ही तुम मेरी आँखों से भी नहीं देखोगे,
या जो कहता हूँ उसे मानोगे, निश्चय ही तुम सारे
पक्षों को सुनोगे और उन्हें अपने माध्यम से छानोगे।"

कविता का जिस विशाल पैमाने पर रूपान्तरण हुआ था उसे देखते हुए ह्विटमन ने लिखा–"इसे विराट और उदात्त प्रस्तुतीकरण की प्रतीक्षा है। उसका मुक्त छंद उसी प्रकार के प्रस्तुतीकरण का एक अंग है।" विलियम्स कार्लोस विलियम्स के अनुसार– "मुक्त छंद ने परंपरागत कविता के नपे-तुले छंदों का बंधन तोड़कर स्वयं कविता के किले पर ही आक्रमण किया। परंपरागत छंद इस विस्तार पाती दुनिया को अभिव्यक्ति देने में असमर्थ था। स्वभावतः यह युग एक नयी सौंदर्यशास्त्रीय चेतना का द्योतक था।" **'घास की पत्तियाँ'** के प्रकाशन के बाद वाल्ट ह्विटमन की कविता की वस्तु और रूप की कटु आलोचना हुई थी। ऐसे में एमर्सन ने वाल्ट ह्विटमन का पक्ष लेते हुए एक पत्र में कहा–"मुझे यह अमेरिका द्वारा अब तक के योगदान में सर्वाधिक असाधारण कल्पना और ज्ञान की कृति लगती है।" वाल्ट ह्विटमन की 'स्वतंत्र और साहसी विचारशक्ति' पर अपनी प्रसन्नता व्यक्त करते हुए उसने लिखा कि यह "कृति उसी तरह प्रसन्न करती है जैसे महान ऊर्जा प्रसन्न करती है।" एमर्सन के अनुसार **'घास की पत्तियाँ'** में अनुपम चीजों को अनुपम ढंग से कहा गया है।

कभी-कभी वाल्ट ह्विटमन को रहस्यवादी भी कहा जाता है। लेकिन वाल्ट ह्विटमन ने कहा है–

"मैं यथार्थ को स्वीकार करता हूँ और उसमें संदेह करने का साहस नहीं
कर सकता, भौतिकता से आदि से अन्त तक ओत-प्रोत।"

रहस्यवादियों के प्रतिकूल वह देह के बिना आत्मा की कल्पना नहीं करता। रहस्यवाद का कोई दावा वाल्ट ह्विटमन नहीं करता। उसने एक कविता में जिसे उसने **'घास की पत्तियाँ'** के 1881 के अंतिम संस्करण से अलग कर दिया था, कहा है–

"मुझे उस हवा से ऊपर उठाने की कोई इच्छा नहीं है
जिसमें साँस ली जाती है और न अपने को विशेष
ख्यात और आकर्षक बनाने की
मैं इस तरह का कोई मूरख नहीं
मैं जन के साथ औसत शर्तों पर रहता हूँ।"

यथार्थवादी होने के नाते वह समाज में व्याप्त भ्रष्टाचार, अन्याय देखता है लेकिन उससे आगे जाकर मनुष्य की सहज अच्छाई में यकीन करता है और यह अनिवार्यतः उसका स्वभाव है।

'खुले रास्ते का गीत' कविता में वह कहता है–

> "वे जाते हैं! मुझे मालूम है कि वे जाते हैं,
> लेकिन मुझे मालूम नहीं कि कहाँ वे जाते हैं,
> लेकिन मैं जानता हूँ कि वे सर्वोत्तम की तरफ जाते हैं
> कुछ महान की तरफ"

यह स्पष्ट रूप से समझ लेने की जरूरत है कि वाल्ट ह्विटमन अपने जमाने के इमर्सन, थोरो आदि लोकोत्तरवादियों से बिलकुल अलग था। **'मुक्त डैनों पर उड़ते हुए एक शक्तिशाली पंछी की तरह'** प्रस्तावित एक अलग काव्य-संग्रह की भूमिका में वाल्ट ह्विटमन ने कहा था–"विज्ञान के साथ पूर्वी दुनिया के धर्मशास्त्र ने, जो लम्बे समय से वृद्धावस्था की जर्जरता से ग्रस्त था, अब साफ तौर पर दम तोड़ना और गायब होना शुरू कर दिया है।"

वाल्ट ह्विटमन ने वृद्धावस्था और रोगों से पीड़ित होने के बाद अपने सबसे गहनतम मित्र ट्राबेल से कहा था–"मैं शब्दों के साथ बहुत काफी मेहनत करता हूँ, हाँ बहुत काफी।" उसका मुक्त छंद का कवि होने का अर्थ विचार या अन्तर्वस्तु से मुक्त होना नहीं है। वह काव्य में विचार या अन्तर्वस्तु को प्राथमिकता देता है।

जब ट्राबेल कार्ल मार्क्स के विचारों से परिचित था तो यह सम्भव नहीं कि वाल्ट ह्विटमन उससे (कार्ल मार्क्स के विचारों से) अपरिचित था। उसकी **'घास की पत्तियाँ'** का उद्‌देश्य ही था "व्यक्ति के आत्म का दैहिक चरित्र अभिव्यक्त करना।" इसी चरित्र के माध्यम से वह एक ऐसे समाज की स्थापना की कल्पना करता था जिसमें सार्वभौम साहचर्य होगा जिसमें हर व्यक्ति पूरे समाज के लिए अपने व्यक्तित्व को उत्सर्ग कर देता है और उसी उत्सर्ग में अपने आत्म की पूर्णता उपलब्ध करता है।

'सुन रहा हूँ गा रहा है अमेरिका' कविता में उसने स्त्रियों, बढ़ई, राजगीर, मांझी, डेक का मजदूर, मोची, लकड़हारा, हलवाहा, माँ, नववधू, वस्त्र धोती हुई बालिका, नौजवान दोस्त को विविध स्वरों में गाते हुए सुना और अपनी कविता में उसने उन्हीं के स्वर अपनाये।

इसमें शक नहीं कि आगे आने वाली पीढ़ियाँ वाल्ट ह्विटमन के अधूरे स्वप्न को पूरा करेंगी।

–चंद्रबली सिंह

दो शब्द इस अनुवाद के बारे में

वाल्ट ह्विटमन की कविताओं के संचयन में अधिकांश का अनुवाद लगभग पचास साल पहले हुआ था। इनमें बहुत से अनुवाद पाँचवें दशक में विभिन्न पत्र-पत्रिकाओं में छपे थे। वैसे तो अंग्रेजी साहित्य का विद्यार्थी होने की वजह से मैंने वाल्ट ह्विटमन की कुछ कविताएँ पढ़ी थीं लेकिन उसकी कविताओं के व्यापक सम्पर्क में आने और उनमें रुचि लेने का भी कुछ अजीब सा इतिहास है। इसके लिए मैं किसी साहित्यकार का ऋणी होने की जगह अपने श्वसुर स्मृति शेष शिवनाथ सिंह का सबसे ज्यादा ऋणी हूँ जो रेल सेवा से सहायक अभियन्ता के रूप में आजादी के वर्षों पहले सेवानिवृत्त हो चुके थे। मेरी शादी 1946 में हुई थी। मैं बलवन्त राजपूत कालेज आगरा (अब राजा बलवन्त कालेज) में अंग्रेजी विभाग में पढ़ाता था जिसके अध्यक्ष डा. रामविलास शर्मा थे। मेरे श्वसुर अवकाश ग्रहण करने के बाद दयालबाग के अपने निजी भवन में रहते थे। अवकाश ग्रहण करने के बहुत पूर्व से ही वे दर्शन में रुचि लेने लगे थे। उनकी दार्शनिक रुचि के केन्द्र में रहस्यवाद था। वे वाल्ट ह्विटमन और बहुत से अन्य लोगों को (ब्रह्माण्डीय चेतना) कास्मिक कान्सेशनेस का कवि मानते थे। इस ब्रह्माण्डीय चेतना का अर्थ था अपने अहं का एक लोकोत्तर सर्वव्यापी चेतना में विलय कर देना।

मैं उस वक्त कम्युनिस्ट आन्दोलन और मार्क्सवादी विचारधारा के नजदीक आ चुका था। मेरे लिए वाल्ट ह्विटमन के चिन्तन के केन्द्र में जनवाद और मानव-मुक्ति थी। हम दोनों अपने दृष्टिकोणों पर दृढ़ रहते हुए बहस करते रहते थे। लेकिन यह कहना मुश्किल है कि ऐसी बहसों से दोनों के दृष्टिकोणों में कोई फ़र्क आया। फिर भी एक बहुत बड़ा लाभ जो मुझे हुआ वह यह था कि मैं वाल्ट ह्विटमन की कविताओं के अनुवाद में लग गया।

इस दौरान डा. रामविलास शर्मा और केदारनाथ अग्रवाल मेरे काम में निरन्तर रुचि लेते रहे, मुझे प्रेरित और प्रोत्साहित करते रहे। मुझे अफसोस है कि अस्वस्थता के कारण मैं काफी बड़ी संख्या में अन्य कविताओं के अनुवाद इस संचयन में शामिल नहीं कर पा रहा हूँ।

इन छूटी हुई कविताओं में वाल्ट ह्विटमन की 'चौड़े कुल्हाड़े का गीत', 'व्यवसायों का गीत', 'निरन्तर झूलते हुए पालने में से' जैसी महत्त्वपूर्ण कविताएँ हैं जिनके

अनुवाद को दोहराना मैं जरूरी समझता था।

इस संचयन की सबसे लम्बी कविता और महानतम कविता 'आत्मगान' का अनुवाद मैंने लगभग दस साल पहले ही किया था और आज उसके साथ बार-बार कामरेड ओमप्रकाश ग्रेवाल की याद आ रही है जिनसे उसके अनुवाद के दौरान अक्सर सलाह-मशविरा करता रहता था। डा. शर्मा और केदारनाथ अग्रवाल की तरह ही वे भी वाल्ट ह्विटमन की कविताओं के अनुवाद को बहुत पसन्द करते थे।

अब धन्यवाद और कृतज्ञता ज्ञापन करने की बारी है। सबसे पहले महात्मा गांधी अन्तरराष्ट्रीय हिन्दी विश्वविद्यालय वर्धा के तत्कालीन कुलपति श्री अशोक वाजपेयी का आभारी हूँ कि उन्होंने इसके और एमिली डिकिन्सन की कविताओं के अनुवाद के विश्वविद्यालय द्वारा प्रकाशन की पहल की। डा. नामवर सिंह और श्री विभूति नारायण राय के प्रति अपनी कृतज्ञता ज्ञापित करता हूँ जिन्होंने वाल्ट ह्विटमन और एमिली डिकिन्सन की 5-6 साल तक मझधार में डगमग होती हुई अनुवादों की नैया को डूबने से बचा लिया। मैं श्री दिनेश कुमार शुक्ल का आभारी हूँ कि उन्होंने वाल्ट ह्विटमन की अनुवाद पुस्तक का पुरोवाक् लिखा है। डा. कर्ण सिंह चौहान ने एमिली डिकिन्सन और वाल्ट ह्विटमन के अनुवादों के प्रिंट श्रम और पैसे व्यय करके तैयार किए हैं, उसके लिए उनको धन्यवाद। मैं अपने पुत्र प्रवाल कुमार सिंह को धन्यवाद देना चाहता हूँ जिन्होंने मेरी लम्बी बीमारी के दौरान धैर्य के साथ मेरी हर प्रकार से सेवा की है। मैं कामरेड अनिल को धन्यवाद और उनके प्रति कृतज्ञता ज्ञापित करना चाहता हूँ जिन्होंने मेरी बीमारी के दौरान बड़ी लगन के साथ और पुत्र की तरह मेरी सेवा की। मेरे शिष्य महेन्द्र प्रताप सिंह ने मेरे अनुवाद छपने के पहले जो सहयोग दिया उसके लिए मैं उसे गुरु ऋण से मुक्त करता हूँ।

सबसे अन्त में मैं पाठकों से वाल्ट ह्विटमन के ही शब्दों में एक दुस्साहसपूर्ण निवेदन करना चाहता हूँ—

साथी यह नहीं पुस्तक तुम्हारे हाथ में,
परस इसका किसी मानव का परस है।

वाराणसी
9 जुलाई 2010

—**चंद्रबली सिंह**

अनुक्रम

वाल्ट ह्विटमन (1819-1892)

घास की पत्तियाँ

Leaves of Grass

आ, मेरे आत्मन् ने कहा

आ, मेरे आत्मन् ने कहा
और हम मेरे गेह, तन के, गीत कुछ ऐसे लिखें,
(क्योंकि हम तो एक ही हैं)
यदि कभी तनहीन लौटूँ मृत्यु के मैं बाद
या बहुत दिन बाद, कल्पों बाद अब से, अन्य लोकों में,
साथियों की किसी टोली में, गीतों का पुनः मैं गान करने लगूँ,
(जिनमें भूमि, पादप, पवन, उद्वेलित तरंगें दीखतीं संपृक्त),
तो सदा गाता रहूँ मुस्कुराता मोद में,
युगों-युगों तक मैं उन्हें अपना कहूँ,
जैसे, आदि में, मैं यहाँ, इस क्षण
आत्मा के लिए, तन के लिए
उन पर दस्तखत अपना बनाता,

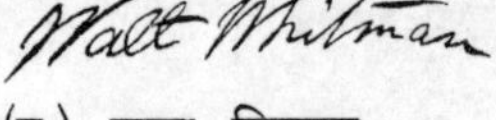

(ह.) **वाल्ट ह्विटमन**

आलेख
Inscriptions

व्यक्ति का गान करता हूँ

व्यक्ति का गान करता हूँ, सामान्य निरपेक्ष व्यक्ति का गान,
किंतु जनवाद, 'सर्वभूतानि' शब्द उच्चारित करता हूँ।

नखशिख गान करता हूँ शरीर-रचना का,
तन और मन ही कविता के मात्र विषय नहीं,
सम्यक रूप तुलना में श्रेष्ठतर है, कहता हूँ,
गान करता हूँ पुरुष के समान ही नारी का।

वासना, स्फुरण और शक्ति में विराट् जिसका जीवन है,
उस प्रसन्नमन, दिव्य नियमानुसार स्वच्छंदतम कर्मों के निमित्त बने,
आधुनिक मानव का गान करता हूँ।

(1867) **(One's-Self I Sing, 1871)**

जब मैं मौन चिंतन कर रहा था

जब मैं मौन चिंतन कर रहा था, अपनी कविताओं की ओर मुड़ कर, देर तक
रुक-रुक कर,
एक प्रेतछाया अपनी आँखों में संशय भरे मेरे सामने आ खड़ी हुई,
छवि, आयु, शक्ति की विपुलता में दारुण थी,
प्राचीन देशों के कवियों की प्रतिभा,

जैसेकि अग्नि शिखा-सी आँखें मेरी ओर करती हुई,
उँगलियों से अनेक अनश्वर गीतों की ओर इंगित करती हुई,
और आतंकित करती हुई आवाज़ में बोली : *क्या गा रहा है तू?*
जानता नहीं तू क्या केवल एक विषय है अमर चारणों के लिए?
और वह युद्ध का विषय है, संग्राम में पलटता पासा,
पूर्ण कुशल सैनिकों का निर्माण करना।

एवमस्तु, मैंने कहा,
मैं भी दुर्विनीत छाया, मैं भी करूँगा युद्ध-गान, और अन्य किसी बुद्ध से बढ़कर दीर्घकालीन, महत्तर,
अपनी पुस्तक में पलटते पासे के बीच, भागते हुए, आगे बढ़ते हुए और पीछे हटते हुए, विजय में विलम्ब और विचलन के बीच,
(फिर भी ऐसा निश्चित लगता है, और अंत में निश्चित के बराबर है) दुनिया रणक्षेत्र,
जीवन और मृत्यु के निमित्त और अनंत आत्मा के निमित्त,
यह देखो, मैं भी आ पहुँचा हूँ, युद्धों का गान करते हुए,
सर्वोपरि मैं सैनिकों का प्रणेता हूँ।

(1871) **(As I Ponder'd in Silence, 1871)**

सिंधु पर पोत कक्षों में

सिंधु पर पोत-कक्षों में
जहाँ अनंत नील चारों ओर फैला है,
आँधियों की सीटियाँ, तरंगों का, विशाल दुर्दम तरंगों का संगीत जहाँ है,
या गहन जल पर जहाँ कोई अकेली नाव उछलती है,
और वह मोद और विश्वास से पूर्ण, श्वेत पाल फैलाए हुए,
दिन की चमक और फेन के बीच या रात्रि के अनेक सितारों के नीचे वायु को चीरती जाती है,
युवा और वृद्ध नाविक शायद मुझे, थल की याद दिलाने वाले को,
अंततः पूरी आत्मीयता के साथ पढ़ेंगे।

यहाँ तो हमारे ही विचार हैं, सागर के यात्रियों के विचार,
यहाँ केवल थल, सिर्फ़ थल ही नहीं प्रस्तुत है–शायद वे ऐसा तब कहें,

यहाँ तो ऊपर नभ का तोरण है, हमारे पदों के नीचे डगमगाती छत है,
यहाँ हमें दीर्घकालिक स्पंदन का, अन्तहीन गति के ज्वार और भाटे का अनुभव होता है,
दृष्टि से अतीत रहस्य की ध्वनियाँ, क्षार-लोक के धूमिल और विराट संकेत, तरल प्रवाहित शब्द यहाँ,
सुरभियों, पालों और मस्तूलों की रस्सियों और साज-सामान की चू-चर्र उदास लय,
सीमाहीन दृश्य-विस्तार, और दूरस्थ और धुँधला क्षितिज—ये सभी यहाँ हैं,
और यह सिंधु की कविता है।

तो अब हिचको नहीं, ओ पुस्तक, अपनी नियति चरितार्थ करो,
तुम केवल थल की सुधि नहीं,
तुम भी आगे बढ़ो जैसे कोई अकेली नाव, वायु को चीरती, न जाने कहाँ जाती हुई, किंतु सदा पूरे विश्वास के साथ,
सिंधु पर संतरित प्रत्येक पोत की संगिनी होकर आगे बढ़ी जाती है,
उन तक तुम ले जाओ बंद कर मेरा प्यार, (प्रिय नाविको, उसे मैं यहाँ तुम्हारे निमित्त प्रत्येक पत्र में बंद कर भेजता हूँ);
वेग से बढ़ो तुम मेरी पुस्तक, उद्धत तरंगों के बीच अपने पाल फैला दो, मेरी छोटी नाव,
गाती चलो, जल पर तुम बढ़ती चलो, इस अनंत नील से प्रत्येक सागर पर मेरा यह गीत पहुँचाओ,
जो नाविकों और उनके सारे पोतों के निमित्त है।

(1871) **(In Cabin'd Ships at Sea, 1871)**

विदेशों से

मैंने सुना तुम्हें यह कहते हुए—कोई ऐसी वस्तु मैं प्रस्तुत करूँ,
जो इस पहेली, नयी दुनिया, को प्रमाणित करे,
और जो अमरीका, और उसके पुष्ट जनवाद को परिभाषित करे,
इसलिए तुम्हारे पास मैं अपनी कविताएँ भेजता हूँ,
ताकि तुम जो देखना चाहते थे, उनमें देखो।

(1860) **(To Foreign Lands, 1871)**

मेरे अध्ययन के आदि में

मेरे अध्ययन के आदि में, प्रथम पग ने ही मुझे इतनी प्रसन्नता दी,
चेतना की सत्ता की अनुभूति मात्र, इन सारे रूपों, गति की शक्ति ने,
लघुतम कीट या पशु ने, इन्द्रियों ने, दृष्टि ने, प्रेम ने,
क्या कहूँ प्रथम पग ने ही मुझे इतना पराभूत किया, इतना पुलकित किया,
कि शायद ही मैं आगे बढ़ पाया हूँ और शायद ही कभी मेरा मन होता है कि
    आगे बढ़ जाऊँ,
वरन् मैं रुका हूँ, हर्षोन्मत्त गीतों में उसे गाने के लिए, इधर-उधर सदा घूमता
    रहता हूँ।

(1861) **(Beginning My Studies, 1871)**

किसी पेशेवर गायिका से

यहाँ, मेरी भेंट लो,
इसे मैं किसी शूर, वक्ता या महारथी के लिए बचाता चला आया था,
या उसके लिए जो सर्वदा के सुंदर ध्येय, उच्चादर्श, मानव की प्रगति और मुक्ति
    के लिए लड़ा,
ऐसे वीर के लिए जो नृशंसों को चुनौती दे, किसी साहसी विद्रोही के लिए,
किंतु मैं देखता हूँ जिसे मैंने बचा रखा था उस पर तुम्हारा अधिकार है ठीक अन्यों-सा।

(1860) **(To a Certain Cantatrice, 1871)**

जलयान का यात्रा-प्रारम्भ

देखो, असीम यह सागर,
इसके वक्ष पर पथारूढ़ एक जलयान, पालें ताने, चंद्राकार पालों का भी वहन करता हुआ;
उसके संतरण के साथ, भव्य संतरण के साथ उसकी ध्वजा उत्तुंग लहराती–
उसके नीचे प्रतिस्पर्धारत लहरें आकर टकरातीं,
भास्वर, वर्तुल गति और फेन का वलय बनाती जाती हैं।

(1865) **(The Ship Starting, 1881)**

सुन रहा हूँ गा रहा है अमरीका

सुन रहा हूँ गा रहा है अमरीका, और उसके गीत के स्वर विविध हैं,
गीत सुनता मिस्त्रियों के, गा रहा हर एक अपना गीत स्वर में उचित लाघव और बल के साथ,
पटरे या कड़ी को नापता बढ़ई, गा रहा है गीत अपने,
गा रहा है राज अपना गीत काम की तैयारियाँ करता हुआ या काम से जब छूटता है,
नाव में गा रहा है गीत माझी उसे लेकर नाव में जो कुछ पड़ा, उसका, अग्निबोटों की
डेकों पर गा रहा है डेक का मज़दूर,
अपनी बेंच पर बैठा हुआ गा रहा मोची, टोपियों वाला खड़ा होते हुए
गा रहा है लकड़हारा, खेत पर जाते हुए, गा रहा है युवा हलवाहा, प्रातःकाल अपनी
राह पर, दोपहर में जब मिला अवकाश या हुई जब शाम,
गा रही है माँ सुरीली लोरियाँ,
गा रही है कार्य में रत नववधू, वस्त्र सीते और धोते हुए गा रही है बालिका,
गा रहा प्रत्येक अपना गीत है—प्रत्येक नर-नारी, अपने गीत, अन्यों के नहीं,
दिन के गीत दिन में चल रहे—और टोली रात में ऋजु, सुहृद युवकों की,
गा रहे मुँह खोल कर ऊँचे सुरों में मधुर अपने गीत।

(1860) **(I Hear America Singing, 1867)**

कौन-सी जगह घिर गई है?

कौन-सी जगह घिर गई है, और वह घेरा तोड़ने का व्यर्थ प्रयत्न करती है?
तो देखो, मैं वहाँ एक सेनापति भेजता हूँ, क्षिप्र, शूर, मृत्युंजय,
और उसके साथ अश्वारोही, पादांतिक और तोपखाना,
और तोपची, आज तक के सारे तोपचियों से सर्वाधिक घातक।

(1860) **(What Place is Besieged?, 1867)**

यद्यपि मैं जिस एक का गान करता हूँ

यद्यपि मैं जिस एक का गान करता हूँ,
(एक—किंतु असंगतियों से निर्मित)—उसे राष्ट्रीयता को समर्पित करता हूँ,

किंतु मैं उसमें विद्रोह स्थापित करता हूँ, (अद्भुत, विद्रोह का जन्मसिद्ध अधिकार!
अद्भुत, अतृप्त, अनिवार्य अग्नि।)

(1871) **(Still Though the One I Sing, 1871)**

बंद मत करो अपने द्वार

बंद मत करो अपने द्वार, गर्व से फूले हुए ग्रंथागार,
अभी तक तुम्हारी सभी ठसी हुई अलमारियों में एक चीज़ नहीं है, सबसे आवश्यक
एक चीज़, मुझसे लो,
युद्ध से बाहर निकल कर मैंने एक ग्रन्थ की रचना की है,
मेरे ग्रन्थ के शब्दों में कुछ भी नहीं, जो कुछ है उसकी प्रवृत्ति है,
यह ग्रंथ पृथक है, अन्यों से इसका कोई संबंध नहीं, बुद्धि के अनुभव से अतीत,
किंतु तुम अकथित अन्तर्निगूढ़ताएँ प्रत्येक पृष्ठ पर पुलकोगी, पुलकोगी।

(1865) **(Shut Not Your Doors, 1881)**

अनागत के कवियो!

सुनो, कवियो अनागत के! सुनो, वक्ताओ, गायको, संगीतकारो अनागत के!
अभी मेरे समर्थन के और क्या अभिप्राय मेरा बताने के दिन नहीं आये,
जानता हूँ तुम करोगे—एक अभिनव जाति, नैसर्गिक, तन से पुष्ट,
महाभूखंडचेता, आज तक के ज्ञात जन से महत्तर,
जागो! क्योंकि मेरा समर्थन तुम करोगे।

एक दो बस शब्द मैंने लिखे, अनागत का इशारा भर किया,
एक क्षण भर मैं रहूँगा अग्रसर, किन्तु पीछे घूम कर फिर वेग से डूब जाऊँगा अँधेरे में।

व्यक्ति हूँ वह जो भ्रमण करते, बिना पूरी तरह रुकते,
देख लेता तुम्हें यूँ ही, और फिर मुँह फेर लेता है,
और तुम पर छोड़ देता है कि तुम उस दृष्टि को सिद्धि, अन्विति दो,
व्यक्ति जो आशा लगाये है कि उसके स्वप्न को तुम्हीं में साकार होना है।

(1860) **(Poets to Come, 1867)**

तुमसे

ओ अपरिचित, अगर तुम
जाते हुए मुझसे मिलो और मुझसे बोलना चाहो,
भला फिर तुम क्यों न बोलो?
और मैं भी क्यों न बोलूँ?

(1860) **(To You, 1860)**

पामनाक से चलकर
Starting from Paumanok

(1)

अपने जन्मस्थान मत्स्याकार पामनाक से चल कर,
माता-पिता की स्वस्थ संतान, सर्वथा योग्य माता से पालन-पोषण पाकर,
बहुत सारे देशों के भ्रमण के अनन्तर, जनाक्रांत पथों का प्रेमी,
अपने नगर मनहटा में या दक्षिणी घास के मैदानों में निवास कर,
या खेमों में सैनिक का जीवन व्यतीत कर या अपना थैला और बन्दूक ढोते हुए या कैलिफोर्निया की खानों में मज़दूर का जीवन व्यतीत कर,
या डकोटा के जंगलों में अपने गृह में असम्य-सा रह कर, मांस का भोजन और निर्झर का जल पीकर,
या किसी गहन गुफ़ा में चिन्तन और मनन करने के लिए संसार से अपने को उदासीन बनाकर,
भीड़ों के कोलाहल से दूर, अपने विश्राम को तन्मयता और हर्ष से भरकर,
निर्मल मुक्त दान करती हुई प्रवाहित मिसौरी का बोध लेकर और बोध लेकर प्रबल नियाग्रा का,
मैदानों में चरते हुए भैंसों के झुंडों और झबरे उन्नत-वक्ष वृषभ का बोध लेकर,
पृथ्वी, चट्टानों, वासंती फूलों का अनुभव लेकर, वर्षा, हिम पर चकित होकर,
महोव के स्वरों और पहाड़ी बाज़ के उड़ने का अध्ययन कर,
और पौ फटने के समय दलदलों के देवदारों के बीच अद्वितीय, तपस्विनी सारिका को सुनकर,
अकेला, पश्चिम का गायक, मैं एक नयी दुनिया की रचना का संकल्प करता हूँ।

(2)

विजय, सम्मिलन, आस्था, एकत्व, काल,
अविसर्जनीय संविदाएँ, सम्पन्नताएँ, रहस्य,
अंतहीन प्रगति, ब्रह्माण्ड, और आधुनिक सूचनाएँ।

हाँ, यही तो जीवन है,
जो असंख्य पीड़ाओं और छटपटाहटों के बाद सतह पर उतराया।
कितना अद्‌भुत! कितना यथार्थ!
पाँवों के नीचे दिव्य भूमि और सिर के ऊपर सूर्य।

पृथ्वी के गोलक का आवर्तन देखो,
दूरी पर पूर्वज महाद्वीपों का एकत्र होना,
उत्तर और दक्षिण में वर्तमान और भावी महाद्वीप, और उनके बीच भू-डमरू-मध्य।

पृथ्वी की विराट पथहीन रिक्तताएँ देखो,
जैसे किसी स्वप्न में वे परिवर्तित और वेग से भरती जाती हैं,
संख्यातीत जन-समूह उन पर प्रकट होते हैं,
वे आज तक ज्ञात अग्रणी जनों, कलाओं, संस्थाओं से आच्छादित होते हैं।

समय के बीच से प्रक्षेपित मेरे लिए
अपार सामाजिकों को देखो।

दृढ़ और नियमित क़दम रखते हुए वे चले जाते हैं, वे कभी रुकते नहीं,
जन-समूह, एक के बाद एक, अमरीका वाले, दस कोटि,
एक पीढ़ी अपनी भूमिका सम्पन्न करने के बाद गुज़र जाती हुई,
दूसरी पीढ़ी अपनी भूमिका सम्पन्न करने के बाद अपनी बारी आने पर गुज़र जाती हुई,
ऐसे चेहरों के साथ जो मुझे सुनने के लिए पार्श्व में या पीछे मेरी ओर मुड़ते हैं,
और उनकी आँखें विगत की स्मृतियाँ लिए मेरी ओर देखती हैं।

(3)

अमरीका वालो! विजेताओ! मानव-प्रेम के प्रयाण-गीत!
सर्वाग्रणी! शताब्दी के प्रयाण-गीत! स्वाधीनता! जन-समूह!

तुम्हारे लिए गीतों का एक आयोजन!

विस्तृत चरागाहों के गान!
लम्बी दूरियों तक प्रवाहित और मेक्सिको सागर में गिरती हुई मिसिसिपी के गान,
ओहायो, इलिन्वाय, आयोवा, विज़कांसिन और मिनेसोटा के गान,
अग्नि के स्पंदनों में निरन्तर प्रक्षेपित सबको अनुप्राणित करने के लिए,
कान्सास के केंद्र से प्रसारित समान दूरियों तक जाते हुए गान।

(4)

मेरी पत्तियों को ग्रहण करो, अमरीका, उन्हें दक्षिण में ले जाओ और उत्तर में ले जाओ,
हर जगह उनके स्वागत का प्रबन्ध करो, क्योंकि वे तुम्हारी ही संतानें हैं,
पूर्व और पश्चिम, उन्हें आवृत कर लो, क्योंकि वे तुम्हें आवृत कर लेंगी,
और, ओ पूर्ववर्तियो, उनके साथ स्नेह से संबद्ध हो जाओ, क्योंकि वे स्नेह से तुमसे सम्बद्ध होंगी।

मैंने अतीत का अध्ययन किया,
मैंने महान् गुरुओं के चरणों में बैठकर अध्ययन किया,
यदि मैं योग्य पात्र बन पाया हूँ तो मेरी कामना है कि वे महान् गुरु लौट आएँ और मेरा अध्ययन करें।

क्या मैं इन राज्यों के नाम में पुरातन का उपहास करूँ?
अरे, ये तो उसी पुरातन की संतानें हैं, जो उसका औचित्य सिद्ध करेंगी।

(5)

मृत कवियो, दार्शनिको, धर्मगुरुओ,
शहीदो, कलाकारो, आविष्कर्ताओ, लम्बे समय से चले आते शासनो,
अन्य सागर-तटों पर भाषा-निर्माताओ,
एक समय शक्तिशाली राष्ट्रो, इस समय अपदस्थ, आत्मकेंद्रित या विध्वंसित,
मुझमें साहस नहीं कि आगे बढ़ूँ जब तक मैं न आदर के साथ उसमें प्रतीति रखूँ जो

तुमने प्रवाहित कर यहाँ ला छोड़ा है,
मैंने उसका अनुशीलन किया है, मानता हूँ कि वह स्तुत्य है (कुछ देर उसमें विचरण करते हुए),
सोचता हूँ कि कोई वस्तु कभी अपनी पात्रता से महत्तर नहीं हो सकती, कोई भी चीज़ अपनी पात्रता से अधिक की पात्र नहीं हो सकती,
उस पर विलम्ब तक पूरे एकाग्र मन से ध्यान देने और उसे अलग धर देने के बाद,
मैं यहाँ स्वयं अपने दिन के साथ खड़ा।

यहाँ स्त्री और पुरुष-वाची प्रदेश,
यहाँ संसार के उत्तराधिकारी नर और नारी हैं, यहाँ भौतिक वस्तुओं की अग्नि-शिखा,
यहाँ रूपान्तरित करने वाली आध्यात्मिकता, मुक्त हृदय से स्वीकृत,
सतत प्रवृत्तिशील, दृष्टिगोचर रूपों की निष्पत्ति,
संतोषदायिनी, यथोचित दीर्घ प्रतीक्षा के बाद अब अग्रसर,
हाँ, यहाँ मेरी प्रेयसी आत्मा आती है।

(6)

आत्मा!
अनादि और अनन्त—उससे भी पूर्व जबसे मृदा का रंग भूरा है और वह ठोस है,
उससे भी पूर्व जब से जल में ज्वार और भाटा हैं।

भौतिक पदार्थों के गीत मैं लिखूँगा, क्योंकि मैं सोचता हूँ कि उन्हें सर्वाधिक आध्यात्मिक गीत होना है,
अपने तन के और नश्वरता के गीत मैं लिखूँगा, क्योंकि मैं सोचता हूँ कि ऐसे ही मैं स्वयं को अपनी आत्मा के और अनश्वरता के गीत दे पाऊँगा।
मैं इस संयुक्त-राज्य का एक गीत लिखूँगा ताकि उसका कोई भी एक राज्य किसी भी दशा में किसी अन्य राज्य के अधीन न हो पाये,
और मैं एक गीत ऐसा लिखूँगा कि आठों याम सारे राज्यों में और उनमें से किन्हीं दो के बीच शिष्टता बनी रहे,
और एक गीत राष्ट्रपति के कानों के लिए लिखूँगा, जिसमें भयानक फलक वाले अनेक आयुध होंगे,
और उन आयुधों के पीछे असंख्य असंतुष्ट आकृतियाँ होंगी;

और मैं सारी पृथकता से निर्मित उस एक का गीत लिखूँगा,
जिसके दाँत तीक्ष्ण हैं, जो आलोकमय है, एक जिसका मस्तक सबसे ऊपर है,
उस एक का जो दृढ़ और युद्धप्रिय है, जिसमें सभी हैं और जो सर्वोपरि है,
(किसी का मस्तक कितना भी ऊँचा क्यों न हो, उसका मस्तक सर्वोपरि है।)

समकालीन देशों को मैं स्वीकार करूँगा,
पृथ्वी के वृत्त का सारा भूगोल मैं छान डालूँगा और विनत होकर लघु या विशाल प्रत्येक नगर का अभिवादन करूँगा,
और व्यवसायो! मैं अपने गीतों में बताऊँगा कि पृथ्वी और सागर पर शूरता तुम्हारे संग रहती है,
और अमरीका के दृष्टिकोण से मैं सारी शूरता के संदेश दूँगा।

मैं साहचर्य के गीत गाऊँगा,
मैं दिखलाऊँगा कि वह क्या है जिसमें अन्ततः इन सबको सघन करने की क्षमता है,
मेरा विश्वास है कि ये पौरुषेय प्रेम का स्वयं अपना आदर्श स्थापित करेंगे, जिसका संकेत मेरे व्यक्तित्व में होगा,
इसलिए मैं उन प्रज्वलित अग्नियों की शिखाओं को अपने से बाहर निकालूँगा, जो मुझे भस्म करने का भय दिखला रही थीं,
मैं उस आवरण को हटा दूँगा जिसने बहुत लम्बे समय तक सुलगती ज्वालाओं को दबा रखा था,
मैं उन्हें अबाध स्वच्छंदता दूँगा,
मैं साथियों और प्रेम के धार्मिक गीत लिखूँगा,
क्योंकि कौन है मेरे अतिरिक्त जो प्रेम और उसके समस्त हर्ष और विषाद को समझ पाये?
और कौन है जो मेरे अतिरिक्त साथियों का कवि बन पाये?

(7)

गुणों, युगों, जातियों का मैं सहज विश्वासी हूँ,
मैं साधारण जन के बीच से उन्हीं की प्रवृत्तियाँ लेकर अग्रसर होता हूँ,
यहाँ पर वह है जो अबाध आस्था का गीत गाता है।

सर्वस्व! सर्वस्व! अन्य जिसे चाहें उसकी उपेक्षा करें,
मैं तो पाप की भी कविता बनाऊँगा, मैं तो उस अंश का भी अभिनन्दन करता हूँ,

स्वयं मैं उतना ही पापात्मा हूँ जितना पुण्यात्मा हूँ, और मेरी जाति भी है—और मैं कहता हूँ कि वस्तुतः पाप नाम की कोई चीज़ नहीं,
(और यदि है तो मेरा कहना है कि वह तुम्हारे लिए, देश के या मेरे लिए उतनी ही महत्वपूर्ण है जितनी कोई अन्य वस्तु।)

मैं भी अनेक का अनुगामी बनकर और अनुगामियों के साथ एक नये धर्म का समारंभ करता हूँ, अखाड़े में उतरता हूँ,
(सम्भव है कि मेरी यह नियति हो कि मैं वहाँ सबसे अधिक तुमुल घोष करूँ, विजेता के वज्र-घोष करूँ,
कौन जाने? सम्भव है कि वे अभी मुझसे उठें और अन्य हर चीज़ के ऊपर निकल जाएँ।)

कोई भी मात्र अपने लिए नहीं,
मैं तो कहता हूँ कि सारी पृथ्वी और आकाश के सारे नक्षत्र धर्म के लिए हैं।

मैं तो कहता हूँ कि जितना चाहिए उसका आधा भी श्रद्धालु आज तक कोई व्यक्ति नहीं हुआ,
किसी ने भी जितनी चाहिए उसकी आधी भी आराधना या पूजा नहीं की है,
किसी ने भी सोचना प्रारंभ नहीं किया है कि वह स्वयं कितना दिव्य और भावी कितना सुनिश्चित है।

मेरा तो कहना है कि इन राज्यों की वास्तविक भव्यता निश्चित ही उनके धर्म में है,
अन्यथा कोई वास्तविक और स्थायी भव्यता नहीं सम्भव है,
(धर्म के बिना चरित्र या जीवन का नाम लेना,
धर्म के बिना किसी देश या पुरुष या नारी का नाम निरर्थक है।)

(8)

क्या कर रहे हो, युवा?
क्या तुम साहित्य, विज्ञान, कला, प्रणय के प्रति इतने गम्भीर और समर्पित हो?
इन प्रत्यक्ष वास्तविकताओं, राजनीति, विवादों के प्रति?
या अपनी महत्वाकांक्षा या व्यवसाय के प्रति, सम्भव है?

ठीक ही है यह—ऐसों के विरुद्ध मैं एक शब्द भी नहीं कहता, उनका भी मैं कवि हूँ,

लेकिन देखो! धर्म के निमित्त भस्म होकर ये सब वेग से ओझल हुए जाते हैं,
क्योंकि सारा भौतिक जगत ताप, अगोचर, अग्नि-शिखा, पृथ्वी के तात्त्विक जीवन के लिए कुछ भी ज़्यादा ईंधन नहीं,
जितने वे धर्म के लिए हैं।

(9)

इस प्रकार ध्यान-मग्न और चुप किसका संधान करते हो?
तुम्हारी ज़रूरत क्या है, साथी?
प्रिय पुत्र, तुम क्या सोचते हो, प्रेम?

सुनो, प्रिय पुत्र—सुनो अमरीका, पुत्री या पुत्र,
किसी भी पुरुष या स्त्री के लिए अतिशय प्रेम व्यथापूर्ण होता है, किंतु फिर भी इससे संतोष होता है, इसमें महानता होती है,
किंतु कोई अन्य चीज़ बहुत ही महान होती है, यह सबको अनुरूपता देती है,
यह भव्य, पदार्थों के परे, अविराम हाथों से सब तक पहुँचती है, सबका संभरण करती है।

(10)

जान लो, पृथ्वी में एक महत्तर धर्म का मात्र बीज बोने के लिए,
ये गीत गाता हूँ, प्रत्येक अपने ढंग का निराला गीत।

मेरे साथी!
तुम्हारे लिए कि तुम मेरे साथ दो महानताओं के भागी बनो, और एक तीसरी के भी जिसमें दोनों सम्मिलित हैं और जो उनसे अधिक भास्वर है,
प्रेम और जनवाद की महानताएँ—और धर्म की महानता।

मेरा स्वयं का मिश्रण, वह जो दृष्टिगत नहीं और जो दृष्टिगत है,
वह रहस्यमय सागर जिसमें धाराएँ अपने को रिक्त करती हैं,
मेरे चतुर्दिक स्थानान्तरित और झिलमिलाते पदार्थों के भविष्यसूचक अभिप्राय,
जीवधारी, व्यक्तित्व इस वक़्त निस्संदेह वायु में हमारे निकट हैं, जिनके बारे में हमें कुछ ज्ञान नहीं,

प्रतिदिन और प्रत्येक प्रहर का सम्पर्क जो मुझे मुक्त नहीं होने देता,
इनका चयन करते हुए, ये जो संकेतों में मुझसे माँगे जाते हैं।

उसने नहीं जिसने बचपन से आगे प्रतिदिन के चुंबन से मुझे चूमा है,
मेरे चारों ओर वह बाँध और लपेट कर रखा है जो मुझे उसकी गिरफ़्त में रखता है,
जो उस गिरफ़्त से बढ़कर नहीं जिसमें आकाश और आध्यात्मिक लोक ने मुझे ले
रखा है,
उसके बाद जो उन्होंने मेरे साथ किया है—विषयों का संकेत करते हुए।

ओह, ऐसे विषय—समानताएँ! ओह, दिव्य साधारण!
सूर्य के नीचे, जैसे वह अभी निकला है, या दोपहर में या अस्त होने के समय,
चहकना,
संगीतमय तानें जो युगों से प्रवाहित होती हुईं, इस समय यहाँ आ पहुँची हैं,
तुम्हारी संयमहीन और संयोजित स्वरतन्त्रियों पर मोहित, उनमें कुछ जोड़ता हूँ, और
प्रसन्नता से उन्हें आगे बढ़ा देता हूँ।

(11)

अलबामा में प्रातःकाल वायु-सेवन को जाते हुए, मैंने वह स्थान देखा है,
जहाँ मादा महोव कँटीली झाड़ियों में अपने घोंसले में बैठ बच्चे सेती है।

मैंने नर-महोव को भी देखा है,
मैंने समीप रुक कर उसे अपना कंठ वायुपूरित कर हर्ष से गाते हुए सुना है।

और खड़े-खड़े मेरे मन में यह बात आयी कि जिसके लिए वह सचमुच गा रहा था वह
सिर्फ़ वहाँ ही नहीं था,
न तो अपनी संगिनी के लिए, या न मात्र स्वांतः सुखाय, या न उस सबके लिए जिसे
प्रतिध्वनियाँ लौटा रही थीं,
बल्कि उसका गान सूक्ष्म, रहस्यमय, कहीं दूर भेजा हुआ,
विद्युत-प्रवाह था, एक अलौकिक भेंट, उनके लिए जो गर्भ में जन्म की प्रतीक्षा कर रहे थे।

(12)

जनतंत्र की देवि! तुम्हारे निकट खड़ा होकर अब एक कंठ वायु भरकर उल्लास से गा रहा है।

ओ मेरी प्रियतमे! आगे आने वाले युगों की और अपनी संततियों के लिए,
उनके लिए जो यहाँ वर्तमान हैं और उनके लिए जो आगे आएँगे,
उनके लिए प्रस्तुत होने के उल्लास से भर कर अब ऐसी गीत-लहरियाँ उद्वेलित करूँगा जो पृथ्वी पर अब तक सुनी गईं गीत-लहरियों से बढ़कर शक्तिशाली और साहसिक होंगी।

मैं वासना के गीत लिखूँगा ताकि वे मुक्त होकर अपने पथ पर चलें,
और ओ विधि से बहिष्कृत अपराधियो, तुम्हारे गीत, क्योंकि मैं तुम्हारी अपनी ही आँखों से तुम्हें देखता हूँ, और अपने साथ, किसी अन्य की तरह, तुम्हारा वहन करता हूँ।

मैं सम्पन्नताओं का सच्चा गीत लिखूँगा,
ताकि तन और मन के लिए उसका उपार्जन कर लूँ, जो कुछ संसक्त रह जाता है और जो अग्रसर रहता है और जिसे मृत्यु आकर ख़त्म नहीं कर देती;
मैं अहम्मन्यता प्रवाहित करूँगा और उसे सबमें व्याप्त दिखलाऊँगा, और मैं व्यक्तित्व का चारण बनूँगा,
और मैं पुरुष और नारी की एक दूसरे के बीच मात्र समता सिद्ध करूँगा,
और साथ के शब्दों को बाईं तरफ़ खींच लें जननेन्द्रिओ और उनकी क्रियाओ, मुझमें आकर पुंजीभूत हो जाओ, क्योंकि मैंने निश्चय कर लिया है कि तुम्हारा उल्लेख साहसी और स्पष्ट स्वर में करूँ और तुम्हें महिमामय सिद्ध करूँ,
और मैं सिद्ध करूँगा कि वर्तमान में कोई त्रुटि नहीं, और न कोई भविष्य में हो सकती है,
और मैं सिद्ध करूँगा कि मृत्यु से अधिक सुंदर घटना नहीं हो सकती,
और मैं अपने गीतों में एक और सूत्र बुनूँगा कि काल और घटनाएँ विच्छेद के परे हैं,
और इसका कि विश्व की सारी वस्तुएँ अविकल चमत्कार हैं—प्रत्येक वैसी ही गहन जैसी कोई अन्य।

मेरे गीतों का निर्माण विभाजनों के अनुबन्ध में न होगा,
बल्कि मेरी कविताओं, गीतों, विचारों का निर्माण अखिलता के अनुबन्ध में होगा,

और मेरा गान एक दिवस के अनुबंध में न होगा, बल्कि सर्वकालीनता के अनुबंध में होगा,
और न मैं ऐसी कविता या उसका लघुतम अंश लिखूँगा, जो आत्मा के अनुबंध के
बिना हो,
क्योंकि विश्व में वस्तुओं का निरीक्षण कर पाता हूँ कि उनमें से कोई या किसी का
एक कण भी नहीं आत्मा से जो न अनुबंधित हो।

(13)

किसी ने आत्मा देखने की इच्छा प्रकट की?
तो देख लो तुम स्वयं अपना रूप, अपनी आकृति, व्यक्ति, पदार्थ, वन्य पशु, वृक्ष,
दौड़ती नदियाँ शिलाएँ, बालू के प्रसार।

सबमें आत्मिक उल्लास प्रतिष्ठित है, बाद में जो शिथिल हो जाता है,
कैसे यथार्थ तन कभी मृत्यु को प्राप्त होगा, कैसे वह दफ़्न हो जाएगा?

तुम्हारे यथार्थ तन का या किसी पुरुष या नारी के यथार्थ तन का।
अंश पर अंश शव को स्नान कराने वाले के हाथों से बच कर निकल जाएगा और
यथोचित नक्षत्र-मण्डलों में प्रवेश पायेगा,
और अपने साथ वह सब कुछ लेता जाएगा, जो जन्म के क्षण से मृत्यु के क्षण तक
उसने उपार्जित किया है।

मुद्रक द्वारा व्यवस्थित टाइप अपनी छाप, अर्थ और मुख्य सरोकार उससे ज़्यादा नहीं
वापस करते,
जितना किसी का पुरुष-तत्त्व और जीवन या किसी नारी का तत्त्व और जीवन तन में
और आत्मा में वापस करता है,
मृत्यु के पूर्व विरक्त और मृत्यु के बाद विरक्त।

देखो, तन में ही सम्मिलित है और तन ही है अर्थ, मुख्य चिंता, और तन में ही
सम्मिलित है और तन ही आत्मा है,
कोई भी तुम हो, कितना उत्कृष्ट और कितना दिव्य है तुम्हारा तन, या उसका कोई अंग!

(14)

चाहे कोई भी तुम हो, तुम्हारे लिए मेरी अनन्त घोषणाएँ!

प्रदेशों की दुहिता, क्या तुमने अपने कवि की प्रतीक्षा की?
क्या तुमने उस व्यक्ति की प्रतीक्षा की जिसकी वाणी में प्रवाह और हाथों में संकेत?
संयुक्त राज्य के पुरुषों के प्रति, और संयुक्त राज्य की नारियों के प्रति,
उल्लासपूर्ण शब्द, जनतंत्र के प्रदेशों के प्रति शब्द।

एक दूसरे से अन्तर्ग्रथित प्रदेश, आहार देने वाले प्रदेश!
कोयला और लोहा के प्रदेश! स्वर्ण के प्रदेश! कपास, चीनी चावल के प्रदेश!
गेहूँ, गोमांस, सूअर के मांस के प्रदेश! ऊन और सन के प्रदेश! सेव और अंगूर के प्रदेश!
चरागाह के मैदानों के प्रदेश, दुनिया के घास के मैदान! मधुर वायु वाले उन अनंत पठारों के प्रदेश!
ढोरों, उद्यानों, कच्ची ईंटों के स्वस्थ आवासों के प्रदेश!
उत्तरी-पश्चिमी कोलम्बिया की आँधियों के प्रदेश, और जहाँ दक्षिणी-पश्चिमी कोलोरैडो की आँधियाँ हैं!
पूर्वी चेसापीक के प्रदेश! डिलावेयर के प्रदेश!
ओन्टारियो, एरी, ह्यूरान, मिशिगन के प्रदेश!
पुराने तेरह प्रदेश! मैसाचुसेट्स के प्रदेश! वरमांट और कानेक्टिकट के प्रदेश!
महासागरों के तटों के प्रदेश! पर्वतमालाओं और शिखरों के प्रदेश!
मल्लाहों और नाविकों के प्रदेश! मछुआरों के प्रदेश!
अलंघनीय प्रदेश! एक दूसरे से आबद्ध! अनुरागी प्रदेश!
एक दूसरे के पार्श्वगत् बड़े और छोटे भाई! अस्थिपिंजरों के प्रदेश!
महान् नारियों के प्रदेश! स्त्री-वाची! अनुभवी बहनें और अनुभवहीन बहनें!
दूर साँस लेता हुआ प्रदेश! उत्तरी ध्रुव सागर से जकड़ा हुआ! मेक्सिको की हवा जहाँ प्रवाहित है! विविध! सघन!
पेन्सिलवानिया-निवासी! वर्जीनिया-निवासी! दोनों कैरोलिनिया के निवासी!
ओह, सब और प्रत्येक मुझे अच्छे प्रिय! मेरे निर्भीक प्रदेशो! ओह, कुछ भी हो मैं तुम्हें पूरे प्रेम के साथ सम्मिलित करता हूँ।
मैं तुमसे पृथक नहीं किया जा सकता! किसी से भी नहीं किसी दूसरे से शीघ्रतर!
ओ मृत्यु, ओ उस सबके लिए, इस समय अपने दुर्दमनीय प्रेम के साथ मैं तुम्हारी दृष्टि में अभी तक न आया हूँ,
न्यू इंगलैण्ड में विचरण करता हुआ, एक मित्र, एक यात्री,

पामनाक के बालू-तट पर ग्रीष्म की लहरों के हाशिये पर अपने नंगे पाँव छपछपाता हूँ,
चरागाह के मैदानों को पार करते हुए, शिकागो में पुनः रहते हुए, प्रत्येक क़स्बे में
रहते हुए,
प्रदर्शनों, जन्मों, विकासों, भवनों, कलाओं का निरीक्षण करते हुए,
सार्वजनिक सभागारों में वक्तृता देने वाले पुरुषों और नारियों को सुनते हुए,
संयुक्त राज्य के और उसमें हर जगह जैसे जीवन भर, प्रत्येक पुरुष और नारी मेरे पड़ोसी,
लूसियाना और जार्जिया के निवासी, मेरे उतने ही निकट, जितना मैं वहाँ के
स्त्री-पुरुषों के निकट,
मिसिसिपी और अराकांस के निवासियो भी मेरे साथ, और मैं भी उनमें के किसी के
साथ,
रीढ़दार नदी के पश्चिम के मैदानों पर भी, अपने कच्ची ईंटों के आवास में भी,
पूरब की तरफ़ लौटते हुए भी, सीसाइड राज्य या मेरीलैंड में भी,
कनाडियन बन कर शीत का सामना करते हुए भी, हिम और कड़े जमे हिम का
स्वागत करते हुए,
मेन या ग्रेनाइट राज्य का, या नरागान्सेट खाड़ी के राज्य का, या एम्पायर राज्य का
सच्चा पुत्र बन कर भी,
दूसरे तटों पर उन्हें मिला लेने के लिए जलमार्ग से यात्रा करते हुए भी, हर नये बन्धु
का स्वागत भी करते हुए,
इसके द्वारा इन पत्तियों को जो नयी हैं उनसे जोड़ते हुए उस प्रहर से जब वे पुरानी
पत्तियों से एक हो जाती हैं
नयी जो हैं उनका स्वयं साथी और उनके बराबर बनने के लिए, उनके बीच आते
हुए, तुम्हारे पास अब स्वयं आते हुए,
तुम्हें कर्मों, चरित्रों, अद्‌भुत प्रदर्शनों के लिए तुम्हारा आवाहन करता हूँ।

(15)

वेग से बढ़ते चलो, दृढ़ता से मेरा हाथ पकड़ कर, वेग से बढ़ते चलो।

अपने जीवन के लिए मुझसे संलग्न रहो,
(सम्भव है कि जब मैं अपने को सचमुच तुम्हें समर्पित करने की स्वीकृति दूँ, उसके
पूर्व तुम्हें बार-बार मुझे समझाना पड़े, लेकिन उससे क्या?
प्रकृति को क्या बार-बार समझाना नहीं होता?)

मैं रुचिर, मधुर, स्नेहमय व्यक्ति नहीं,
श्मश्रुयुक्त, धूप में तपा, धूसर गर्दन वाला, अप्रीतिकर व्यक्ति, मैं आ पहुँचा है,
विश्व के मूल्यवान पुरस्कारों को प्राप्त करने के लिए मुझसे मल्लयुद्ध करना होगा,
जब मैं पार्श्व से गुजरता हूँ,
क्योंकि जो भी उनकी प्राप्ति के लिए अध्यवसाय-रत रहता है, उन्हें प्रदान करने में सक्षम हूँ।

(16)

अपने पथ पर मैं एक क्षण को रुक जाता हूँ,
यहाँ तुम्हारे लिए और यहाँ तुम्हारे लिए, अमरीका!
सदा मैं वर्तमान को ऊपर उठाता हूँ, सदा मैं संयुक्त राज्य की सुखद और दिव्य भावी की अग्रिम घोषणा करता हूँ,
और मैं विगत के लिए उसकी घोषणा करता हूँ, वायु में जो कुछ रक्तवर्ण के आदिवासियों का वहन होता है।

रक्तवर्ण आदिवासी!
जिन्होंने नैसर्गिक श्वासों में वर्षा और वायु की ध्वनियाँ, वनों में पक्षियों और पशुओं की बोलियों के नाम शब्द-बद्ध कर हमारे लिए छोड़े,
ओकोनी, कूसा, ओटावा, मोनोनगहेला, साक, नात्चेज़, चट्टाहोची, काकूवेटा, ओरोनोको,
वाबाश, मियामी, सागिना, चिप्पेवा, ओशकोश, वाल्ला-वाल्ला,
संयुक्त राज्य के लिए यह सब छोड़ कर,
जल और थल के नामों को विद्युतीय आवेश से भरते हुए,
वे विलीन होते हैं, विदा होते हैं।

(17)

अब आगे, विस्तार पाते हुए और वेगवान,
तत्त्व, प्रजातियाँ, समन्वय—अशांत, त्वरित और साहसपूर्ण—
पुनः एक आदिम लोक, अनवरत और शाखाओं में प्रसारित कीर्ति के विस्तृत दृश्य,
एक नयी जाति पूर्व की जातियों पर प्रभुत्वशाली और उनसे बहुत भव्यतर, नयी प्रतिद्वन्द्विताओं,

नयी राजनीति, नये साहित्यों और धर्मों, नये आविष्कारों और कलाओं के साथ।

इन्हें अपनी वाणी में घोषित करते हुए—अब मैं न सोता रहूँगा बल्कि जागूँगा,
ओ महासागरो, जो मेरे अंतर में शांत पड़े रहे! कैसे मैं तुम्हारा अनुभव करता हूँ,
मापहीन, क्षुब्ध, अपूर्व तरंगों और आँधियों की तैयारियाँ करते हुए।

(18)

मेरी रचनाओं में संतरण करते हुए वाष्प-जलयान देखो,
मेरी रचनाओं में लगातार आप्रवासियों का आना और उतरना देखो,
देखो, मन की आँखों से, आदिम निवासी का खेमा, पगडण्डी, आखेटक की झोंपड़ी, घरनई, मक्के की पत्तियाँ, दावा, ऊबड़-खाबड़ बाड़ा, और नगर से दूर जंगल में बसा हुआ गाँव,
देखो, एक ओर पश्चिमी सागर और दूसरी ओर पूर्वी सागर,
कैसे वे मेरी रचनाओं पर, जैसे स्वयं के तटों पर, ढँगर कर आगे आते हैं और फिर लौट जाते हैं,
देखो, मेरी रचनाओं में चरागाहें और जंगल—देखो, वन्य और पालतू पशु—का नदी के पार भैंसों के संख्यातीत झुंड जो छोटी, घुँघराली घास चरते हैं,
मेरी रचनाओं में देखो, सघन, विशाल, अन्तर्देशीय नगर, पत्थरों से जड़े पथों, लोहे और पत्थरों के भवनों, अंतहीन गाड़ियों और वाणिज्य के साथ,
देखो, अनेक सिलिंडरों वाले वाष्प के मुद्रण-यंत्र—देखो, महाद्वीप के आर-पार विद्युत के टेलीग्राफ,
देखो, अतलान्तक की गहराइयों से अमरीकी धड़कनें योरोप में पहुँचती हुई, और योरोप की धड़कनों का यथोचित प्रत्यावर्तन,
देखो, शक्तिशाली और तेज़ इंजन को यात्रारंभ करते हुए, हाँफते और वाष्प की सीटी बजाते हुए,
देखो, हलवाले को खेतों में हल चलाते हुए—देखो, खान-मज़दूरों को खानें खोदते हुए—देखो असंख्य कारख़ाने,
देखो, मिस्त्रियों को उनकी बेंचों पर औजारों के साथ व्यस्त—देखो, उनके बीच से निकले उच्च न्यायाधीशों, दार्शनिकों, राष्ट्रपतियों को, जो अपने काम के वस्त्र पहने हैं,
देखो, मुझे संयुक्त-राज्य की दुकानों के बीच अपना समय बिताते हुए, लोकप्रिय

होकर, दिन-रात भुजाओं में आबद्ध,
वह सुनो मेरे गीतों की तुमुल प्रतिध्वनियाँ—अन्ततः आ पहुँचे संकेतों को पढ़ो।

(19)

ओ मेरे निकट के साथी! आखिर तुम और मैं दोनों साथ, और मात्र हम दोनों,
ओह, अपने आगे के अंतहीन पथ को साफ़ करने के लिए एक शब्द!
ओह, क्या है यह उल्लास से उन्मत्त और अप्रमेय!
ओह, अब मैं विजयी हूँ, और तुम भी विजयी होगे;
ओह, हाथ में हाथ डाले—ओह, कैसा स्वस्थ आनंद है यह! ओह एक और अभिलाषी
और प्रेमी का मिल जाना!
ओह, कितना सुख है कि हम एक दूसरे को दृढ़ता से पकड़ कर वेग से बढ़ते चलें,
बढ़ते चलें।

(1860) **(Starting from Paumanok, 1881)**

आत्म-गान
Song of myself

(1)

स्वयं का स्तवन मैं करता हूँ, स्वयं का गान करता हूँ,
और मेरी जो मान्यता है, तुम्हारी मान्यता होगी,
क्योंकि मेरा प्रत्येक अणु जितना मेरा है, उतना ही तुम्हारा है।

आवारा घूमता हूँ और अपनी आत्मा को आमंत्रित करता हूँ,
ग्रीष्म की घास की एक नोक का निरीक्षण करते हुए जब मन होता है तन टिका लेता
और आवारा घूमता हूँ।

मेरी जीभ, मेरे रक्त का प्रत्येक कण, इसी मिट्टी, इसी हवा से बना हुआ,
यहाँ ऐसे माता-पिता से जन्म लिया, जो यहाँ वैसे ही माता-पिता से जन्मे थे और वैसे
ही उनके भी माता-पिता रहे,
मैं सैंतीस वर्ष का, पूर्ण स्वस्थ, प्रारंभ करता हूँ,
आशा है मृत्युपर्यन्त नहीं रुकूँगा।

सम्प्रदाय और मत स्थगित कर,
थोड़े समय के लिए उन्हें विश्राम देने को पीछे छोड़, स्वयं में उन्हें पर्याप्त स्वीकार
करते हुए, किंतु उन्हें विस्मृत किये बिना,
फल शुभ हो या अशुभ, प्रत्येक जोखिम उठाते हुए,
प्रकृति को अंकुशहीन, आदि ऊर्जा के साथ बोलने की अनुमति देता हूँ।

(2)

आवास और कक्ष सुगंधों से भरे हैं, आलों में सुगंधों की भीड़ लगी,
मैं स्वयं अपनी साँसों में वह सुगंध भरता हूँ, उसे पहचानता हूँ और उसे चाहता हूँ,
यह आसव मुझे भी उन्मत्त कर देगा, किंतु मैं इसे अनुमति नहीं दूँगा।

वायुमण्डल सुगन्ध नहीं है, इसमें आसव का स्वाद नहीं, यह गंधहीन है,
यह सदा मेरे मुख के लिए है, इसे मैं प्यार करता हूँ,
वन के निकट जो तट है मैं वहाँ जाऊँगा, और अपना छद्म वेश छोड़ूँगा और नग्न हो
जाऊँगा,
इसके लिए पागल हूँ कि वह मेरा स्पर्श करे।

स्वयं मेरी अपनी साँस का धूम्र,
प्रतिध्वनियाँ, ऊर्म्मियाँ, कानाफूसियों की गूँज, प्रेम-मूल, रेशमी सूत्र, उरु-संधि और
द्राक्षा-लताएँ,
मेरी श्वसन-क्रिया और अन्तःस्फुरण, मेरे हृदय की धड़कन, मेरे फेफड़ों में रक्त और
वायु का संचार,
हरी पत्तियों और सूखी पत्तियों की, तट और उसकी स्याह समुद्री चट्टानों की, और
भण्डार-गृह में सूखे चारे की नाक में घुसती गंध,
चक्रवातों में उन्मुक्त मेरी वाणी से शब्दों के उद्‌गार से निकली हुई आवाज़,
कुछ कोमल चुंबन, कुछ आलिंगन, अंक में भर लेने के लिए भुजाओं का प्रसार,
लचीली शाखाओं के हिलने के साथ वृक्षों पर आलोक और छाया की केलि,
एकांत या सड़कों की भागदौड़ का, खेतों या पहाड़ियों के ढलानों का आनंद,
स्वास्थ्य का अनुभव, पूर्णिमा का कंपित स्वर, और बिस्तर से उठकर सूर्य से मिलते
हुए मेरा गान।

एक हज़ार एकड़ को तुम बहुत ज्यादा गिनते हो? पृथ्वी को बहुत ज़्यादा गिनते हो?
तुमने क्या लम्बे समय तक पढ़ने का अभ्यास किया है?
तुमने क्या कविताओं के मर्म तक पहुँचने का बड़े गर्व सहित अनुभव किया है?

आज के दिन और रात मेरे साथ रुको और तुम्हें सारी कविताओं का स्रोत मिल
जाएगा।
निश्चय ही तुम पृथ्वी और सूर्य में जो उत्तम है उसे पाओगे (कोटियों सूर्य हैं अभी शेष),

निश्चय ही अब आगे तुम दूसरे या तीसरे स्रोत से चीज़ें नहीं स्वीकार करोगे, या न मृतकों की आँखों से देखोगे, या न पुस्तकों के प्रेतों से अपना भोजन प्राप्त करोगे,
निश्चय ही तुम मेरी आँखों से भी नहीं देखोगे, या जो कहता हूँ उसे मानोगे,
निश्चय ही तुम सारे पक्षों को सुनोगे और उन्हें अपने माध्यम से छानोगे।

(3)

मैंने सुना है बतकही करने वाले क्या बात करते जा रहे थे, आदि और अंत की बात,
किंतु मैं आदि और अंत की बात नहीं करता हूँ।

आज की तुलना में विगत में कभी बढ़कर प्रारंभ नहीं हुआ,
या न आज की तुलना में कभी अधिक यौवन या वृद्धता थी,
और न आज की तुलना में कभी अधिक पूर्णता होगी,
या न आज की तुलना में कभी अधिक स्वर्ग या नरक होगा।

प्रेरणा, प्रेरणा और प्रेरणा,
निरन्तर जगत में प्रजनन की प्रेरणा।

सामने के धुँधलके से समकक्ष अग्रसर होते हैं, निरंतर सत्त्व और वृद्धि, निरंतर काम,
निरंतर एकात्मता का अन्तर्ग्रथन, निरंतर विशिष्टता, निरंतर जीवन का प्रजनन।

व्याख्या से कोई लाभ नहीं, विद्वान और ज्ञानहीन दोनों ही अनुभव करते हैं कि यह सच है।

आश्वस्त जैसे कि सर्वाधिक आश्वस्त, ठीक सीधा, पूरी तरह अवस्थित, उर्द्धवांगों में तना,
अश्व की तरह हृष्ट-पुष्ट, स्नेहिल, अविनीत, विद्युतीय,
मैं और यह रहस्य यहाँ हम खड़े हैं।

निर्मल और मधुर है मेरी आत्मा, और निर्मल और मधुर है वह सब कुछ जो मेरी आत्मा नहीं है।

एक का अभाव दोनों का अभाव और जो अदृश्य है उसे दृश्य सिद्ध करता है,
यहाँ तक कि वह अदृश्य हो जाता और अपनी बारी में स्वयं प्रमाण प्राप्त करता है।

सर्वोत्तम आयु का दिखलाना और उसे अधमतम से पृथक करना आयु के लिए कष्टकर होता है,
वस्तुओं की सर्वांगपूर्ण उपयुक्तता और प्रकृतिस्थता का पता होने से मैं चुप रहता हूँ जबकि अन्य बहस करते हैं,
और जाकर स्नान करता और अपने पर मुग्ध होता हूँ।

मेरा, जैसे किसी अन्य मुक्त हृदय और निर्मल व्यक्ति का, प्रत्येक अंग और गुण स्वागत के योग्य,
तिनके भर नहीं, तिनके के एक कण भर भी नहीं अपावन है और कोई भी नहीं अन्यों की तुलना में कमतर परिचित होगा।

मैं संतुष्ट हूँ—देखता, नाचता, हँसता, गाता हूँ,
जब मुझसे लिपटा और प्यार करता हुआ मेरा हम-बिस्तर, रातभर जो मेरे पार्श्व में सोता रहा, दिन के झाँकते चोरों की तरह दबे पाँव चला जा चुका है,
और जिसने मेरे लिए सफ़ेद तौलियों से ढँकी टोकरियाँ छोड़ी हैं, जिनकी प्रचुरता से मेरा गृह उमड़ता है,
क्या मैं अपनी स्वीकृति और सिद्धि को स्थगित करूँ और अपनी आँखों पर इसलिए चीखूँ और चिल्लाऊँ,
कि वे रास्ते के सामने और दूर तक देखने की जगह पलट कर देखें, जान जाएँ
और तत्काल और आख़िरी पैसे तक,
ठीक-ठीक एक की क़ीमत और ठीक-ठीक दो की क़ीमत मुझे दिखलाएँ, और यह कि दोनों में कौन बढ़-चढ़ कर है?

(4)

पर्यटक और प्रश्नकर्त्ता मुझे घेरते हैं,
कौन हैं लोग जिनसे मैं मिलता हूँ, मेरे प्रारंभिक जीवन का मुझ पर प्रभाव, वार्ड और नगर जिसमें मैं रहता हूँ, या राष्ट्र,
ताज़ा तारीख़ें, अनुसंधान, आविष्कार, समुदाय, पुराने और नये रचनाकार,
मेरे भोजन, वस्त्र, सहयोगी, रूप-रंग, प्रशंसाएँ, देय,
किसी ऐसे पुरुष या नारी की, जिसे मैं प्यार करता हूँ, सच्ची या कल्पित उदासीनता,
मेरे किसी स्वजन या स्वयं मेरी रुग्णता या दुष्कर्म या क्षति या अर्थाभाव या अवसाद या हर्ष,

मुठभेड़ें, भाइयों के बीच युद्ध की विभीषिकाएँ, संदिग्ध समाचारों का ज्वर, रह-रहकर होने वाली घटनाएँ,
दिन-रात ये चीज़ें मेरे निकट आती हैं और मेरे यहाँ से चली जाती हैं,
किंतु वे वह नहीं हैं जो मैं स्वयं हूँ।

इस खींचतान और घिसटने-पिसटने से जो अलग खड़ा है, वह मैं हूँ,
मज़ा लेता हुआ, बेफ़िक्र, सहानुभूति प्रदर्शित करता हुआ, अकर्मण्य, ऐकिक खड़ा है,
नीचे देखता है, तना है, और एक भुजा को किसी स्पर्शहीन निश्चित विराम-स्थल पर झुकाता है,
पार्श्व में सिर मोड़े उत्सुक देखता है कि अगली बार क्या आएगा,
खेल के भीतर और बाहर, दोनों ही होता है और उसे देखता है और उस पर अचरज करता है।

पीछे मुड़कर मैं अपने उन दिनों में झाँकता हूँ जब मैं भाषाविदों और विवाद करने वालों के साथ कोहरे में पसीने से तर हो जाता था,
मेरे पास उपहास करने को कुछ भी नहीं, कोई तर्क नहीं, मैं केवल देखता रहता हूँ और प्रतीक्षा करता हूँ।

(5)

तुममें मेरी आस्था है, मेरी आत्मा, अन्य जो मैं हूँ उसे तुम्हारे समक्ष अपने को हीन नहीं बनाना है,
और तुम्हें भी उस अन्य के समक्ष हीन नहीं बनना है,
मेरे साथ घास पर आवारा घूमो, अपने कंठ का अवरोध बाहर करो,
शब्द नहीं, संगीत या तुक नहीं चाहता हूँ, रीति या भाषण नहीं, सर्वोत्तम भी नहीं,
मुझे केवल विराम प्रिय है, तुम्हारी द्वार-बद्ध वाणी की अनुगूँज।

याद है मुझे कैसे हम एक बार ऐसी पारदर्शी वासंती भोर में लेटे थे,
कैसे तुमने अपना शीश मेरे कटि-प्रदेश पर डाला और कैसे मुड़ कर मुझ पर लेटे,
और मेरे वक्ष की अस्थियों पर कमीज़ के बटन खोले और मेरे वसनहीन नग्न हृदय पर सहसा अपनी जीभ दौड़ायी,
और हाथ बढ़ाकर मेरा श्मश्रु छुआ, और हाथ बढ़ाकर मेरा पैर थामा।

वेग से मेरे चतुर्दिक उस शांति और ज्ञान का उदय और प्रसारण हुआ, जो पृथ्वी के
सारे तर्कों से परे है,
और मैं जानता हूँ कि ईश्वर का हाथ स्वयं मेरा वचन है,
और मैं जानता हूँ कि ईश्वर का चेतन उसका सहोदर है जो स्वयं मेरा है,
और मैं जानता हूँ कि आज तक पैदा हुए सारे नर मेरे भी भ्राता हैं और नारियाँ मेरी
बहनें और प्रेमिकाएँ हैं,
और यह कि प्रेम सृष्टि की एक कीली है,
और मैदानों में सूखी और झुकी पत्तियों की,
और उनके नीचे छोटे कूपों में पड़ी चीटियों की,
और नागदौन बाड़ों के काईदार खुरण्डों, राशि-राशि प्रस्तर-खण्डों, झरबेरियों, मुल्लिनों
और नरम-हरे खरपात की कोई सीमा नहीं।

(6)

एक शिशु ने हाथों में भर कर मेरे पास लाते हुए पूछा : *"घास क्या है?"*
शिशु को मैं क्या उत्तर दे पाता? उससे अधिक मैं नहीं जानता हूँ कि वह क्या है।

मेरा अनुमान है यह अवश्य ही मेरे स्वभाव की ध्वजा है, जो किसी आशावान हरे
पदार्थ से बुनी गई।

या मेरा अनुमान है कि यह स्रष्टा का रूमाल है,
सुवासित भेंट और अनुस्मारक है, सोद्देश्य जिसे नीचे गिराया गया,
जिसके स्वामी का नाम किसी तरह कोनों में अंकित है, ताकि हम देख सकें और
ध्यान दें और कहें : *किसका है?*

या मेरा अनुमान है कि घास स्वयं एक शिशु है, वनस्पति से उत्पन्न शिशु।

या मेरा अनुमान है कि यह एकरूप चित्रलिपि है,
और इसका आशय है विस्तृत क्षेत्रों में समान अंकुरित होना,
काले लोगों के बीच वैसे ही, जैसे श्वेतों के बीच, बढ़ना,
कानुक, टकैहोए, सांसद, कफ, मैं उन्हें समानता देता हूँ, मैं उनका समान स्वागत
करता हूँ।

और अब यह मुझे क़ब्रों के अनकटे बाल-सी लगती है।

स्नेह से मैं तुम्हारे साथ बरताव करूँगा, घुँघराली घास,
सम्भव है तुम युवाओं के वक्ष से प्रकट हुईं,
सम्भव है यदि मैंने उन्हें जाना होता, उनसे मैं प्यार करता,
सम्भव है तुम वृद्धजन से प्रकट हुईं, या उन संतानों से जो अपनी जननियों की गोद
    से शीघ्र ही छीनी गईं,
और यहाँ तुम जननियों की गोदें हो।

यह घास इतनी ज़्यादा हरी है कि सम्भव नहीं वृद्ध माताओं के सिरों से प्रकट हो,
वृद्ध पुरुषों की रंगहीन दाढ़ियों से ज़्यादा स्याह,
इतनी स्याह कि सम्भव नहीं मुँहों के हल्के लाल तालुओं से प्रकट हो।

अरे, मुझे आख़िरकार इतनी सारी बोलती जीभों का बोध होता है,
और मुझे बोध होता है कि व्यर्थ ही नहीं वे मुँहों से तालुओं से आती हैं।

इच्छा होती है कि मैं दिवंगत युवाओं और युवतियों के विषय में संकेतों को अनूदित
    कर पाता,
और उन संकेतों को जो वृद्ध पुरुषों और माताओं और अपनी गोदियों से शीघ्र छीनी
    गई संतानों के विषय में हैं।

तुम्हारी समझ से उन युवाओं और वृद्धों का क्या हुआ?
और तुम्हारी समझ से उन स्त्रियों और शिशुओं का क्या हुआ?

कहीं न कहीं वे जीवित और सकुशल हैं,
लघुतम अंकुर सिद्ध करता है कि सच में मृत्यु होती ही नहीं,
और यदि कभी वह रही तो उसने जीवन को अग्रसारित किया और उसे अंत में क़ैद
    करने के लिए वह प्रतीक्षा नहीं करती,
और जीवन के प्रकट होते ही समाप्त हो जाती है।

सब कुछ आगे और आगे बढ़ता जाता है, कुछ भी ध्वस्त नहीं होता,
और मरना हम जो सोचते हैं उससे बहुत भिन्न और सौभाग्यपूर्ण होता है।

(7)

किसी ने क्या जन्म लेना सौभाग्य माना है?
अविलम्ब मैं उस स्त्री या पुरुष को सूचित करता हूँ कि मरना भी ठीक वैसा ही

सौभाग्य होता है और मैं इसे जानता हूँ।

मरणासन्न व्यक्ति से मैं मृत्यु के और सद्यः-स्नात शिशु से मैं जन्म के निकट से
गुज़रता हूँ और मैं अपने जूतों और टोप के बीच सीमित नहीं,
और मैं विविध वस्तुओं का अनुशीलन करता हूँ, कोई भी दो समान नहीं और प्रत्येक
अच्छी है,
पृथ्वी उत्तम और नक्षत्र उत्तम, और उनके समस्त अनुलग्नक उत्तम।

मैं कोई पृथ्वी नहीं या न किसी पृथ्वी का कोई अनुलग्नक हूँ,
मैं जन का सखा और सहचर हूँ, सब ठीक मेरे ही जैसे अमर और अतल,
(वे नहीं जानते हैं कितने अमर, किंतु मैं जानता हूँ)।

हर जाति अपने और अपनों के लिए, मेरे लिए मेरे पुरुष और स्त्री,
मेरे लिए जो किशोर रह चुके हैं और जो स्त्रियों को प्यार करते हैं,
मेरे लिए वह पुरुष जो गर्वीला है और जिसे तिरस्कृत होने के शूल का अनुभव है,
मेरे लिए जो प्रेयसी है और जो कुमारी वृद्धा है, मेरे लिए माताएँ और माताओं की
माताएँ,
मेरे लिए वे होंठ जो मुस्कुराये हैं, वे आँखें जिन्होंने आँसू गिराये हैं,
मेरे लिए शिशु और शिशुओं के जन्मदाता।

निर्वस्त्र हो जाओ! मेरे निकट तुम अपराधी नहीं, निस्तेज या परित्यक्त नहीं,
चाहे बनात या धारीधार कपड़ा हो या न हो, मैं उसके पीछे झाँक ही लेता हूँ,
और मैं साथ लगा रहता हूँ, हठी, लोभी, अशक्त, और मुझे दूर रख पाना सम्भव नहीं।

(8)

वह नन्हा पालने में सोया है,
जाली को उठाकर मैं देर तक निहारता हूँ और चुपचाप अपने हाथ से मक्खियाँ उड़ा
देता हूँ।

वह किशोर और आरक्त गालों वाली किशोरी झाड़ीदार पहाड़ी पर एक ओर मुड़े,
शिखर से आँखें गड़ा कर मैं उन्हें देखता हूँ।

शयनकक्ष के रक्तरंजित फर्श पर आत्महत्वा लेटी हुई है,
मैं शव और उसके गीले बालों को देखता हूँ, पिस्तौल कहाँ गिरी है, इस पर ध्यान देता हूँ।

पटरी की बकवास, गाड़ियों के टायर, जूतों के उतरे हुए तल्ले, चहलक़दमी करने वालों की बातचीत,
भारी बस, प्रश्नवाचक अँगूठे वाला चालक, पत्थर के फ़र्श पर नाल-जड़े घोड़ों की झनझनाहट,
बर्फ़ के स्लेज, टनटनाहट, चिल्ला कर किये गए विनोद, बर्फ़ की गेंदों की तेज़ बौछार,
लोकप्रिय चहेतों के लिए की गई जय-जयकार, उत्तेजित भीड़ का उन्माद,
पर्देवाली पालकी की फरफराहट, उसके भीतर एक बीमार आदमी जिसे अस्पताल ले जाया जा रहा,
शत्रुओं का आमने-सामने होना, आकस्मिक अपशब्द, घूँसेबाज़ी और गिर पड़ना,
उत्तेजित भीड़, तेज़ी से धकियाता और रास्ता बनाकर भीड़ के केंद्र में तारा धारण किये पुलिस के सिपाही का पहुँचना,
निरावेग पत्थर के टुकड़े जो इतनी सारी प्रतिध्वनियाँ ग्रहण करते और लौटाते हैं,
खब्बुओं या उन भुक्खड़ों की कैसी कराहें जो लू लग जाने या दौरा पड़ने से गिर पड़ते हैं,
कैसी चिल्लाहटें हैं उन औरतों की जिनकी प्रसव-पीड़ा सहसा शुरू हुई और जो घर की ओर भागतीं और शिशुओं को जन्म देती हैं,
कितनी ज़िंदा और दफ़्न हुई आवाज़ यहाँ झंकृत होती है, शालीनता से बाधित कैसी चीख़ें हैं,
अपराधियों की गिरफ़्तारियाँ, तिरस्कार, व्यभिचार के लिए प्रस्ताव, स्वीकृतियाँ, मुँह बिचका कर की गईं अस्वीकृतियाँ,
उनकी या उनके प्रदर्शन या उनकी अनुगूँजों की ओर मैं ध्यान देता हूँ—मैं आता और चला जाता रहता हूँ।

(9)

गाँव के भण्डार के विशाल द्वार खुले पड़े और प्रस्तुत हैं,
कटाई के समय की सूखी घास आहिस्ता चलती हुई गाड़ी पर लदी है,
धुली हुई रोशनी मिले-जुले भूरे धूसर और हरे रंगों पर पड़ती है,
और अँकवारों में भर-भर कर घास दबते हुए गाँज पर लादी जा रही है।

वहाँ मैं उपस्थित हूँ, मैं मदद करता हूँ, मैं लदी घास के ऊपर पसरा हुआ चला आया,
एक पैर दूसरे पर धरे, मैंने उसके हल्के धकच्चों का अनुभव किया,
मैं आड़ी कड़ी से कूद जाता हूँ और तिपत्तिया और टिमोथी पकड़ लेता हूँ,
और सिर के बल गिर कर उलट जाता हूँ और अपने बालों में खर-पतवार उलझा लेता हूँ।

(10)

अकेला, दूर विजन स्थानों और पर्वतों में मैं आखेट करता हूँ,
अपनी भारहीनता और उल्लास पर मैं चकित घूमता हूँ,
देर गए संध्या में रात बिताने को सुरक्षित स्थान ढूँढ़ता हूँ,
आग जला देता हूँ और ताज़ा मारे गए शिकार को पकाता हूँ,
एकत्र की हुई पत्तियों पर पार्श्व में अपने कुत्ते और बन्दूक के साथ सो जाता हूँ।

वेगवान यांकी जहाज़ पर उसके आसमानी पाल टँगे हैं, वह चमक और प्रवाह काटता जाता है,
मेरी आँखें थल पर टिकी रहती हैं, मैं उसकी गलही पर झुकता हूँ या उसकी छत से चिल्लाता हूँ।

माँझी और बड़ी सीपियाँ खोदने वाले तड़के उठे और मेरे लिए रुके,
मैंने अपने पतलून की मोहरियाँ अपने जूतों में खोंसीं और उनके साथ हुआ और अच्छा समय काटा,
मज़ा आ जाता तुम्हें अगर उस दिन तुम शोरबे की डेकची के पास होते।

मैंने दूर पश्चिम की खुली हवा में फन्दा डालने वाले शिकारी का विवाह देखा, वधू रेड इंडियन लड़की थी,
उसका पिता और पिता के दोस्त पालथी मारे चुपचाप तम्बाकू के कश लेते हुए बैठे थे, उनके पैरों में मृगचर्म के बने घुटनों तक के जूते थे और भारी मोटे कम्बल उनके कंधों से लटके थे।

फंदा डालने वाला शिकारी किसी तट पर घूम रहा था, उसके अधिकतर वस्त्र चर्म के थे, उसकी सघन दाढ़ी और घुँघराली लटें उसकी ग्रीवा को ढँके थीं, वह अपनी वधू का हाथ पकड़े था,
जिसकी भौंहें लम्बी थीं, सिर नंगा था, और जिसका रूखा केश-जाल उसके कामोत्तेजक अंगों पर पसरा था और उसके पैर छूता था।

भागा हुआ दास मेरे गृह आ पहुँचा और बाहर रुका, मैंने लकड़ियों के ढेर
टहनियों को कुचलते हुए उसके पाँवों की खरखराहट सुनी,
रसोई के आधे खुले द्वार से मैंने उसका लँगड़ाना और उसकी जर्जरता देखी,
और वहाँ गया जहाँ वह एक लट्ठे पर बैठा था, उसे अन्दर लाया और आश्वस्त किया,
और उसके पसीने से लथपथ तन और घायल पाँवों के लिए जल लाया और एक टब को भरा,
और उसे अपने कमरे में खुलने वाला कमरा दिया और उसे मुटिया के कुछ धुले कपड़े दिये,
और मुझे पूरी तरह ठीक-ठीक उसकी घूमती आँखों और असमंजस की याद,
और उसकी ग्रीवा और टख़नों के घावों पर पट्टियाँ बाँधने की याद अब तक है,
स्वास्थ्य-लाभ करने के दौरान पूरे एक सप्ताह वह मेरे साथ रहा और तब उत्तर की ओर चला गया,
खाने की मेज़ पर मैं उसे साथ में बिठा लेता था, और मेरी बंदूक कोने में टिकी रहती थी।

(11)

अट्ठाईस युवक तट के निकट स्नान करते हैं,
अट्ठाईस युवक और सब बेहद मित्रवत् हैं,
अट्ठाईस वर्ष का नारी-जीवन और सारा बेहद एकाकी।

तट के उठान पर उस सुन्दर गृह की स्वामिनी है,
अपनी खूबसूरती और शानदार वस्त्रों में वह खिड़की की झिलमिली के पीछे छिप कर खड़ी है।

कौन-सा वह युवक है जो उसे सबसे प्यारा लगता है?
आह, उनमें जो सबसे साधारण है, वह भी उसके निकट सुन्दर है।

कहाँ के लिए तुम चल पड़ीं, ओ भद्रे? क्योंकि मैं तुम्हें ताक रहा हूँ,
वहाँ तुम जल में छपाछप करती हो, यद्यपि तुम स्थाणुवत् अपने कक्ष में रुकी पड़ी हो।

तट से लगकर नाचती और हँसती हुई उन्तीसवीं स्नान करने वाली पास आयी,
शेष ने उसे नहीं देखा, किंतु उसने उन्हें देखा और उन्हें प्यार किया।

...ों की दाढ़ियाँ जल की बूँदों से चमकती थीं, उनके लम्बे बालों से वे झरती थीं,
उनके सारे तन पर अनेक छोटी धाराएँ प्रवाहित थीं।

एक अदृश्य हाथ भी उनके तन पर फिर रहा था,
काँपता हुआ वह उनके माथे और पसलियों के नीचे उतरता था।

युवक अपनी पीठों पर तिरते हैं, उनके श्वेत पेट धूप में ऊपर को उभरे हैं, वे नहीं पूछते हैं कौन उन्हें कस कर पकड़े है,
उन्हें मालूम नहीं कौन हाँफ रही और लम्बित और झुकी हुई मेहराब बन कर उनकी ओर लटकी है।

वे नहीं सोचते हैं किसे वे पानी के छींटों से सराबोर करते हैं।

(12)

कसाई लड़का ज़िबह करने के वक़्त के कपड़े उतारता है, या बाज़ार में अपनी गुमटी में चाकू पर सान चढ़ाता है,
मैं उसकी हाज़िरजवाबी और उसकी चंचलता और उसके हिसाब करने का मज़ा लेता हुआ घूमता-फिरता हूँ।

कालिख-पुती और बालदार छाती वाले लुहारों ने निहाई छोप रखी है,
हर एक के पास बड़ा घन है, वे सब बाहर चले आये हैं, आग में भयानक गर्मी है।

बिखरी हुई भभकती राख की दहलीज़ से मैं उनका अंग-संचालन ग़ौर से देखता हूँ,
उनकी फुर्तीली कमरों की लोच उनकी पुष्ट भुजाओं की समता करती है,
हाथों में ऊपर उठे घन घूमते हैं, हाथों में ऊपर उठे इतने धीमे, हाथों में ऊपर उठे इतने सधे,
वे जल्दबाज़ी नहीं करते, हर व्यक्ति अपनी ठीक जगह पर चोट करता है।

(13)

हब्शी अपने चार अश्वों की वल्गाएँ दृढ़ता से पकड़े है, नीचे जंज़ीर से बँधा हुआ लकड़ी का टुकड़ा मस्त झूलता है,

हब्शी जो पत्थरों के अहाते के लम्बे सग्गड़ का चालक है, दृढ़ और विशाल, डोर पर संतुलित एक पैर रख कर खड़ा है,
उसकी नीली कमीज़ उसकी पुष्ट ग्रीवा और वक्ष को उद्घाटित करती है और उसकी कमर की पेटी पर ढीली पड़ी है,
उसकी दृष्टि शांत और प्रभावशाली है, अपने माथे पर झुके हुए टोप को वह झटके से ऊपर उठा देता है,
धूप उसके रूखे-कड़े बालों और मूँछों पर पड़ती है, उसके चमकते और अनिंद्य अंगों की स्याही पर पड़ती है।

मैं इस चित्रमय देव को देखता और प्यार करता हूँ, और मैं वहाँ ही न रुक जाता,
मैं अश्वों के दल के भी साथ चलता हूँ।

जहाँ भी मैं जाऊँ, आगे या पीछे झूमता चलता रहूँ, मेरे भीतर जीवन को दुलारने वाला रहता है,
किनारे पड़े और छोटे कोने-अतरों की ओर झुक जाता हूँ, किसी भी व्यक्ति या वस्तु की उपेक्षा किये बिना,
सबको मैं अपने में और अपने गान के निमित्त आत्मसात करता हूँ।

जुआ या ज़ंजीर खड़खड़ाते हुए या घनी पत्तियों की छाँव में विलम रहे, बैलो, अपनी आँखों से तुम क्या अभिव्यंजित करते हो?
यह मुझे उससे बढ़कर लगता है जिसे मैंने जीवन में मुद्रित पुस्तकों में पढ़ा है।

दूर-दूर और दिनभर के भ्रमण के दौरान मेरे पाँवों की आहट जंगली नर और मादा बत्तखों को डरा देती है,
वे एक साथ ऊपर उड़ जातीं और धीरे-धीरे मँडराती हैं।

उन पंखयुक्त उद्देश्यों में मेरी आस्था है,
और मैं स्वीकार करता हूँ कि मेरे अंतर में अरुण, पीत, श्वेत क्रीड़ा करते हैं,
और मैं हरी, बैंगनी और गुच्छेदार कलगी को साभिप्राय मानता हूँ,
और मैं कछुवे को, चूंकि वह कछुवे के सिवा और कुछ भी नहीं, अयोग्य नहीं कहता हूँ,
और मैंने वनों में नीलकंठ ने कभी सप्तक का अध्ययन नहीं किया, फिर भी वह मेरे लिए काफी अच्छी तरह गिटकिरी भरता है,
और ताम्बई रंग की घोड़ी की निगाहें निश्चलता को लज्जित कर मुझसे बाहर निकाल देती हैं।

(14)

जंगली हंस अपने दल का नेतृत्व करते हुए ठंडी रात में उड़ा जाता है,
'याहोंक' वह बोलता है और अपनी आवाज़ निमंत्रण की तरह नीचे मुझ तक पहुँचाता है,
तत्पर सोच वाले इसे निरर्थक मान सकते हैं, मैं ध्यान से उसे सुनते हुए,
ऊपर की ओर शीतकालीन आकाश में उसका अभिप्राय और स्थान समझता हूँ।

उत्तर का तेज़ खुर वाला मृग, गृह के दासे पर बैठी हुई बिल्ली, चिकैडी, चरागाहों का कुत्ता,
घुरघुराती मादा सूअर की नीबियाँ खींचते हुए बच्चे,
मादा पीरू के चूज़े और अपने डैने फैलाये हुए वह,
उनमें और स्वयं में मैं वही पुरातन नियम देखता हूँ।

पृथ्वी पर मेरी पदचापें सैकड़ों भावों को जन्म देती हैं,
उनमें संबंध स्थापित करने के मेरे सर्वोत्तम प्रयासों को वे तिरस्कृत करते हैं।

मैं आसक्त हूँ घर से बाहर खुले में विकसित होने पर,
उन आदमियों पर जो पशुओं के ढोरों के साथ रहते हैं, या जो महासागरों या वनों का स्वाद लेते हैं,
उन पर जो जलपोतों के निर्माता और चालक हैं और जो कुल्हाड़ियाँ और मोंगरे चलाते हैं या जो अश्वों के चालक हैं,
उनके साथ मैं सप्ताह से सप्ताह करते हुए भोजन और शयन कर सकता हूँ।

सबमें जो सामान्य, सस्ता, निकट, आसान है—वह मैं हूँ,
मैं अपने अवसरों का उपयोग करता हूँ, अकूत लाभों के लिए व्यय करता हूँ,
अपने को सजाकर रखता हूँ ताकि मैं अपने प्रथम चाहने वाले को अपने को प्रदान करूँ,
मैं अपनी साख के लिए आकाश को नहीं नीचे बुलाता हूँ,
मैं उसे हमेशा मुक्तहस्त बिखेरता रहता हूँ।

(15)

आर्गन की दीर्घा में नारी के शुद्ध कोमल स्वर में गान होता है,
बढ़ई अपने पटरे को चिकना करता है, उसके रंदे की जीभ अपनी उद्धत उग्र होती हुई खरखराहट की आवाज़ करती है,

विवाहित और अविवाहित बच्चे ईश्वर को 'धन्यवाद-ज्ञापन' के भोज के लिए गाड़ियों
में बैठे हुए घर जाते हैं,
पोत-चालक क़ाबले को पकड़ता है और एक झटके में अपनी मज़बूत बाँह से उसे
नीचे कर देता है,
मालिम दृढ़ता से ह्वेल-नौका में बरछी और हार्पून लिए तैयार खड़ा है,
बत्तख़ का शिकार करने वाला चुपचाप और सावधानी से आगे बढ़ता और रुकता है,
पूजा की वेदी पर उपयाजक हाथों से सलीब के चिह्नों से अभिषिक्त होते हैं,
सूत कातने वाली लड़की बड़े चर्खे की गूँज के साथ आगे और पीछे झूमती है,
कृषक सोमवार को घूमने निकलता है, बाड़ों के निकट रुकता है और जई और राई
पर निगाहें दौड़ाता है,
आख़िरकार पुष्टि हो जाने पर पागल को पागलखाने पहुँचाया जा रहा है,
(अब आगे, फिर कभी, पहले की तरह, वह अपनी माँ के सोने के कमरे की खाट पर
नहीं सो पायेगा),
श्वेत बालों और मरियल जबड़े वाला पत्रिका का मुद्रक अपने अक्षरों को उनके खानों
से चुनता है,
वह तम्बाकू की फंकी को मुँह में घुमाता है, जबकि उसकी आँखें हस्तलिपि पर
धुँधलायी दौड़ती हैं,
विकृत अंग शल्य-चिकित्सक की मेज़ पर बँधे हैं,
वह भाग जिसे काट कर हटाया गया भयावह ढंग से बाल्टी में गिरता है;
नीलामी अड्डे पर वर्णसंकर लड़की बेची जा रही है, मद्यप शराबखाने की अंगीठी के
पास सिर हिलाता है,
मिस्त्री अपनी बाँहें ऊपर चढ़ाता है, पुलिस का सिपाही अपनी गश्त पर निकला है,
दरबान गुज़रने वालों पर नज़र रखता है,
नौजवान एक्सप्रेस गाड़ी चलाता है (मैं उसे प्यार करता हूँ, हालाँकि मैं उसे नहीं
जानता हूँ);
वर्णसंकर दौड़ की प्रतियोगिता में भाग लेने को जूतों के फीते कस रहा है,
पश्चिमी प्रदेशों में पीरू का शिकार वृद्धों और युवकों दोनों को खींच लाता है, कुछ
अपनी रायफिलों पर झुके हैं और कुछ लट्ठों पर बैठे हैं,
भीड़ से बाहर निशानेबाज़ निकलता है, लेट कर वह निशाना साधता है, अपनी
रायफिल को संतुलित करता है,
नवागन्तुक अप्रवासियों से घाट और बाँध पटे,
सिर पर ऊन जैसे बालों वाले गन्ने के खेत गोड़ते हैं, घोड़े पर बैठा हुआ ओवरसियर
उन पर नज़र रखता है,

नृत्यागार में बिगुल ने आवाहन किया, भद्रजन संगिनियों के लिए दौड़े, और नर्तक-नर्तकियाँ
एक-दूसरे को सिर नवाते हैं,
देवदार के पटरों की छत वाली अटारी में जगा हुआ नौजवान लेटा है और वर्षा का
संगीत सुनता है,
भेड़िया क़बीले वाले ने उस सँकरे मुहाने पर जाल डाल दिया है, जो ह्यूरान झील को
भरने में सहायक है,
उत्तरी अमेरिका की रेड इंडियन स्त्री, पीली किनारी के अपने वस्त्र में ढँकी, मृगचर्म
के घुटनों तक के जूते और मनका के बैग बेचने के लिए सामान फैला रही है,
कला का पारखी आँखें आधी बंद किये अगल-बगल फिरा कर प्रदर्शनी-दीर्घा पर दृष्टि
दौड़ाता है,
जैसे ही मालिम वाष्प-पोत को तेज़ करने लगते हैं, तट पर उतरने वाले यात्रियों के
लिए झटके से पटरा बिछा दिया जाता है,
छोटी बहन ने अंटी को आगे पकड़ रखा है, जबकि बड़ी बहन धागे को लपेट कर
गोला बनाती जाती और कभी-कभी गाँठ लगाने को रुक जाती है,
एक वर्ष पहले विवाहिता औरत स्वस्थ हो रही है और एक सप्ताह पहले अपने प्रथम
शिशु को जन्म देकर खुश है,
साफ़-सुथरे बालों वाली यांकी लड़की अपनी सिलाई की मशीन पर या कारखाने या
मिल में काम करती है,
खड़ंजा लगाने वाला मज़दूर अपने दुहत्थे दुरमुस पर झुक कर आराम करता है,
संवाददाता की पेंसिल नोट-बुक पर तेज़ उड़ी जाती है, पेंटर नीले और सुनहरे
रंग के अक्षरों में लिखता है,
गोन खींचने वाले रास्ते पर नहर पर काम करने वाला लड़का दुलकियों में दौड़ता है,
मुनीम अपनी डेस्क पर हिसाब लगाता है, मोची अपने धागे पर मोम रगड़ता है,
संगीत संचालक बैंड के लिए लय की गति संकेतित करता है और वादक-वृंद उसका
अनुसरण करते हैं,
शिशु का बपतिस्मा होता है और धर्म-परिवर्तित व्यक्ति अपना प्रथम व्रत धारण
करता है,
नावों की पंक्तियाँ खाड़ी पर खड़ी हैं, दौड़ शुरू हो चुकी है, (कैसे सफ़ेद पाल चमकते हैं!)
अपने ढोरों की रखवाली करता हुआ चरवाहा भटकने वालों के लिए गाता है,
फेरी वाला पीठ पर अपना गट्ठर लादे पसीने से लथपथ है, (खरीदने वाला दो-चार
पैसों के लिए मोल-भाव करता है;)
दुल्हन अपने श्वेत वस्त्र की सलवटें ठीक करती है, घड़ी की मिनट वाली सूई
आहिस्ता-आहिस्ता खिसकती जाती है,

अफ़ीमची सिर को बिना हिलाये-डुलाये और मुँह को ज़रा खोले हुए लेटा है,
वारांगना अपना शाल घसीटती जाती है, उसकी नशे में बुत और फुंसियों से भरी
गर्दन पर उसकी टोपी सरक आयी है,
भीड़ उसकी फूहड़ गालियों पर हँसती है, मर्द उसकी खिल्ली उड़ाते हैं और आपस में
आँखों से इशारा करते हैं,
(दयनीय! मैं तुम्हारी गालियों पर नहीं हँसता और न तुम्हारी खिल्ली उड़ाता हूँ);
राष्ट्रपति अपनी मंत्रि-परिषद की बैठक में महान् मंत्रियों के बीच बैठा है,
चौक में तीन मेट्रनें, भव्य और एक दूसरे की दोस्त, हाथ में हाथ डाले चली जाती हैं,
खाब में मछलियों की नौका के मछुआरे हालीवट मछली की तहों पर तहें लगाते जाते हैं,
मिसौरी वाला मैदानों को पार करता हुआ अपने माल और पशु दिखलाता जाता है,
किराया वसूलने वाला ट्रेन के डब्बे में रेज़गारियाँ झनकाते हुए सबको सूचित कर रहा है,
फ़र्श बनाने वाले फ़र्श ढालते हैं, टिन की चादरें लगाने वाले छतों पर टिन की चादरें
लगाते हैं और राजगीर मसाला लाने को कहते हैं,
पंक्तिबद्ध खड़े होकर मज़दूर कठरे को कंधे पर थाम कर आगे बढ़ाते हैं,
ऋतुएँ एक दूसरे का पीछा करती हैं, अवर्णनीय भीड़ जुटी है, सातवें माह की चार
तारीख़ यह है (तोपों और छोटे हथियारों की कैसी अद्भुत सलामी!)
ऋतुएँ एक दूसरे का पीछा करती हैं और उनके साथ हलवाहा हल चलाता है, कटनी
करने वाला कटाई करता है और शिशिर का अन्न भूमि पर गिर पड़ता है,
दूर झीलों पर पाइक मछली का शिकारी ध्यान से देखता है और बर्फ़ की सतह पर
छेद के निकट प्रतीक्षा करता है,
जंगल में कटे हुए पेड़ों से हुई खुली जगह में ठूँठ चारों ओर सघन खड़े हैं और कब्ज़ा
करने वाला कुल्हाड़ी से गहरी काट करता है,
पटेला के नाविक गोधूलि-वेला में सेमलों या पिकैन वृक्षों की तरफ़ तेज़ी से बढ़ते हैं,
वाह की तलाश में निकले लोग लाल नदी की दिशा में जाते हैं या उन क्षेत्रों से गुज़रते
हैं जिन्हें टेनेसी और अराकान्सास नदियाँ सिंचित करती हैं,
चट्टाहूची या अलतमाहा पर छाये अंधकार में मशालें चमकती हैं,
रात्रि में भोजन के समय पुत्रों, पौत्रों और प्रपौत्रों से घिरे परिवार के मुखिया बैठे हैं,
दिन के आखेट के बाद आखेटक और फन्दा डालने वाले कच्ची ईंट की दीवारों या
खेमों के अन्दर सोते हैं,
नगर सोता है और गाँव सोता है,
जीवित अपने समय तक सोते हैं और मृत अपने समय तक सोते हैं,
वृद्ध पति अपनी पत्नी के पार्श्व में सोता है और युवा पति अपनी पत्नी के पार्श्व में
सोता है,

और ये मेरे अन्तर की ओर झुकते हैं और मैं बाहर उनकी ओर झुकता हूँ,
और उनका होना जो भी अर्थ रखता हो, मैं बहुत कुछ वैसा हूँ,
और इनमें से प्रत्येक और सबको लेकर मैं स्वयं का गान बुनता हूँ।

(16)

वृद्धों और युवाओं का मैं हूँ, मूर्खों का उतना ही, जितना बुद्धिमानों का,
अन्यों की चिंता नहीं करता, हमेशा अन्यों की चिंता करता हूँ,
मातृवत् के साथ पितृवत् भी, शिशु के साथ ही प्रौढ़ पुरुष,
उस पदार्थ से ठसाठस भरा हुआ जो अभद्र होता है, उस पदार्थ से ठसाठस भरा हुआ
जो परिष्कृत होता है,
बहुत से राष्ट्रों में से एक राष्ट्र, लघुतम और विशालतम मेरे निकट समान,
एक-सी तत्परता से दक्षिण का निवासी जैसे उत्तर का, बागान का मालिक, लापरवाह
और आतिथ्यपूर्ण, नीचे ओकोनी नदी के निकट रहता हूँ,
एक यांकी जो व्यापार के लिए तैयार अपने रास्ते चला जाता है, मेरे अंगों के जोड़
पृथ्वी पर सारे अंगों के जोड़ों से फुर्तीले और पृथ्वी पर जोड़ों में सबसे कठोर,
मृगचर्म के घुटनों तक के जूतों में एलखोर्न नदी की उपत्यका में भ्रमण करता हुआ
एक केन्टुकीवासी, लुसियानावासी या जॉर्जियावासी,
झीलों या खाड़ियों पर या समुद्र के तट का माँझी, एक हूज़ियेर, बैजर, बक्क-आई,
कनाडियन के बर्फ़ के जूतों में या ऊपर झाड़ी की आदिम बस्तियों में न्यूफाउंडलैंड के
तट के मछुआरों के बीच सुखी,
बर्फ़ पर चलने वाली नावों के बेड़े में अन्यों के साथ जाने में और रास्ता बदल लेने
में सुखी,
वर्मांट की पहाड़ियों पर या मेन के जंगलों में या टेक्सास के पशु-फार्मों में सुखी,
कैलिफोर्निया वालों का साथी, स्वाधीन उत्तर-पश्चिम वालों का साथी, (उनके विशाल
अंगों को प्यार करता हुआ),
बेड़े खेने वालों और कोयले की खानों के मज़दूरों का साथी, उन सबका साथी जो
हाथ मिलाते और खाने और पीने के लिए आमंत्रित करते हैं,
सरल से भी सरल से सीखने वाला, बड़े से बड़े विचारक का भी शिक्षक,
एक नौसिखिया प्रारंभ करता हुआ, फिर भी असंख्य ऋतुओं का अनुभव लिए,
मैं प्रत्येक वर्ण और जाति का हूँ, प्रत्येक वर्ग और धर्म का हूँ,
कोई किसान, मिस्त्री, कलाकार, भद्रपुरुष, नाविक, क्वेकर,
बंदी, छैला, फ़सादी, वक़ील, चिकित्सक, पादरी।

स्वयं की विविधता से श्रेष्ठतर किसी भी वस्तु का प्रतिरोध करता हूँ,
हवा को साँस में खींचता हूँ, किंतु अपने बाद उसे प्रचुर मात्रा में बची रहने देता हूँ,
और मैं दम्भी नहीं, और जहाँ पर हूँ, अपने स्थान पर हूँ।

(पतंगे और मछलियों के अण्डे अपने स्थान पर हैं,
चमकते सूर्य जिन्हें मैं देखता हूँ और वे स्याह सूर्य जिन्हें मैं नहीं देख पाता हूँ, अपने स्थान पर हैं,
गोचार जो है, अपने स्थान पर है और जो अगोचर है, अपने स्थान पर वह है)।

(17)

ये विचार, सच पूछो तो, सारे युगों और देशों के सारे व्यक्तियों के हैं, ये मेरे अपने मौलिक विचार नहीं,
अगर वे उतने ही तुम्हारे नहीं जितने कि मेरे हैं, तो वे निरर्थक हैं, या निरर्थक के ही समान,
अगर वे पहेली नहीं और पहेली का समाधान नहीं, तो वे निरर्थक हैं,
अगर वे उतने ही निकट नहीं जितने दूर, तो वे निरर्थक हैं।

यह वह घास है, जो जहाँ भी भूमि है और जल है, वहाँ उगती है,
यह वह सामान्य हवा है जो भूमण्डल को नहला देती है।

(18)

प्रखर संगीत के साथ मैं आता हूँ, साथ में अपने कार्नेट और नगाड़े लाता हूँ,
मैं केवल मान्य विजेताओं के लिए ही नहीं प्रयाण की धुनें बजाता हूँ, विजितों और काम आये व्यक्तियों के लिए भी प्रयाण की धुनें बजाता हूँ।

तुमने क्या सुना है कि विजय प्राप्त करना अच्छा था?
मेरा यह भी कहना है कि काम आना भी अच्छा है, उसी भावना से लड़ाइयाँ हारी जाती हैं, जिससे वे जीती जाती हैं।

काम आये सैनिकों के लिए मैं नगाड़े बजाता हूँ, उन पर चोट करता हूँ,
मैं अपनी शहनाई बजाने के लिए प्रखरतम और प्रसन्नतम स्वर निकालता हूँ।

जय हो, जय हो, पराजितों की!
और उनकी, जिनके युद्धपोत सागर में डूब गए!
और उनकी भी जो स्वयं सागर में डूब गए!
और उन सारे सेनापतियों की, जो मुठभेड़ों में पराजित हुए और सारे परास्त सूरमाओं की!
और असंख्य नामहीन सूरमाओं की, जो ख्यात महानतम सूरमाओं के समान रहे!

(19)

यह भोजन समान रूप से परोसा गया, यह आहार नैसर्गिक क्षुधा के लिए है,
खलों के लिए भी, जैसे सदाचारियों के लिए, यह है, मैं सबसे मिलने का समय तय करता हूँ,
एक भी व्यक्ति को मैं तिरस्कृत या बहिष्कृत नहीं होने दूँगा,
मैं रखेल, टुकड़खोर, चोर सबको आमंत्रित करता हूँ,
उनमें और अन्यों के बीच कोई भेद नहीं होगा।

यह एक संकोची हाथ का दबाव, यह बालों का लहराना और उनकी महक है,
यह मेरे अधरों का तुम्हारे अधरों से स्पर्श, यह लालसा की मर्मर-ध्वनि,
यह वह दूर की गहनता और उच्चता है, जो मेरा रूप प्रतिबिम्बित करती है,
यह मेरा स्वयं में विलयन है, और पुनः निर्गमन है।

तुम्हारा अनुमान है कि मेरा कोई जटिल अभिप्राय?
हाँ, है, क्योंकि वासंती वर्षा का होता है, और किसी चट्टान के पार्श्व में अबरक का होता है।

तुम क्या मानते हो कि मैं चकित कर दूँगा?
दिन की रोशनी क्या चकित करती है? वनों में घूम-घूम कर तड़के चहचहाता थिरथिरा क्या ऐसा करता है?
क्या मैं उनसे अधिक चकित करता हूँ?

इस प्रहर मैं अंतरंग विश्वास में लेकर बातें करता हूँ,
शायद मैं सभी को न बताऊँ, किंतु मैं तुम्हें बता दूँगा।

(20)

कौन वह चला जाता है? लालायित, स्थूल, रहस्यमय, नगण्य,
कैसे यह होता है कि जो गोमांस मैं खाता हूँ उससे शक्ति खींच लेता हूँ?

आख़िर फिर भी आदमी क्या है? मैं क्या हूँ? तुम क्या हो?

वह सब कुछ जिसे मैं अपना चिह्नित करता हूँ निश्चय ही तुम उसे अपने में जो कुछ
है उससे प्रतिकृत कर दोगे,
अन्यथा मुझे सुनना समय नष्ट करना है।

मैं सारी दुनिया में यह रोना नहीं रोता फिरता हूँ,
कि माह मात्र रिक्त अवकाश और भूमि मात्र कीचड़ और गन्दगी है।

रिरियाना और तलवे सहलाना, अशक्त रोगियों के चूर्ण की पुड़िया हो जाते हैं,
अनुसरण चौगुनी दूरी पर चला जाता है,
घर के भीतर या बाहर हो, मैं अपना टोप जैसे चाहूँ वैसे पहनता हूँ।

क्यों मैं प्रार्थना करूँ? क्यों मैं श्रद्धालु बनूँ और अनुष्ठानों में फँसूँ?

सारे स्तरों में झाँक लेने, एक-एक बाल का विश्लेषण कर लेने, चिकित्सकों से परामर्श
ले चुकने और सूक्ष्म गणना के बाद,
मुझे स्वयं मेरी अस्थि से जो मेद चिपका है, उससे मधुर कोई अन्य नहीं मिलता है।

सारे लोगों में मैं अपने को देखता हूँ, कोई भी मुझसे बढ़कर नहीं और कोई भी जौ
के एक दाने भर भी कमतर नहीं,
और जो कुछ अच्छा या बुरा अपने बारे में कहता हूँ, वही उनके बारे में कहता हूँ।

मुझे मालूम है कि मैं ठोस और अक्षत हूँ,
विश्व की सारी वस्तुएँ मुझमें निरंतर प्रवाहित होती हैं, एक बिंदु पर केन्द्रित होती
जाती हैं,
मेरे नाम वे सारी लिखी गईं और जो लिखा है, उसका अर्थ मुझे समझना है।

मुझे मालूम है कि मैं अमर हूँ,
मुझे मालूम है कि मेरी इस परिधि को बढ़ई का परकार नहीं घेर सकता है,

मुझे मालूम है कि एक जली लकड़ी से रात्रि के समय किसी शिशु के काटे गए नाल की तरह मैं ग़ायब नहीं हो जाऊँगा।

मुझे मालूम है कि मैं पावन हूँ,
मैं अपनी आत्मा को परेशान नहीं करता कि वह अपना औचित्य सिद्ध करे या दूसरों की समझ में आए,
मैं देखता हूँ कि मूल नियम कभी क्षमा-याचना नहीं करते,
(मैं यह समझता हूँ कि आखिरकार, मैं उस समतल से बढ़कर होने का गर्वमय व्यवहार नहीं करता, जिस पर मैं गृह खड़ा करता हूँ।)

जो भी मैं हूँ, वैसा ही बना रहता हूँ, यही पर्याप्त है,
लोक में अगर किसी अन्य को इसका बोध नहीं, मैं संतुष्ट बैठा रहता हूँ,
और अगर प्रत्येक ओर सबको इसका बोध होता है, मैं संतुष्ट बैठा रहता हूँ।

एक लोक है जिसे इसका बोध और मेरे निकट निस्संदेह विशालतम है, और वह स्वयं मैं हूँ,
और चाहे मैं आज या दस हज़ार कोटि वर्षों में अपना योग्य पद पाऊँ,
मैं प्रसन्नता से उसे आज ग्रहण कर सकता हूँ, या वैसी ही प्रसन्नता से उसकी प्रतीक्षा कर सकता हूँ।

मैंने पत्थर में चूल और छेद बनाकर अपने पाँव जमा रखे हैं,
जिसे तुम विलय कहते हो, उस पर मैं हँसता हूँ,
और काल का विस्तार जानता हूँ।

(21)

मैं तन का कवि हूँ और मैं आत्मा का कवि हूँ,
स्वर्ग के सुख हैं मेरे साथ और नरक के दुःख हैं मेरे साथ,
प्रथम को मैं अपने पर आरोपित और सम्वर्द्धित करता हूँ और दूसरे को एक नयी भाषा में रूपान्तरित करता हूँ।

नारी के समान ही मैं पुरुष का भी कवि हूँ,
और मेरा कथन है कि नारी होना पुरुष होने के समान ही महान होता है,
और मेरा कथन है कि पुरुषों की जननी से कुछ भी नहीं महानतर है।

मैं विस्तारण या गर्व के गान का गायक हूँ,
हमने झुककर बचाव और निंदा करने का काम काफी कर लिया है,
मैं यह दिखाता हूँ कि आकार केवल विकास होता है।

अन्यों से तुम बहुत आगे निकल आये? क्या तुम राष्ट्रपति हो?
छोटी-सी बात है यह, उनमें से हर एक वहाँ पहुँचने के आगे निकल जाएगा, और
सदा निकलता जाएगा।

मैं वह हूँ जो मधुर और गहराती रात्रि के साथ घूमता है,
रात्रि की आधी पकड़ में जब वे होते पृथ्वी और सागर को आवाज़ देता हूँ।

निकट आती जाओ, नग्न-वक्ष रात्रि–निकट आती जाओ, चुम्बकीय पुष्टकर रात्रि!
दक्षिणी हवाओं की रात्रि–कुछ विशाल तारों वाली रात्रि!
निरंतर सिर नवाती हुई रात्रि, ग्रीष्म की उन्मत्त नग्न रात्रि!

मुस्कुराओ, ओ कामोत्तेजक, ठंडी सासों वाली पृथ्वी!
सो रहे और तरल वृक्षों की पृथ्वी!
विदा हुए सूर्यास्त की पृथ्वी–कुहरे से ढँके हुए पर्वत-शिखरों की पृथ्वी!
पूनो के चाँद की तनिक-सी नीली स्फटिक वर्षा की पृथ्वी!
नदी के प्रवाह को चितकबरा बनाने वाली चमक और अँधेरे की पृथ्वी!
मेरे लिए और भी चमकदार और स्वच्छ बादलों की, स्वच्छ धवलता की पृथ्वी!
दूर-दूर तक झपटती कोहनियों वाली पृथ्वी, सेब की मंजरियों से सम्पन्न पृथ्वी!
मुस्कुराओ, क्योंकि तुम्हारा प्रेमी चला आता है।

ओ अपव्ययी, तुमने मुझे प्यार दिया है–इसलिए मैं तुम्हें प्यार देता हूँ!
अरे, अकथनीय आवेगमय प्यार।

(22)

ओ सागर! अपने को तुम्हारी भी इच्छा पर मैं छोड़ देता हूँ–तुम्हारे आशय का
अनुमान मुझे होता है,
मैं तट से तुम्हारी टेढ़ी और आमंत्रित करती हुई उँगलियाँ देखता हूँ,
मुझे प्रतीत होता है कि मेरा स्पर्श किये बिना तुम्हें लौट जाना स्वीकार नहीं,

हमें एक दूसरे का आलिंगन करना है, मैं नग्न होता हूँ और शीघ्र थल की दृष्टि से
ओझल हो जाता हूँ,
कोमलता से तन लिटा लो, तरंगित अलसता में मुझे तुम झुलाते चलो,
प्रणय की आर्द्रता की चोट मुझ पर करो, तुम्हारा प्रतिदान करने में सक्षम हूँ।

विस्तारित और उमड़ती हुई लहरों के सागर,
दीर्घ और आलोड़ित साँसों के सागर,
ज़िंदगी में नमक के सागर और जो भी नहीं खुदीं, लेकिन हमेशा तैयार क़ब्रों के सागर,
आँधियों की चीख़ों को उठाने वाले, उन्हें उलीचने वाले सागर, मनमौजी और सुघर सागर,
मैं तुम्हारा अंगभूत, मैं भी एक दशा का हूँ और सारी दशाओं का हूँ।

मैं भी अन्तर्वाह और वहिर्वाह का भागी हूँ, घृणा और संराधन का गुण-गायक,
मित्रता का और उनका जो एक दूसरे के अंकों में सोते हैं, गुण-गायक।

मैं वह हूँ जो सहानुभूति को सत्यापित करता है,
(क्या मैं आवास की वस्तुओं की अपनी तालिका बनाऊँ और उस आवास को
उपेक्षित कर दूँ, जो उनका आश्रय है?)

मैं केवल सौजन्य का कवि नहीं हूँ, मेरे लिए दुष्टता का भी कवि होना त्याज्य नहीं।

क्या बकवास है यह गुण के बारे में, अवगुण के बारे में?
पाप मुझे प्रेरणा प्रदान करता है और पाप का शमन मुझे प्रेरणा प्रदान करता है, मेरे
निकट उनमें कोई भेद नहीं,
मेरी चाल छिद्रान्वेषी की नहीं, और न वह निषेधकर्त्ता की,
जो कुछ भी अंकुरित है, उसका मूल सींच देता हूँ।

क्या तुम्हें भय था कि इस अथक गर्भाधान से कंठमाला का जन्म होगा?
तुमने क्या अनुमान किया था कि दिव्य नियमों को अभी और भी सँवारना और
सुधारना बाक़ी है?

मैं एक पक्ष को संतुलित पाता हूँ और उसके बिलकुल विपरीत पक्ष को संतुलित पाता हूँ,
नमनीय सिद्धान्त को स्थिर सिद्धांत की ही तरह सहायक पाता हूँ,
सम्प्रति के विचार और कर्म हमारी प्रेरणा और प्रारंभिक प्रस्थान-बिंदु।

यह क्षण जो मेरे सामने विगत के महाशंखों को पार कर मेरे समक्ष प्रस्तुत है,

उससे और अबसे बढ़कर अन्य कोई नहीं।
विगत में जो ठीक साबित हुआ और जो आज ठीक लगता है, वह कोई बड़े अचरज की बात नहीं,
अचरज की बात यह हमेशा है, हमेशा है कि कैसे कोई व्यक्ति नीच या नास्तिक हो सकता है।

(23)

युगों के शब्दों का अनन्त उद्घाटन!
और आधुनिक का एक मेरा शब्द, समष्टि का शब्द।

अडिग आस्था का एक शब्द,
अब और अबसे आगे मेरे लिए सब कुछ एक जैसा है, निरुपाय काल को स्वीकार करता हूँ।

मात्र यही त्रुटिहीन, मात्र यही वृत्त बनाता, पूर्ण करता है,
मात्र यही रहस्यमय, अनबूझ आश्चर्य सबको पूर्ण करता है।

मैं यथार्थ को स्वीकार करता हूँ और उसमें संदेह करने का साहस नहीं कर सकता,
भौतिकता से आदि से लेकर अंत तक ओत-प्रोत।

जय हो, प्रत्यक्ष विज्ञान! ज़िंदाबाद, तथ्यपरक प्रयोग!
देवदार और बकाइन की शाखाओं से मिश्रित प्रस्तरों की फ़स्ल लाओ,
यह कोशकार है, यह रासायनिक, इसने प्राचीन स्तंभों पर उकेरे अभिलेखों का व्याकरण तैयार किया,
इन जहाज़ियों ने जलपोत संकटमय और अज्ञात सागरों के बीच डाला,
यह भूगर्भशास्त्री है, यह नश्तर के काम करता है, यह गणितज्ञ है।

सज्जनो, आपका सदा सर्वप्रथम सम्मान!
आपके तथ्य उपयोगी हैं, और फिर भी वे मेरे आवास नहीं,
उनसे होकर मैं मात्र अपने आवास के क्षेत्र में प्रवेश करता हूँ।

मेरे शब्द कथित हो चुके गुणों की याद कराने वाले कम हैं,

और वे अकथित जीवन और स्वाधीनता और उद्धार की यादें कराने वाले ज़्यादा हैं,
और वे नपुंसकों और बधिया पशुओं को नगण्य कर देते हैं और पूर्णतः लैस पुरुषों
और नारियों के पक्षधर हैं,
और वे विद्रोह का घड़ियाल बजा देते हैं और वे भगोड़ों और उनके साथ ठहरते हैं, जो
योजनाएँ बनाते और षड्यंत्र करते हैं।

(24)

वाल्ट ह्विटमन, एक ब्रह्माण्ड, मनहटा का पुत्र,
विक्षुब्ध, मांसल, इंद्रियासक्त, भोजन, पान और प्रजनन-रत,
भावुकता में बहने वाला नहीं, ऐसा नहीं जो पुरुषों या स्त्रियों से अपने को ऊपर रखे
या उनसे अलग खड़ा हो जाए, जितना विनत, उससे कम अविनत नहीं।

द्वारों के ताले खोलो?
स्वयं द्वारों को ही उनके बाज़ुओं से हटा डालो!

जो भी किसी अन्य व्यक्ति का अवमूल्यन करता है, मेरा अवमूल्यन करता है,
और जो कुछ भी किया या कहा जाता है, अंत में मेरे पास लौट आता है।

मेरे माध्यम से दिव्य उद्घाटन उमड़ते, उमड़ते जाते हैं, मेरे माध्यम से सम्प्रति और संकेत।

मैं आदिम पारक-शब्द बोलता हूँ, मैं जनवाद का संकेत करता हूँ,
ईश्वर की शपथ! किसी भी ऐसी चीज़ को मैं स्वीकार नहीं कर सकता, जिसे समान
शर्तों पर सभी अपने प्रतिरूप-सा न ग्रहण कर पायें,

मेरे माध्यम से लम्बे समय तक मूक रहीं आवाज़ें,
बंदियों और दासों की अंतहीन पीढ़ियों की आवाज़ें,
रुग्ण और निराश हुए व्यक्तियों की, चोरों और बौनों की आवाज़ें,
मेरे माध्यम से उपक्रम और वृद्धि के चक्रों की आवाज़ें,
और उन सूत्रों की जो सितारों को जोड़ते हैं, और गर्भाशयों की और पितृ-पदार्थ की आवाज़ें,
और उनके अधिकारों की जिन्हें अन्यों ने दबोच रखा है।
उनकी जो विकलांग, तुच्छ, नीरस, मूर्ख, कुत्सित हैं,
हवा में कुहरों की, गोबरैलों की जो गोबर के गोले ढँगराते हैं।

मेरे माध्यम से प्रतिबन्धित आवाज़ें,
नर और मादा की और वासनाओं की आवाज़ें, आवाज़ें जो ढँकी हैं और मैं उन पर
से पर्दा उठा देता हूँ,
मेरे माध्यम से स्पष्टीकृत और रूपान्तरित अभद्र आवाज़ें।

अपने होंठ अपनी उँगलियों से मैं न दबा देता,
आँतों के चतुर्दिक मस्तिष्क और हृदय के चतुर्दिक मैं एक जैसा ही कोमल बना रहता हूँ,
मेरे निकट मैथुन मृत्यु की तुलना में अप्रियतर नहीं।

मैं तन में और क्षुधाओं में विश्वास करता हूँ,
देखना, सुनना, अनुभव करना चमत्कार और मेरा प्रत्येक अंग और उसका नाम
चमत्कार।

भीतर से लेकर बाहर तक मैं दिव्य और मैं प्रत्येक वस्तु को पावन बना देता हूँ, जिसे
मैं स्पर्श करता या जो मेरा स्पर्श करती है,
इन काँखों की सुगन्ध प्रार्थना की सुवास से मृदुतर है,
यह सिर गिरजाघरों, अंजीलों और सारे धर्मों से बढ़कर है।

अगर कोई वस्तु है जिसकी मैं अन्य किसी वस्तु से अधिक आराधना करता हूँ तो वह
मेरे तन या उसके किसी अंग का विस्तार होगा,
ओ मेरी पारभासी संरचना, वह तुम होगी!
छायादार शिलाओं के फलको और विश्राम-स्थलो, तुम होगे!
ओ दृढ़, पुंसत्वपूर्ण हल के फल, तुम होगे!
जो भी मेरे जोतने में लगते हो, तुम होगे!
ओ मेरे सम्पन्न रक्त, तुम होगे! तुम्हारी दुग्ध-सी धार जिसमें मेरे जीवन की विवर्ण
नग्नताएँ हैं।
मेरे वक्ष, जो अन्य वक्षों को भींच लेते हो, तुम होगे!
मेरे मस्तिष्क, तुम्हारे गुह्य आलोड़न होंगे!
आइरिस के प्रक्षालित मूल! भीरु जलचहा! सुरक्षित अण्डों के युग्म के नीड़! वह तुम होगे!
सिर के खिचड़ी उलझे हुए पुवाल, दाढ़ी, स्नायु वह तुम होगे!
द्विफल के टपकते हुए रस, पौरुषेय गेहूँ के तन्तु, वह तुम होगे!
इतनी उदार, ओ धूप, वह तुम होगी!
मेरे चेहरे पर प्रकाश और छाया डालने वाले वाष्प, तुम होगे!
स्वेद के नहाये हुए निर्झरो और तुहिन, तुम होगे!

अपनी कोमल गुदगुदाती हुई जननेन्द्रियाँ, मुझसे रगड़ती हुई हवाओ, तुम होंगी!
विस्तृत मांसपेशियों वाले खेत, जीवित शालवृक्ष की शाखाओं, मेरी चक्करदार राहों में
आवारा घूमते हुए, ओ स्नेहपूर्ण यायावर, तुम होगे!
हाथ, जिन्हें मैंने कभी पकड़ा है, मुख, जिसे मैंने कभी चूमा है, मर्त्य, जिसे मैंने कभी
छुआ है, वह तुम होगे!

मुझमें आत्म-रति है, कितना कुछ मुझमें है और कितना रसमय है,
प्रत्येक पल और कोई भी घटना मुझे हर्ष से रोमांचित करती है,
मैं नहीं बता सकता मेरे टख़ने कैसे मुड़ जाते हैं और न यह कि कहाँ मेरी तनिक-सी
इच्छा का भी कारण है,
या न यह कि मुझसे निःसृत मित्रता का क्या कारण है, या न यह कि उस मित्रता को
पुनः वापस ले लेने का कारण क्या है।

ड्योढ़ी तक इसलिए चला जाता हूँ ताकि रुक कर देखूँ कि सचमुच क्या उसकी सत्ता है,
मेरे वातायन के नीचे मार्निंग ग्लोरी का एक फूल मुझे पुस्तकों की तत्त्व-मीमांसा से
अधिक सुख देता है।

पौ का फटना देखना!
तनिक-सी रोशनी विराट और पारदर्शी छायाओं को क्षीण कर देती,
वायु का स्वाद मेरे तालू को रुचिकर लगता है।

गतिमान लोक के छोटे-बड़े झुण्ड अपनी अबोध क्रीड़ा करते हुए और नयी स्फूर्ति
निःसृत करते हुए चुपचाप ऊपर को उठते हुए, ताज़गी के साथ निःस्रवण
करते हुए,
ऊपर और नीचे, तिरछे, वे वेग से दौड़ते हैं।

मुझसे अदृश्य कुछ है जो ऊपर कामुक काँटें टाँग देता है,
चमकदार रस के सागर आकाश-मण्डल को आप्लावित करते हैं।

पृथ्वी जिसे आकाश ने ठहराया था, उनके संयोग का प्रतिदिन अंत,
उस क्षण मेरे सिर पर पूर्व से लहरा कर आती हुई ललकार,
उपहास करता हुआ कटाक्ष, देखो तब तुम क्या उन पर अधिकार पा सकते हो!

(25)

प्रखर दीप्त और दारुण सूर्योदय कितनी शीघ्रता से मेरा वध कर देता,
अगर मैं इस क्षण और सदा अपने भीतर से एक सूर्योदय बाहर न प्रेषित कर पाता।

हम भी प्रखर दीप्त और दारुण आरोहण करते हैं,
ओ मेरी आत्मा, हमने पौ फटने की शांति और शीतलता में स्वयं की पौ पायी।

मेरी आवाज़ उसका पीछा करती है, जहाँ मेरी आँखें नहीं पहुँच पातीं,
मैं अपनी जीभ घुमाकर लोकों और लोकों की राशि-राशि का आलिंगन करता हूँ।

वाणी मेरी दृष्टि की सहजन्मा है, वह अपनी माप लेने में असमर्थ,
यह मुझे निरंतर उत्तेजित करती है, मुझसे कटाक्ष कर कहती है,
तुम्हारे भीतर काफी पड़ा है, वाल्ट, फिर क्यों न तुम उसे बाहर निकल जाने देते हो?

चलो, चलो, लालच में मैं नहीं आऊँगा, वाक् को तुम बहुत बढ़ा-चढ़ा कर देखती हो,
तुम्हें क्या ज्ञात नहीं, ओ वाणी, कैसे तुम्हारे नीचे कोपलें बंद पड़ी हैं?
हिम से सुरक्षित, अंधकार में प्रतीक्षा करती हैं,
कैसे मेरी चीख़ती भविष्यवाणियों के सामने से गन्दगी पीछे हट जाती है,
अंत में कारणों को संतुलित करने के लिए मैं उनके नीचे पड़ा रहता हूँ,
मेरा ज्ञान मेरे जीवित अंग, जो सारी वस्तुओं के अभिप्राय से संगति बिठाता रहता है,
सुख, (जो भी व्यक्ति मुझे सुन रहा है, आज ही उसे उसकी तलाश में निकल पड़ने दो)
अपना अन्तिम गुण तुम्हें देना, मुझे स्वीकार नहीं, जो मैं सचमुच हूँ उसे अपने से
अलग करना मुझे स्वीकार नहीं,
लोकों को घेरे में ले लो, लेकिन मुझे घेरे में लेने का प्रयत्न मत करना,
मैं तुम पर मात्र अपनी दृष्टि डालकर तुम्हारे सर्वाधिक पटु, और सर्वोत्तम की सीमा से
बाहर उमड़ पड़ता हूँ।

लेखन और संवाद मुझे प्रमाणित नहीं करते,
मैं अपने चेहरे में प्रमाण की पूर्ण सभा और प्रत्येक अन्य वस्तु लिये चलता हूँ,
अपने होठों में मौन से संशयवादियों को स्तब्ध कर देता हूँ।

(26)

अब मैं सुनने के सिवा और कुछ करने वाला नहीं,
ताकि जो सुनूँ मैं, इस गीत में वह आकर जुड़े, ताकि आवाज़ें इसमें योगदान करें।

मैं पक्षियों का धृष्ट प्रदर्शन, बढ़ते हुए गेहूँ की हलचल, लपटों की गपशप, मेरा भोजन
बनाती हुई लकड़ियों की चट-चट सुनता हूँ,
वह आवाज़ सुनता हूँ जो मुझे प्रिय है, आदमी के बोलने की आवाज़,
मैं सारी आवाज़ें सुनता हूँ—एक साथ दौड़ती हुई, संयुक्त, विलयित या अनुवर्ती,
नगर की आवाज़ें और नगर के बाहर की आवाज़ें, दिन और रात की आवाजें,
अपने चाहने वालों के लिए वाचाल युवाओं की आवाज़ें, खाना खाते हुए मज़दूरों के
क़हक़हों की आवाज़ें,
भंग हुई मित्रता का क्षुब्ध आधार, रोगियों की अशक्त आवाज़,
मेज़ पर कस कर हाथ रखे हुए न्यायाधीश के विवर्ण होंठ, मृत्युदण्ड जो सुना रहे,
गोदियों में पोतों से माल उतारते हुए मोटियों की 'दम लगाकार हय्या', लंगर उठाने
वालों की टेक,
ख़तरे की घंटियों की आवाज़, आग-आग का शोर, तेज़ी से दौड़ते जा रहे इंजनों और
होज-गाड़ियों की सावधान करती हुईं टनटनाहटें और रंगीन रोशनियाँ,
वाष्प-चालित सीटी, पास आते हुए पंक्तिबद्ध डिब्बों की गड़गड़ाहट,
दो और दो की पंक्तियों में मिलकर चलने वालों के आगे बजती हुई मंद संगीतधुन,
(वे किसी शव के सम्मान में पहरा देते जाते हैं, पताकाओं के शीर्ष काले मलमल से
ढँके हैं)।

मैं बड़े वायोलिन की मंद धुन सुनता हूँ (यह किसी युवा के व्यथित हृदय का क्रंदन है),
मैं स्वर-सँधा कार्नेट सुनता हूँ (यह मेरे कानों के माध्यम से अन्तर में वेग से उतर
जाता है),
यह मेरे पेट और वक्ष के भीतर उन्मत्त मधुर पीड़ाएँ जगाता है।

मैं गायक-मण्डली को सुनता हूँ, कोई महागीति-नाट्य चल रहा है,
आह, निस्संदेह इसे ही संगीत कहते हैं, यह मेरे लिए उपयुक्त।

सृष्टि-सा विशाल और नया कोई उच्च-स्वर गायक मुझमें व्याप्त होता जा रहा है,
उसके मुख की खगोलीय सुनम्यता मुझमें बरस रही, मुझमें पूरी तरह व्याप्त होती जा
रही है।

मैं प्रशिक्षित उच्चतम नारी-स्वर सुनता हूँ (उसके लिए यह है कैसा काम?)
वाद्य-यंत्र मुझे सप्तम ग्रह की उड़ान से भी दूर फेंक देते हैं,
यह मेरे अंतर से ऐसी उमंगें बाहर खींच लाता है, जिनके मेरे पास होने से मैं अनभिज्ञ रहा,
वह मुझे नाव-सा चला देता है, मैं अपने नग्न पाँव जल में छपछपाता हूँ, अलसायी
लहरें उन्हें चूमती-चाटती हैं,
कटु और क्षुब्ध ओले मुझे क्षत करते हैं, मेरी साँस घुटने लगती है,
मधु-सिक्त अफ़ीम के सत्त्व में सराबोर, मृत्यु के गुंजलक में मेरी श्वसन-नली
अवरुद्ध,
आख़िरकार मैं इनसे मुक्त हुआ ताकि सारी पहेलियों की पहेली का अनुभव करूँ,
और हम उसे **अस्तित्व** कहते हैं।

(27)

किसी भी रूप में होना, क्या है वह?
(चक्कर पर चक्कर हम लगाते जाते हैं, हम सभी, और हमेशा लौट कर वहीं आते हैं,)
अगर संवेदनहीन शंख में उसके जीव से विकसित कोई अन्य वस्तु नहीं होती, तो भी
वह पर्याप्त होता।

कोई संवेदनहीन शंख मेरा आवरण नहीं,
मेरे पास तात्कालिक संचालक हैं, चाहे मैं चलता रहूँ याकि रुक जाऊँ,
वे हर वस्तु को पकड़ लेते हैं और क्षतिहीन उसे मेरे अन्तर में लिए चलते हैं।

मैं सिर्फ़ हिलता हूँ, दबाता हूँ, अपनी उँगलियों से स्पर्श करता हूँ और सुखी होता हूँ,
अपने तन को किसी अन्य व्यक्ति के तन से स्पर्श करा देना—इससे अधिक सहन
करना मेरे लिए असम्भव है।

(28)

तो क्या यह कोई स्पर्श है? मुझे रोमांचित कर जो एक नयी पहचान देता है,
मेरी शिराओं में अग्नि-शिखा और ईथर प्रवेश करने को आतुर दौड़ पड़ते हैं,
मेरे छलपूर्ण सिरे उनकी सहायता के लिए पहुँच जाते और भीड़ लगा देते हैं,

मेरे मांस और रक्त विद्युत बनकर उस पर आघात करते हैं जिसमें और मुझमें शायद ही कोई अंतर हो।
चारों ओर विषयासक्त उत्तेजक मेरे अंगों को तानते जाते हैं,
मेरे हृदय का थन उसकी अवरुद्ध बूँदों के लिए खींचते जाते हैं,
मेरे साथ कामुक व्यवहार करते हैं, इनकार करने पर भी वे नहीं मानते हैं,
किसी प्रयोजन के निमित्त मेरे सर्वोत्तम से मुझे वंचित करते हैं,
मेरे वस्त्रों के बटन खोल देते हैं, मेरी नग्न कटि से मुझे पकड़ रखते हैं,
मेरे संभ्रम को धूप और चरागाहों के सौम्य से छलते हैं,
सहचर ज्ञानेन्द्रियों को अशिष्टता के साथ सरका देते हैं,
और वे विनिमय में स्पर्श की रिश्वत पाकर चले जाते और मेरे छोरों पर चरते हैं,
कुछ भी ध्यान नहीं देते, मेरी क्षरित शक्ति या क्षोभ की कोई चिंता नहीं करते,
चारों ओर शेष ढोर को बुला लेते हैं, ताकि वे कुछ देर उनका आनंद ले लें,
और फिर वे सारे संयुक्त होकर छोर पर आकर खड़े हो जाते हैं और मुझे चिंतित करते हैं।

संतरी मेरे हर अंग का साथ छोड़ देते हैं,
उन्होंने मुझे एक खूँख्वार लुटेरे के समक्ष असहाय छोड़ा है,
वे छोर तक दर्शक बनकर मेरे विरुद्ध साक्ष्य देने और सहायता करने को चले आते हैं।

विश्वासघातियों ने मेरा साथ छोड़ा,
उन्मादग्रस्त मैं संलाप करता हूँ, मेरी बुद्धि मारी गई, स्वयं मैं, विश्वासघाती हूँ, कोई अन्य नहीं
मैं ही तो स्वयं पहले छोर तक पहुँचा, मेरे ही हाथों ने वहाँ मेरा वहन किया।

ओ खल स्पर्श! क्या कर रहे हो तुम! मेरे कंठ में मेरी साँस घुटती है,
अपने प्रवाह-द्वार अब उन्मुक्त कर दो, तुम्हें सहन कर पाना मेरे लिए असम्भव है।

(29)

अंधे प्यार और मल्लयुद्ध करते हुए स्पर्श, कवच और शिरस्त्राण-धारी और तीक्ष्ण दाँतों वाले स्पर्श!
क्या मेरा संग छोड़ते हुए तुम्हें बहुत व्यथा हुई?

विदा जो उसी राह लौट कर आ जाती है, लगातार ऋण का लगातार भुगतान,
वर्षा की विपुल बौछार, और उसके बाद विपुलतर प्रतिदान।

अंकुर निकलते और सघन होते हैं, चट्टान के किनारे सघन और जीवित खड़े,
पुंसत्वपूर्ण दृश्य प्रक्षिप्त होते हैं, पूर्ण विकसित और कनकाभ।

(30)

सारे सत्य सारी वस्तुओं में प्रतीक्षा करते हैं,
स्वयं अपने प्रसव में वे शीघ्रता नहीं करते और न अवरोध पहुँचाते,
उन्हें शल्य-चिकित्सक की प्रासविक चिमटी की ज़रूरत नहीं पड़ती,
जो नगण्य है वह मेरे निकट किसी अन्य जैसा ही महत्,
(एक स्पर्श से बढ़ कर या घट कर और क्या है?)

तर्क और उपदेश कभी प्रतीति नहीं करा पाते हैं,
रात्रि की आर्द्रता मेरी आत्मा में गहनतर प्रवेश करती जाती है।

(केवल वही जो हर पुरुष और हर नारी के समक्ष अपने को प्रमाणित करता है, वैसा है,
केवल वही जिसे कोई अस्वीकृत नहीं करता, वैसा है।)

मेरा एक पल और मेरी एक बूँद मेरे मन को स्थिर कर देती है,
मुझे विश्वास होता है कि गीली मिट्टी के ये ढेले प्रणयी और दीपक बन जाएँगे,
और सारे सारांशों का सारांश पुरुष या नारी की मांसलता है,
और एक शिखर और फूल वह भावना है, जो उन्हें एक-दूसरे के प्रति है,
और वे वह सीख ग्रहण करके सीमातीत शाखाओं में फूटेंगे, यहाँ तक कि वे सर्वव्यापी
हो जाएँगे,
और यहाँ तक कि सबके सब हमें आनन्द देंगे, और हम उन्हें देंगे।

(31)

मेरा विश्वास है कि घास की एक पत्ती सितारों की यात्रा करने से कुछ कमतर नहीं,
और चींटीं रूप में समान ही अनिंद्य और बालू का एक कण और फुदकी का अण्डा भी,
और वृक्ष का कोई मेढक उच्चतम रुचियों के लिए भी उत्कृष्ट कलाकृति है,
और चारों ओर फैली हुई काली अंची भी स्वर्ग के संलाप-गृहों को अलंकृत करने में सक्षम है,
और मेरे हाथों में एक अल्पतम चूल सारे यंत्रों को लज्जित कर देती है,

और सिर नीचे कर घास चरती हुई गाय किसी भी मूर्ति को पीछे छोड़ देती है,
और एक चूहा भी इतना बड़ा चमत्कार है जो कितने ही महाशंख नास्तिकों को
स्तंभित कर सकता है।

मैं पत्थर, कोयला, लम्बे सूतों वाली काई, फल, अन्न, भोजन के कंद-मूल अपने में
संयुक्त पाता हूँ,
और चौपायों और पक्षियों की गचकारी से ऊपर से लेकर नीचे तक अलंकृत हूँ,
और जो मेरे पीछे है, उसे उचित कारणों से मैंने परे रखा है,
किंतु मैं किसी भी वस्तु की चाह होने पर उसे फिर बुला लेता हूँ।

व्यर्थ है वेग से भागना या संकोच करना,
व्यर्थ ही प्लूटों की चट्टानें अपना पुराना ताप मुझे अपने तक पहुँचने में रोकने के
लिए भेजती हैं,
व्यर्थ है स्वयं अपनी चूर-चूर हुई अस्थियों के नीचे शंकुदन्त का पीछे हटना,
व्यर्थ है वस्तुओं का योजनों दूर रहना और विविध रूप धारण करना,
व्यर्थ है महासागर का अपने गह्वरों में स्थिर रहना और विराट दैत्याकार जीवों का नीचे
दुबके रहना,
व्यर्थ है टीसा का आकाशीय आवास में रहना,
व्यर्थ है साँप का लताओं और लट्ठों के बीच सरकते जाना,
व्यर्थ है मृग का वनों के भीतरी दर्रों में शरण लेना,
व्यर्थ है धारदार चोंचों वाले आक पक्षी का उत्तर में बहुत दूर लैब्राडोर तक जाना,
अविलम्ब मैं अनुगमन करता हूँ—मैं चट्टान की दरार के नीड़ तक पहुँच जाता हूँ।

(32)

सोचता हूँ कि लौट चलूँ और पशुओं के साथ रहूँ, वे कितने निर्द्वन्द्व और आत्म-निर्भर हैं,
खड़ा हो जाता हूँ और देर-देर तक उन्हें देखता रहता हूँ।

अपनी स्थिति से वे व्यग्र नहीं होते और रिरियाते नहीं,
अँधेरे में वे जागे नहीं रहते और अपने पापों के लिए विलाप नहीं करते,
और वे ईश्वर के प्रति अपने कर्त्तव्य के विवेचन से मुझे उबाते नहीं,
एक भी असंतुष्ट नहीं दीखता है, एक भी वस्तुओं के संग्रह की सनक से पागल नहीं,

कोई भी किसी अन्य या अपनी जाति के हज़ारों वर्ष जो पूर्व रहे उनके समक्ष घुटनों पर नत नहीं होता,
सारी पृथ्वी पर एक भी संभ्रांत नहीं, दुःखी नहीं।

इस तरह मुझसे वे अपना संबंध दिखलाते और मैं उन्हें स्वीकार करता हूँ,
मेरे लिए वे मेरे स्मृति-चिह्न लाते हैं, अपने में उनकी उपस्थिति वे साफ़-साफ़ दिखलाते।

सोच नहीं पाता कहाँ ये स्मृति-चिह्न उन्हें मिले,
क्या उस पथ से मैं बहुत, बहुत समय पूर्व गुज़रा था और असावधानी से उन्हें गिरा दिया था?
और मैं उसके बाद और अब और सदा के लिए आगे बढ़ता हुआ,
और भी संग्रह और प्रदर्शन करता हुआ और वेगवान,
अंतहीन और सर्वजातीय, और उनके बीच उनका समरूप,
और अपने अनुस्मारकों तक पहुँचने वालों के प्रति बहुत दूरी दिखाये बिना,
अब मैं ऐसे का चयन करता हूँ जो मुझे प्रिय है और अब मैं उसके साथ बन्धुवत् चलता हूँ।

सुंदरता में दारुण एक जनक अश्व, ताज़गी भरा और मेरे सहलाने के प्रति संवेदनशील,
माथे के ऊपर उठा सिर, कानों के बीच चौड़ा,
चमकदार और स्फूर्तिमय अंग, भूमि को बुहराती हुई पूँछ,
आँखों में चमकती शरारत, कानों का ख़ूबसूरत नक़्श, लचीले हिलते हुए,
मेरी एड़ियाँ जब उसके तन से सट जाती हैं, उसके नथुने फूलते हैं,
चारों ओर हमारे दौड़ने और लौटने के दौरान उसके सुगठित अंग थरथरा उठते हैं।

मैं तुम्हें सिर्फ़ एक क्षण के लिए इस्तेमाल करता हूँ, उसके बाद तुम्हें छोड़ देता हूँ, जनक-अश्व,
तुम्हारे तेज़ क़दमों की मुझे क्या ज़रूरत है जब उन्हें मेरे क़दम वेग में पराजित कर सकते हैं।
उस वक़्त भी जब खड़ा या बैठा रहता हूँ, तुमसे तेज़ चलता हूँ।

(33)

अवकाश और काल! अब मैं देखता हूँ वह सच है, अनुमान जो मैंने किया,
जो अनुमान मैंने घास पर आवारा घूमते हुए किया,
जो अनुमान मैंने बिस्तर पर अकेले लेटे किया,
और फिर उस वक़्त जब मैंने भोर के निष्प्रभ तारों की रोशनी में सागर-तट पर घूमते हुए किया।

मेरे बंधन और सँभालक मेरा साथ छोड़ते हैं, मेरी कोहनियाँ सागर के अन्तरालों के बीच विश्राम करती हैं,
मैं पर्वत-मालाओं के किनारे घूमता हूँ, मेरी हथेलियाँ महाद्वीप ढँक लेती हैं,
साथ में अपना स्वप्न लिए पैदल मैं निकल पड़ा।

नगर के चौकोर आवासों के निकट, लट्ठों के कुटीरों में, लकड़हारों के साथ शिविरों में रहते हुए,
शुल्क-द्वार की लीकों से गुजरते हुए, सूखे खड्ड और नाले के तल से गुज़रते हुए,
प्याज़ की अपनी क्यारी में निराई करते हुए, या गाजरों और चुकन्दरों की मेंड़ें गोड़ते हुए, घास के मैदान पार करते हुए,
जंगलों में रास्ते तलाश करते हुए,
पूर्वेक्षण करते हुए, सोने की खानें खोदते हुए, नयी ख़रीद के पेड़ों के चारों ओर घेरा बनाते हुए,
घुट्ठी तक गहरी गरम बालू में तपते हुए, उथली नदी में अपनी नाव खींच कर बहाव की सीध में ले जाते हुए,
जहाँ तेंदुआ सिर के ऊपर लटके एक अंग के लिए बार-बार आगे-पीछे चक्कर मारता है, जहाँ क्रोध से पागल मृग आखेटक की ओर मुड़कर देखता है,
जहाँ चट्टान पर झुनझुना साँप अपनी पिलपिली लम्बाई को धूप में सेंकता है, जहाँ ऊदबिलाव मछलियों का भोजन करता है,
जहाँ अपने कठोर चकत्तेदार चमड़े में मगर दलदल के पास सोता है,
जहाँ काला रीछ कंदों या शहद की तलाश करता है, जहाँ ऊदबिलाव अपनी चप्पूनुमा पूँछ से कीचड़ थपथपाता है,
बढ़ती हुई ईखों से, पीले फूल वाले कपास के पौधों से, चावल की पानी भरी नीची क्यारियों से गुज़रते हुए,
तिकोनी ऊँची छतों वाली पाहियों से होकर, जहाँ कूड़ा-करकट राखनुमा राशियों में

जमा है और जहाँ नालियों से पतली जड़ें निकलती हैं,
पश्चिम के तेंदू के जंगलों से, लम्बी पत्तियों वाले अन्न के खेतों, कोमल नीले फूल वाली अलसी से होकर,
श्वेत और ताम्बई फाफर से, अन्यों की तरह गूँजते, गुनगुनाते हुए,
हल्की हवा में राई के लहराते और रंग भरते साँवले हरे खेतों से गुज़रते हुए,
पर्वतों पर चढ़ते हुए, सावधानी से अपने को खींच कर ऊपर ले जाते हुए, अपने निचले रगड़ खाये अंगों को सँभाले हुए,
घास में लगातार पैरों के पड़ने से बनी हुई राह पर चलते हुए, झाड़ियों की पत्तियों को पीट कर रास्ता बनाते हुए,
जहाँ जंगलों और गेहूँ के खेतों के बीच बटेर सीटी बजाता है,
जहाँ सावन की साँझ में चमगादड़ उड़ता है, जहाँ महान् स्वर्णकीट अँधेरे से नीचे की तरफ़ गिरता है,
जहाँ सोता पुराने पेड़ की जड़ों के बीच से दौड़ता और चरागाह की ओर प्रवाहित होता है,
जहाँ पशु खड़े हैं और त्वचा को कँपाते थर्राते हुए मक्खियों को उड़ा देते हैं,
जहाँ रसोईघर में पनीर का कपड़ा लटका है, जहाँ अंगीठी के पत्थर पर लोहे के सीखचे पैर फैलाकर बैठे हैं, जहाँ जाले कड़ियों से तोरणों की तरह गिरते हैं,
जहाँ पातघन धमाके के साथ गिरते हैं, जहाँ मुद्रण-यंत्र अपने बेलनों को तेज़ घुमाता है,
जहाँ आदमी का हृदय अपनी पसलियों के नीचे भयानक दर्द लिए धड़कता है,
जहाँ नाशपाती की शक्ल का गुब्बारा ऊपर को उड़ा चला जाता है (उसके अन्दर मैं स्वयं उड़ा जाता हूँ, स्थिर मन से नीचे की तरफ़ देखता हूँ),
जहाँ जीवनरक्षक नौका सरकने वाली गाँठ से बँधी खींची जाती है, जहाँ ताप बालू के गड्ढों में पीले-हरे अण्डे सेता है,
जहाँ मादा ह्वेल अपने वत्स के साथ तैरती है और उसका साथ कभी नहीं छोड़ती है,
जहाँ वाष्प जलयान अपने पीछे धुएँ की लम्बी पताका खींचता जाता है,
जहाँ शार्क का मीनपक्ष काले जहाज़ की तरह पानी काट कर बाहर आ जाता है,
जहाँ दो मस्तूलों वाला अधजला जहाज़ अज्ञात धाराओं पर सवार संतरण किये जाता है,
जहाँ उसकी काईदार छत पर सीपियाँ और शंख उगते हैं और जहाँ नीचे शव सड़ते हैं,
जहाँ सघन तारांकित ध्वज रेजिमेंटों के आगे वहन किया जाता है,
लम्बे फैले हुए द्वीप से होकर मनहट्टा पहुँचते हुए,
नियाग्रा के नीचे, झरना मेरे मुँह पर एक झीने पर्दे की तरह गिरता हुआ,
किसी द्वार की दहलीज़ पर, बाहर सख़्त लकड़ी के कुंदे से बने हुए घोड़े पर, सवार होकर
रेस-कोर्स पर पहुँच कर, या पिकनिक या नाच या बेसबाल के एक अच्छे खेल का आनंद लेते हुए,

मर्दों के समारोहों में जाते हुए, जहाँ अवांछितों के कटाक्ष निरंकुश तानाकशियाँ, बैल-नृत्य, मद्यपान और ठहाके चलते हैं,
सेब की शराब बनाने वाले कारखाने में पहुँचकर, भूरे पिसे हुए गूदे का मधुर स्वाद लेते हुए, सींक से उसका रस पीते हुए,
जहाँ सेब छीले जाते हैं, वहाँ जाकर हर लाल फल ढूँढ़ लेने पर चुम्बनों की कामना करते हुए,
मिलन-समारोहों में, तट पर पार्टियों में, मैत्रीपूर्ण प्रतियोगिताओं में, अन्नों के कूटने की जगहों में, पलते हुए बच्चों की गृहस्थियों में पहुँच कर;
जहाँ महोव पक्षी अपनी मधुर गड़गड़ और कूँ-कूँ ध्वनि करता है, चीखता है, रोता है,
जहाँ बखार के अहाते में सूखी घास का गल्ला खड़ा, जहाँ सूखे डाँठ बिखरे हैं, जहाँ बच्चा देने वाली गाय अपनी छोटी कोठरी में इन्तज़ार करती है,
जहाँ साँड़ नर का अपना कार्य पूरा करने के लिए और जहाँ साँड-घोड़ा अपनी घोड़ी की ओर आगे बढ़ता है, जहाँ मुर्ग़ा मुर्ग़ी के पीछे लगा दौड़ता है,
जहाँ बछड़े घास चरते हैं, जहाँ हंस छोटे-छोटे झटकों के साथ अपना भोजन दबोच लेते हैं,
जहाँ सूर्यास्त की छायाएँ सीमाहीन और विजन चरागाह में लम्बी होती जाती हैं,
जहाँ भैंसों के झुण्ड यहाँ से दूर-दूर अनेक वर्गमीलों तक पसरा हुआ विस्तार बनाते हैं,
जहाँ मरमरा झिलमिलाता है, जहाँ दीर्घजीवी हंसों की गरदनें टेढ़ी होकर घूमती रहती हैं,
जहाँ तट के नज़दीक चिलचिल दौड़ती-फुदकती है, जहाँ वह लगभग मनुष्य-सी अपनी हँसी हँसती है,
जहाँ वाटिका में ऊँचे खर-पतवार के पीछे आधे छिपे मधमक्खियों के छत्ते एक धूसर बेंच पर लगे हैं,
जहाँ धारीदार गर्दनों वाले तीतर भूमि में गोलाई से बैठे हुए और अपने सिर ऊपर किये अण्डे से रहे हैं,
जहाँ मुर्दागाड़ी क़ब्रिस्तानों के मेहराबदार फाटकों में घुसती है,
जहाँ जाड़े के मौसम के भेड़िये बर्फ़ के उजाड़ खण्डों और बर्फ़ से ढँके पेड़ों के बीच हुआँ-हुआँ करते हैं,
जहाँ रात में दलदल के किनारे पीली कलँगी वाला बगुला आता है और छोटे-छोटे केकड़े खाता है,
जहाँ तैराकों और गोताख़ोरों की छपाछप तपते मध्याह्नों को शीतलता देती है,
जहाँ कुएँ की उस तरफ़ शिरीष पर टिड्डी अपनी बाँसुरी पर सरगम के स्वर बजाती रहती है,
गलगल और चाँदी की तारकशी वाली पत्तियों की ककड़ियों के बिखरे खेतों से गुज़रते हुए,

नमक के डलों या नारंगी के वनपथों या शंकु जैसे देवदारों के नीचे से गुज़रते हुए,
व्यायाम-शालाओं से गुज़रते हुए, पर्देदार मधुशालाओं से गुज़रते हुए, कार्यालय या
सभागार से गुज़रते हुए,
अपने देशवासी से प्रसन्न, विदेशी से प्रसन्न, नये और पुरातन से प्रसन्न,
देखने में सामान्य या रूपवती नारी से एक-सा प्रसन्न,
अपनी टोपी उतार कर मधुर संभाषण करती हुई क्वेकर संप्रदाय की नारी से प्रसन्न,
सफ़ेदी किये हुए गिरजाघरों के वाद्य-वृंद की धुन से प्रसन्न,
पसीने से तर मेथडिस्ट उपदेशक के उत्साही शब्दों से प्रसन्न, शिविर-सभा से सचमुच
प्रभावित होते हुए,
पूरे पूर्वाह्न ब्रॉडवे की दुकानों पर निगाहें दौड़ाते हुए, शीशे की मोटी चादर पर अपनी
नाक का मांस चपटा करते हुए,
उसी अपराह्न बादलों की ओर या किसी गली के ढलान पर नीचे की तरफ़ या तट
के समानान्तर निगाहें दौड़ाते हुए,
अपनी दायीं और बायीं भुजाओं में दो सुहृदों को बग़ल में डाले हुए और मैं दोनों के बीच;
चुप और स्याह गालों वाले एक आदिम क़बीले के लड़के के साथ वापस घर आते हुए
(मेरे पीछे वह दिन पर पर्दा गिरने के साथ घोड़े पर सवार चला आता है),
बस्तियों से दूर पशुओं के पाँवों के निशानों या रेड इंडियनों के मृगचर्म के ऊँचे जूतों
के निशानों का अध्ययन करते हुए,
अस्पताल में खाट के निकट खड़ा होकर ज्वर-पीड़ित रोगी की ओर नींबू का पानी
बढ़ाते हुए,
चारों तरफ़ सब कुछ शांत हो जाने पर ताबूत में रखी कोई लाश मोमबत्ती की रोशनी
में देखते हुए,
हर बंदरगाह पर विनिमय और जोखिम उठाने के लिए जाते हुए,
आधुनिक भीड़ के साथ किसी भी अन्य व्यक्ति के समान व्यग्र और अस्थिर
भाग-दौड़ करते हुए,
अपनी घृणा के पात्र को लेकर इतना उत्तेजित कि उन्माद में उसे चाकू भोंकने के
लिए प्रस्तुत, मध्यरात्रि में अपने पिछवाड़े के अहाते में एकाकी, काफी देर
तक विचारों से शून्य रहते हुए,
जूडिया की प्राचीन पहाड़ियों पर सुंदर और मधुर प्रभु-ईसा के पार्श्व में भ्रमण करते हुए,
अवकाश में वेग से उड़ते हुए, आकाश में और सितारों के बीच वेग से उड़ते हुए,
सप्तर्षियों के बीच और विस्तृत परिधि में और अस्सी हज़ार मीलों के व्यास के बीच
वेग से उड़ते हुए,
पुच्छल उल्काओं के साथ वेग से उड़ते हुए, अन्यों की तरह अग्नि-पिण्डों की वृष्टि

करते हुए,
नवजात चंद्रकला का वहन करते हुए जो अपने गर्भ में स्वयं अपनी पूर्ण विकसित माँ
का वहन करती है,
आँधियों की तरह सहसा आते हुए, उत्सव मनाते हुए, योजना बनाते हुए, प्रेम करते
हुए, सावधान करते हुए,
समर्थन और पूर्ति करते हुए, प्रकट और लुप्त होते हुए,
मैं ऐसे पथों पर दिन-रात घूमता रहता हूँ।

सितारों की वाटिकाओं में मैं जाता हूँ और उनके फल देखता हूँ,
मैं जो पके हैं, उनके महाशंख देखता हूँ, और जो कच्चे हैं, उनके महाशंख देखता हूँ।

मैं एक तरल और लीलती आत्मा की वे उड़ानें भरता हूँ,
मेरा पथ साहुलों की थाह की पहुँच के बाहर से गुज़रता है।

अर्थपूर्ण और अर्थहीन जिसे चाहूँ मैं पा लेता हूँ,
कोई भी पहरेदार मुझे बाहर नहीं रख सकता, कोई भी नियम मुझे नहीं रोक सकता है।

अपने जलपोत का लंगर मैं सिर्फ़ थोड़े समय के लिए ही गिराता हूँ,
मेरे संदेशवाहक निरंतर दूर-दूर की यात्रा करते रहते हैं या अपनी प्राप्तियाँ मुझ तक
लाते हैं।

मैं ध्रुवीय रोम-चर्मों और सीलों के शिकार पर निकलता हूँ, मैं एक बरछीनुमा डण्डे के
सहारे गह्वरों को लाँघ जाता हूँ,
भुरभुरे और नीले की लरज़िशों से चिपका रहता हूँ।

मैं ट्रक के अग्रभाग में चढ़ जाता हूँ,
देर रात गए मैं कौवे के नीड़ में अपने को स्थापित करता हूँ,
हम उत्तरी ध्रुवसागर में यात्रा करते हैं, रोशनी की पर्याप्त प्रचुरता है,
पारदर्शी वायुमण्डल में मैं यह अद्‌भुत् सौन्दर्य चारों ओर इधर-उधर देखता हूँ,
हिम के वृहदाकार खण्ड मेरे पार्श्व से गुज़रते हैं और मैं उनके पार्श्व से गुज़रता हूँ,
चारों ओर दृश्य में सहजता है,
दूर पर हिमाच्छादित पर्वत दीखते हैं, मैं अपनी कल्पनाएँ उनकी ओर प्रक्षेपित करता हूँ,
हम किसी महान् युद्धक्षेत्र में पहुँचने वाले हैं, जहाँ हमें शीघ्र ही भिड़ जाना है,

शिविरों की विशाल चौकियों को हम पार करते हैं, हम चुपके पाँव और सावधानी से
चलते हैं,
या हम उपान्तों से होकर किसी विराट और ध्वस्त नगर में प्रवेश करते हैं,
शिलाखण्ड और धराशायी स्थापत्य भूमण्डल के समस्त जीवित नगरों से बढ़कर हैं।

मैं मुक्त सहचर हूँ, मैं आक्रमणकारी प्रहरी-अलावों के निकट अपना खेमा डाल देता हूँ,
मैं वर को सेज से भगा देता हूँ और स्वयं वधू के साथ सो जाता हूँ,
मैं उसे पूरी रात अपनी जाँघों और होठों से कसकर चिपकाये रखता हूँ।

मेरी आवाज़ है पत्नी की आवाज़, ज़ीने की रेलिंग पर हाथों की खरखराती ध्वनि,
वे मेरे पुरुष के स्वेदमय और मग्न तन को ऊपर खींच लाती हैं।

मैं शूर-वीरों के विशाल हृदयों को,
वर्तमान और सारे युगों के साहस को समझता हूँ,
कैसे कप्तान ने वाष्प जलयान के जनाकीर्ण और पतवारहीन ध्वंस और आँधी के
साथ उसे ऊपर और नीचे डुलाती हुई मृत्यु को उसका पीछा करते हुए देखा,
कैसे उसने अपने घुटने कस कर रोपे और एक तिल भी न पीछे हटा और दिन आए
निष्ठावान बना रहा, निष्ठावान बना रहा रातें जब आयीं,
और एक पटरे पर बड़े अक्षरों में लिखा; *अपने को खुश रखो, तुम्हारा साथ हम नहीं
छोड़ेंगे;*
कैसे वह उनकी तरह लगा रहा, तीन दिन उनके साथ कीलों से टाँके लगाता रहा और
पराजय मान लेने को प्रस्तुत नहीं हुआ,
कैसे उसने अंत में धारा में बहते हुए पोत के साथियों को बचा लिया,
कैसी दुबली-पतली, ढीले चोंगे पहने औरतें दिखीं, जब उन्हें उनकी तयशुदा क़ब्रों से
नावों में उतारा गया,
कैसे दिखे वे शिशु जो चुप और बुड्ढों-से चेहरे बनाये हुए थे और टाँग कर उठाये गए
रुग्ण और बिना दाढ़ी बने वयस्क जो होंठ भींचे थे,
यह सब कुछ मैं कंठ के नीचे उतार लेता हूँ, इसका स्वाद अच्छा है, इसे मैं खूब पसंद
करता हूँ, यह मेरा अंश हो जाता है,
वह आदमी मैं हूँ, मैंने पीड़ा सही, वहाँ मैं था।

शहीदों की धृष्टता और निश्चलता,
पुराने ज़माने की माँ, डायन घोषित होकर मृत्यु-दण्ड पायी हुई, सूखी लकड़ी से

जलायी गई, उसके बच्चे दृश्य पर आँखें गड़ाये हुए,
पीछा किया जा रहा दास, दौड़ में जो शिथिल पड़ जाता है, बाड़े के सहारे झुक जाता है, भाथी की तरह साँस लेता है, पसीने से तर है,
उसकी टाँगों और गर्दन में सुइयों की तरह चुभ रहे डंक,
यह सब मैं अनुभव करता हूँ, या स्वयं मैं हूँ।

पीछा किया जा रहा दास मैं हूँ, जब-जब कुत्ते मुझे काटते हैं, दर्द से मैं आँखें भींच लेता हूँ,
नरक और निराशा मुझे घेरे हैं, निशानेबाज़ तड़ातड़ बन्दूकें दागते हैं,
बाड़े की रेलिंग को कस कर पकड़ लेता हूँ, मेरी त्वचा के उचड़ कर पतली हो जाने से मेरा जमा हुआ रक्त बहने लगता है,
घास-पात और पत्थर के टुकड़ों पर मैं गिर जाता हूँ,
अश्वारोही अपने अनिच्छुक अश्वों को ऐड़ लगाकर तेज़ करते हैं, निकट पहुँच जाते हैं,
मेरे सुन्न कानों को ताना सुनाते हैं और अपने कोड़ों की मूँठों से मेरे सिर पर बेतहाशा चोटें करते हैं।

मेरे वस्त्र-परिवर्तनों में एक मेरी पीड़ाएँ हैं,
मैं घायल व्यक्ति से उसका अनुभव नहीं पूछता हूँ, स्वयं ही मैं वह घायल व्यक्ति हो जाता हूँ,
जब मैं बेंत पर झुकता और निरीक्षण करता हूँ, मेरी चोटें मुझ पर उत्तेजित टूट पड़ती हैं।

मैं वह मलगज़ा फायरमैन हूँ जिसकी पसली टूटी है,
गिरती दीवारों ने अपने मलबे में मुझे दफ़्न किया,
ताप और धुएँ में मैं साँस लेता रहा, मैंने अपने साथियों की पुकारती आवाज़ें सुनीं,
मैंने उनकी गैंतियों और बेलचों की दूर से आती खटखट सुनी,
उन्होंने धरनें हटा दी हैं, अपने मृदु हाथों से वे मुझे तत्काल उठा लेते हैं।

अपनी लाल कमीज़ पहने हुए रात की हवा में मैं लेटा रहता हूँ, चारों ओर व्याप्त मौन मेरे लिए है,
आख़िरकार पीड़ा से मुक्त मैं थका लेटा हूँ, किंतु बहुत दुःखी नहीं,
मेरे चारों ओर श्वेत और सुंदर चेहरे हैं, सिरों से आग बुझाने वालों की टोपियाँ उतरी हैं,
घुटनों के बल झुकी हुई भीड़ मशालों की रोशनी के साथ धुँधली हुई जाती है।

दूर गए और दिवंगत फिर साँसें लेते हैं,
वे डायल की तरह दीखते हैं या घड़ी की सूई-से मेरे साथ चलते हैं, मैं स्वयं ही वह घड़ी हूँ।

मैं एक पुराना तोपची हूँ, मैं अपने क़िले पर बमबारी की कथा कहता हूँ,
मैं वहाँ पुनः उपस्थित हूँ।

पुनः नगाड़चियों की दीर्घ धमाधम,
पुनः आक्रमण करती हुई तोपें, दूर मार करने वाली बन्दूकें,
पुनः सुनने के लिए व्यग्र मेरे कानों को संतुष्ट करनेवाली और उत्तर देती गोलाबारी।

मैं भाग लेता हूँ, सब कुछ मैं देखता और सुनता हूँ,
चिल्लाहटें, गालियाँ, गरजना, सधे निशाने के लिए सराहनाएँ,
एम्बुलेंस धीरे-धीरे गुज़रता और अपने पीछे रक्त की बूँदें टपकाता हुआ,
कामगार क्षतियों का पता चलाते और अनिवार्य मरम्मतें करते हुए,
भग्न छत से नीचे गोले गिरते हुए, पंखों की शक्ल का विस्फोट,
ऊपर हवा में उड़ते हुए अंगों, सिरों, पत्थर के टुकड़ों, लकड़ी, लोहे की सनसनाहट।

पुनः मेरे मरणासन्न सेनापति का मुँह रक्त का कुल्ला करता है, वह उन्मत्त-सा हाथ हिलाता है,
गले में जम रहे रक्त के बीच वह हाँफ-हाँफ कर कहता है : *मेरी चिंता छोड़ो, मोर्चेबंदी की खाइयों की चिंता करो।*

(34)

अब मैं वह सुनाता हूँ जिसकी जानकारी मुझे टेक्सास में अपनी प्रारंभिक युवा वय में मिली,
(अलामो के पतन की कथा नहीं सुनाता हूँ,
अलामो के पतन की कथा सुनाने को एक भी न बचा रहा,
अलामो में डेढ़ सौ जो रहे आज भी मूक पड़े हैं),
यह चार-सौ बारह युवकों की नृशंस हत्या की कथा है।

पीछे हटते हुए उन्होंने अपने को खाली चौकोर में पंक्तिबद्ध किया और अपने बैगों

पर अपने सीने टिकाये,
घेर रहे उस शत्रु की नौ सौ जानें उन्होंने अग्रिम क़ीमत के रूप में ले ली थीं, जो संख्या में उनकी नौ गुनी थीं,
उनका कर्नल घायल हो चुका था और उनका गोला-बारूद ख़त्म हो चुका था,
उन्होंने सम्मानजनक आत्म-समर्पण का अनुरोध किया, लिखा हुआ काग़ज़ और मुहर भी उन्होंने प्राप्त की, अपने हथियार डाल दिये और युद्धबंदियों की तरह मार्च किया।

ये रेंजरों के कुल की कीर्ति रहे,
अश्वों, रायफलों, गायन, भोजन, प्रणय के विषय में वे अनुपम थे,
हृष्ट-पुष्ट, दुर्दान्त, उदार, सुंदर, अभिमानी और स्नेही,
दाढ़ियाँ रखे, ताप ताये और आखेटकों के मुक्त परिधानों में सजे, तीस वर्ष से अधिक आयु का कोई नहीं।

दूसरे सोमवार की सुबह उन्हें टोलियों में लाया और उनका बध किया गया, ग्रीष्म के प्रारंभ का यह सुंदर समय था,
लगभग पाँच बजे यह काम शुरू हुआ और आठ बजे ख़त्म हुआ।

किसी ने भी नहीं घुटने टेक कर बैठने का आदेश माना,
कुछ पागलों-से और असहाय दौड़े, कुछ कठोर हो और तन कर खड़े रहे,
कुछ कनपटी या सीने में गोली लगने से तत्काल धराशायी हुए, जीवित और मृत एक साथ पड़े थे,
अंग-भंग और क्षत-विक्षत हुए धूल को हाथों से खोदते थे, नये आने वाले उन्हें वहाँ देखते थे,
कुछ ने, जो अधमरे थे, रेंगते हुए बच निकलने की कोशिश की,
ऐसों को संगीनों से निपटाया या बदूकों के कुंदों से चकनाचूर किया गया,
एक नौजवान ने, जो अभी सत्रह साल का नहीं रहा, अपने हत्यारे को तब तक पकड़े रखा, जब तक न दो और उसे छुड़ाने के लिए आये,
तीनों पूरी तरह से नोंचे और उस लड़के के खून से रँगे हुए।
ग्यारह बजे शवों का अग्निदाह शुरू हुआ;
चार सौ बारह युवकों की हत्या की यही कथा है।

(35)

क्या तुम पुराने ज़माने के एक समुद्री-युद्ध की कथा सुनोगे?
क्या तुम जानना चाहोगे, चाँद और सितारों की रोशनी में कौन विजयी रहा?
सुनो उस कथा को जैसे उसे मेरे नाविक परनाना ने मुझसे कहा।

मैं तुम्हें बताऊँ कि अपने जहाज़ में हमारा दुश्मन कोई दबैल नहीं रहा, (उन्होंने कहा),
उसमें अंग्रेज़ों का असली चिड़चिड़ा साहस था, और उससे ज़्यादा कठोर और खरा
कोई नहीं, कभी नहीं रहा और कभी नहीं होगा,
साँझ के आख़िरी पलों में वह हमारा भयानक पीछा करता आया।

हम उसके पास जाकर भिड़े, पीरमान उलझे और तोपों ने एक दूसरे को छुआ,
मेरा कप्तान खुद अपने हाथों से लगातार चोट करता रहा।
पहली ही गोलाबारी में पानी के नीचे हमें कुछ अठारह पाउंड के गोले आकर लगे,
हमारी तोपों की निचली छत पर दो विशाल गोले आकर फट चुके थे, चारों ओर लोग
मारे गए और सिर के ऊपर धमाके होने लगे।

साँझ तक लड़ाई चलती रही, अँधेरे में लड़ाई चलती रही,
रात के दस बजे, पूर्णिमा का चाँद ख़ूब ऊपर उठा, हमारे छेद बढ़ते गए, पाँच फुट
पानी की ख़बर हुई,
पोत के पुलिस अधिकारी ने दुम्बाल में बंद क़ैदियों को आज़ाद किया और इस तरह
उन्हें अपने लिए एक अवसर दिया।

पहरेदारों ने अब बारूदखाने से आना और जाना बंद कर दिया है,
उन्हें अब इतने अनजान चेहरे दीख पड़ते हैं कि उनके लिए तय करना मुश्किल है कि
किस पर भरोसा किया जाए।

हमारा युद्धपोत जलने लगा है,
दूसरा पूछता है क्या हमें शरण की ज़रूरत है?
क्या हमने अपना झण्डा नीचा कर दिया है और लड़ाई बंद हुई?

अब मैं जी भर हँसता हूँ, क्योंकि अपने ठिंगने कप्तान की आवाज़ सुनता हूँ,
"हमने नीचा नहीं किया है", वह शांत रहते हुए चिल्लाता है, *"हमने लड़ाई का
अपना भाग अभी-अभी शुरू किया।"*

सिर्फ़ तीन तोपें काम करती हैं,
एक का संचालन दुश्मन के मुख्य-मस्तूल के ख़िलाफ ख़ुद कप्तान करता है,
गोलों और सिलिंडरों की अच्छी आपूर्ति से उसकी दो तोपों को चुप और उसकी छत पर सब कुछ का सफ़ाया कर दिया जाता है।

इस छोटे तोपखाने की गोलाबारी का साथ ऊपरी मस्तूल के मचान देते हैं, सबसे बढ़कर ऊपरी मस्तूल के मचान,
पूरी भिड़ंत के दौरान वे बहादुरी के साथ डटे रहते हैं।

एक पल का भी विराम नहीं,
पम्पों के ऊपर छेद तेज़ी से हावी हो रहे हैं,
सबको निगलती आग बारूदखाने की ओर बढ़ती है,
पम्पों में से एक को गोले ने उड़ा दिया, सब लोग सोचते हैं कि अब हम डूबने वाले हैं।

ठिंगना कप्तान शांत खड़ा है,
उसमें कोई हड़बड़ाहट नहीं, उसकी आवाज़ न तो ऊँची है और न धीमी है,
उसकी आँखें हमें युद्ध की अपनी लालटेनों से ज़्यादा रोशनी देती हैं।
बारह के क़रीब चाँद की रोशनी के नीचे वे हमारे सामने आत्म-समर्पण करते हैं।

(36)

आधी रात पसरी और चुपचाप पड़ी है,
अँधेरे की छाती पर दो विशाल निश्चल पेटे हैं,
हमारा पोत छलनी है और धीरे-धीरे डूब रहा है, हमने जिस पर विजय पायी है, उस पर जाने की तैयारियाँ,
ऊपरी छत से चादर की तरह सफेद चेहरा लिए ठंडी आवाज़ में आदेश देता हुआ कप्तान,
पास में पड़ा उसे बच्चे का शव जो कैबिन में काम करता था,
एक पुराने नाविक का निष्प्राण चेहरा, जिसके लम्बे सफ़ेद बाल और सावधानी से ऐंठे हुए गलमुच्छे हैं,
सारी कोशिशों के बावजूद लपटें ऊपर और नीचे हल्के-हल्के जलती हुई;
दो या तीन ऐसे अफसरों की भर्रायी आवाज़ें, जो भी अपना काम करने के योग्य बचे,

देहों पर देहों की रूपहीन राशियाँ और अकेली पड़ी हुई देहें, मांस के छोटे-छोटे टुकड़े
मस्तूलों और बल्लों पर छितराये,
कटे हुए रस्से, लटक रहे साज़-सामान, सहलाती लहरों की हल्की चोट,
काली और निरावेग तोपें, बारूद के थैले इधर-उधर पड़े हुए, तेज़ गंध,
कुछ बड़े सितारे सिर के ऊपर, जो चुपचाप और शोक-संतप्त चमक रहे,
समुद्री हवा की सों-सों की आवाज़, किनारे के पास नरकट की झाड़ियों और मैदानों
की महक, उत्तराधिकारियों को मृत्यु-संदेश दिये जाते हुए,
सर्जन के नश्तर की सिसकार और उसकी आरी के काटते दाँत,
घरघर साँस, हाथ पटकना, गिरते हुए रक्त की धार, झटके से निकली हुई बेतहाशा
चीख़, और लम्बी, उदास, क्रमशः धीमी होती हुई कराह,
ऐसे ये, जिन्हें बचा पाना असम्भव है।

(37)

ओ आलसी पहरेदारो! अपने अस्त्रों को सँभालो!
बंद जो थे विजित द्वारों पर भीड़ लगा रहे हैं! भूत-सा मुझ पर सवार हुआ!
मुझमें सारे विधि-बहिष्कृत या पीड़ित व्यक्ति अवतरित हुए,
किसी अन्य व्यक्ति का रूप जैसे धारण कर कारागार में मैं अपने को देखता हूँ,
और रह-रह कर होने वाली मंद पीड़ा का अनुभव करता हूँ।

क़ैदियों के पहरेदार मेरे लिए अपने कंधों पर बन्दूकें रखते हैं और पहरा देते हैं,
मैं ही वह व्यक्ति हूँ जिसे सुबह बाहर और रात को सलाख़ों के पीछे कर दिया जाता है।

एक भी ऐसा विद्रोही नहीं जो हथकड़ियों में कारा को जाता है और मैं उसके साथ
हथकड़ियों में जकड़ा बग़ल में न चलता रहूँ,
(वहाँ मैं विनोदी कम हो जाता हूँ, और जो चुप है उस जैसा ज़्यादा हूँ और मेरे ऐंठते
होठों से पसीना छूट रहा।)

कोई भी ऐसा किशोर नहीं चोरी में जो पकड़ा जाए और मैं भी न उसके साथ पकड़
लिया जाऊँ, मुझ पर भी न मुक़दमा चले, और मैं भी न दण्डित किया जाऊँ।

हैज़े का कोई भी ऐसा रोगी नहीं, जो आख़िरी साँसें लेते हुए लेटा हो और मैं भी

उसके साथ आख़िरी साँसें लेता न लेटा रहूँ,
मेरे चेहरे का रंग उड़ चुका है, मेरे स्नायुओं में ऐंठन है और लोग मुझसे दूर हटते जा रहे हैं।

याचक मुझमें अवतरित होते हैं, उनमें मैं अवतरित होता हूँ,
मैं अपना टोप आगे कर देता हूँ, लज्जित चेहरा लिए बैठा हूँ, और भिक्षा माँगता हूँ।

(38)

पर्याप्त! पर्याप्त! पर्याप्त!
जैसे भी हो, मैं चकित हूँ। हट कर खड़े रहो।
चोट खाये हुए मेरे सिर, नींदों, सपनों, बाये मुँह के परे मुझे थोड़ा समय दो,
मैं यह पाता हूँ कि मैं एक सामान्य भूल करने ही वाला था।

क्योंकर मैं उपहासकर्ताओं और अपमानों को भूला!
क्योंकर मैं टपकते हुए आँसुओं और गदाओं और हथौड़ों के आघात भूला!
क्योंकर मैंने अपना स्वयं का सलीब पर चढ़ना और रक्तिम अभिषेक भिन्न दृष्टि से देखा!

अब मुझे याद आया,
मैं बहुत विलम्बित अंश को फिर प्रारम्भ करता हूँ,
चट्टान की क़ब्र उसमें वृद्धि करती जाती है जो चीज़ उसको या किन्हीं अन्य क़ब्रों को सौंपी गई,
लाशें बाहर निकलती हैं, घाव भरते हैं, बंधन मुझसे टूट कर गिरते हैं।

मैं सर्वोच्च शक्ति-सम्पन्नता से नयी स्फूर्ति लेकर, एक सामान्य अन्तहीन जुलूस का अंग बनकर पंक्तिबद्ध चलता हूँ,
प्रदेशों के अन्तर में और सागर-तटों पर हम जाते हैं, और सारी सीमा-रेखाएँ पार करते हैं,
हमारे वेगवान अध्यादेश सम्पूर्ण पृथ्वी तक पहुँचने के लिए पथारूढ़,
वे फूल जिन्हें हम अपनी टोपियों में धारण करते हैं, हजारों वर्षों की उपज हैं।

शिष्यो, तुम्हें मैं सलाम करता हूँ! आगे बढ़ो!
अपने भाष्य जारी रखो, अपने संदेह जारी रखो।

(39)

मैत्रीपूर्ण और लहराता हुआ बर्बर, कौन है वह?
क्या वह सभ्यता की राह देख रहा, या उसके आगे निकल चुका है और उसमें निपुण होता जाता है?

क्या वह दक्षिण-पश्चिम प्रदेश का कोई है, गृहों के बाहर जो पला और बढ़ा है?
क्या वह मिसिस्सिपी के ग्रामांचलों से है?
आइयोवा, ओरेग़न, कैलिफोर्निया से?
पर्वतों से? चरागाहों के जीवन से, झाड़ियों के जीवन से? या सागर से नाविक?

जहाँ भी वह जाता है, नर-नारी उसे स्वीकार करते हैं, चाहते हैं,
वे चाहते हैं कि वह उन्हें पसन्द करे, छुए, उनसे बोले, उनके साथ रुके।

आचरण हिम की फुहारों की तरह नियमहीन, शब्द घास की तरह सरल, बिना कंघी किये हुए बाल, हँसी और अबोधता,
धीरे-धीरे पड़ते पाँव, साधारण नाक-नक़्श, साधारण ढंग और प्रवर्तन,
वे उनकी उँगलियों के पोरों से नये रूपों में अवतरित होते हैं,
वे उसके तन की महक या साँसों के साथ प्रवाहित होते हैं, वे उसके दृष्टिपातों से बाहर निकल कर उड़ते हैं।

(40)

धूप की तड़क-भड़क, तुम्हारे सेवन की मुझे ज़रूरत नहीं, पड़ी रहो!
तुम सिर्फ़ सतहों को आलोकित करती हो, मैं सतहों और गहराइयाँ भी उद्घाटित करता हूँ।

पृथ्वी, लगता है जैसे तुम मेरे हाथों से कुछ चाहती हो,
कहो, ओ शिखा-मंडित आदिवासी, मुझसे क्या चाहते हो?

पुरुष या नारी, तुमसे कह सकता था कि तुम मुझे कितने प्रिय हो, किंतु यह नहीं कर पाता हूँ,

और यह कह सकता था कि क्या है जो मुझमें है और क्या है जो तुममें हैं, किंतु यह नहीं कर पाता हूँ,
और मैं अपना यह विसूरते रहना, और अपनी रातों और दिनों की इस धड़कन की बात कह सकता हूँ।

देखो, मैं भाषण या कोई छोटा-सा दान नहीं करता,
जब मैं दान करता हूँ, अपना दान करता हूँ।

वहाँ खड़े, ओ हिंजड़े, घुटने के मामले में ढीले,
अपने गुलूबंद से ढँके जबड़े खोले रखो जब तक न मैं तुम्हारे भीतर अपनी साँस फूँक कर संकल्प भर दूँ,
अपनी हथेलियाँ फैलाओ और अपने जेबों के पल्ले उठाओ,
इनकार से मैं मानने वाला नहीं, मैं विवश करता हूँ, मेरे पास देने को और बचा रखने को प्रचुर भण्डार पड़ा,
और कोई भी वस्तु जो मेरे पास है, उसे अर्पित कर देता हूँ।

तुमसे नहीं पूछता, कौन हो तुम, मेरे लिए इसका कोई महत्त्व नहीं,
तुममें जो मैं संसृत कर दूँगा, उसके सिवा तुम न अन्य कुछ कर सकते, अन्य कुछ न बन सकते।

कपास के खेतों में खट रहे मज़दूर या शौचालयों को साफ़ करने वाले के कंधों पर हाथ रखता हूँ,
और उसके दाहिने गाल पर पारिवारिक चुंबन धर देता हूँ,
और अपनी आत्मा के अन्दर शपथ लेकर कहता हूँ कि मैं कभी उसका साथ नहीं छोड़ूँगा।

उन स्त्रियों से, जो गर्भाधान करने के योग्य, मैं बृहत्तर और अधिक स्फूर्त शिशुओं का प्रारंभ करता हूँ,
(आज के दिन मैं आज से बहुत बढ़कर दम्भी गणराज्यों के निमित्त यह पदार्थ प्रवाहित करता हूँ।)

कोई मरणासन्न व्यक्ति, वहाँ दौड़ जाता हूँ और द्वार की मुठिया घुमाता हूँ,
पलंगपोश को पलंग के पैरों की तरफ़ लपेट देता हूँ,
चिकित्सक और पादरी अपने-अपने घर लौट जाएँ।

गिरते हुए आदमी को मैं पकड़ लेता हूँ और उसे अबाध संकल्प सहित उठा लेता हूँ,
ओ हताश, मेरी गर्दन का यह सहारा रहा,
ईश्वर की शपथ, नीचे तुम किसी भी हालत में न गिरोगे! अपना पूरा भार मुझ पर डालो।

अत्यंत गहरी साँस तुम्हारे भीतर फूँकता हूँ, मैं तुममें जान डाल देता हूँ,
गृह का प्रत्येक कक्ष मैं एक सैन्य-शक्ति से भर देता हूँ,
ओ मेरे प्रेमियो, क़ब्रों को परास्त करने वालो।

सो जाओ—मैं और वे सारी रात पहरा देते हैं,
संदेह नहीं, मृत्यु नहीं तुम्हें छू पायेगी,
मैंने तुम्हें अंक में भरा है और अब आगे सिर्फ़ मेरे होकर तुम रहोगे,
और जब सुबह होने पर उठोगे, तुम्हें पता चलेगा कि जो मैंने तुमसे कहा, वह सच है।

(41)

मैं वह हूँ जो पीठ के बल लेटे हाँफते रोगियों के लिए सहायता लाता है।
और मैं सबल और सीधे खड़े व्यक्तियों के लिए उससे भी ज़्यादा ज़रूरी सहायता
लाता हूँ।

मैंने उसे सुना जो ब्रह्माण्ड के विषय में कहा गया,
और हज़ारों वर्ष इसे सुनता रहा, सुनता रहा;
मामूली ढंग से इससे काम चलता रहा है—किंतु बात क्या बस इतनी है?

आवर्धन और संकल्प लिए मैं आता हूँ,
शुरू में ही पुराने सावधान मोलभाव करने वालों को ऊँची बोली से विदा कर देता हूँ,
स्वयं मैं जेहोवा का सटीक आयाम ग्रहण करता हूँ,
क्रोनोस, उसके पुत्र ज़ीयस, और पौत्र हरक्यूलीज़ के पत्थर के छापे बनाता हूँ।
ओसीरिस, आइसिस, बीलस, ब्रह्मा, बुद्ध की हुण्डियाँ खरीदता हूँ,
अपनी फाइल में मैनिटो को ढीला-ढाला, अल्लाह को एक पत्ती पर, उकेरा हुआ
सलीब रखता हूँ,
और उनके साथ ओडिन और वीभत्स-मुख मैक्सिट्ली और प्रत्येक मूर्ति और प्रतीक,
उन्हें उनके मूल्य के ही अनुसार, एक कौड़ी भी ज़्यादा नहीं, मान्यता देता हूँ,

स्वीकार करता हूँ कि वे जीवित रहे और अपने समय का काम उन्होंने पूरा किया,
(उन्होंने मानो उन पंखहीन पक्षियों की कुटकियों को जन्म दिया, जिन्हें अब अपने लिए उठना और उड़ना और गाना है),
मैं उन प्रारम्भिक देवीकृत चित्रांकनों को अपने भीतर और पूर्णता देने के लिए स्वीकार करता हूँ और उन्हें मुक्तहस्त प्रत्येक पुरुष और नारी को प्रदान करता हूँ, जिसे देख लेता हूँ,
आवास का ढाँचा तैयार करने वालों में उतना ही या उससे ज़्यादा ढूँढ़ लेता हूँ जितना उनमें है,
उसके लिए जो वहाँ बाँहें चढ़ा कर मुँगरी और छेनी चलाता है, मैं उच्चतर पद का दावा करता हूँ,
और मैं विशेष दैवी संदेशों के विषय में आपत्ति नहीं करता हूँ, धुएँ की एक वर्तुल रेखा या हाथों के पीछे का एक बाल उतना ही अद्भुत है, जितना कोई दैवी संदेश हो सकता है,
अग्निशमन के इंजनों और रस्सियों की रक़ाबी सीढ़ियों पर कस कर जमे हुए जवान मुझे प्राचीन कालीन युद्धों के देवताओं से कमतर नहीं लगते,
ध्वंस के धमाकों के बीच उनकी चिल्लाती आवाज़ों पर ध्यान देता हूँ,
उनके पुष्ट स्नायुयुक्त अंग जली हुई बल्लियों पर सुरक्षित चलते हैं, उनके श्वेत माथे लपटों के बीच से स्वस्थ और अक्षत निकल आये हैं;
मिस्त्री की पत्नी के निकट जाता हूँ, जिसका शिशु उसकी नीबी से चिपका हुआ हर नये जन्म लेने वाले के लिए अनुनय करता है,
तीन हृष्ट-पुष्ट देवदूत, जिनकी कमर के पास कमीज़ें ढीली-ढाली निकली हैं, पंक्तिबद्ध फ़स्ल काटते हुए हँसियों की तेज़ खरखर आवाज़ करते हैं,
टूटे दाँत और लाल बालों का साईस अपने अतीत और भावी के पापों के लिए प्रायश्चित्त करता है,
अपना सब कुछ बेच देता है और अपने भाई के वक़ीलों की फ़ीस देने और उस पर चल रहे जालसाज़ी के मुक़दमे के दौरान उसके पास बैठने के लिए पैदल सफ़र करता है;
मेरे चतुर्दिक चौक के छड़ के बीच विपुलतम छितरावों में जो कुछ भी छितरा था, और जो तब चौक के छड़ के बीच अवकाश नहीं भर पाया था,
बैल और गोबरैले को इतना पूजता हूँ जिसका आधा भी आज तक कभी नहीं किया गया,
मेरे लिए गोबर और गंदगी, स्वप्न में भी जितना सोचा गया, उससे बढ़कर सराहनीय,
मेरे निकट अलौकिक का कोई महत्त्व नहीं, स्वयं मैं अपने उस समय की प्रतीक्षा करता हूँ जब सर्वशक्तिमानों में मैं भी गिना जाऊँगा,

वह दिन मेरे लिए प्रस्तुत हुआ जाता है जब मैं सर्वश्रेष्ठों के जितना ही मंगल कर
पाऊँगा और उनके जितना ही वृहदाकार हो जाऊँगा;
अपने जीवन-पिण्डों की शपथ! पहले ही मैं एक स्रष्टा बनकर,
यहाँ और अब मैं अपने को छायाओं के छिपे हुए गर्भ में डाल रहा।

(42)

भीड़ के बीच उठी हुई एक पुकार,
मेरी स्वयं की आवाज़, गंभीर व्यापक और निर्णायक।

आओ, मेरे बच्चो,
आओ, मेरे किशोरो और किशोरियो, मेरी नारियो, कुटुम्बियो और अन्तरंगो,
गायक ने अपने स्नायु का प्रयोग अब शुरू किया,
अपने अंतर की बाँसुरी पर अपना पूर्वरंग ख़त्म किया।

सरल लिपि-बद्ध मुक्त उँगलियों के स्वर-संघात—मैं तुम्हारे आरोह और अंत की
झंकार का अनुभव करता हूँ।

मेरा सिर मेरी ग्रीवा पर झूमता है,
संगीत लहराता जाता है, किंतु आर्गन से नहीं,
लोग मेरे चतुर्दिक हैं, किंतु वे मेरे कुटुम्बी नहीं।

हमेशा कठोर, और ऐसी भूमि जो धँसी नहीं,
हमेशा खाने और पीने वाले, हमेशा चढ़ता और ढलता सूर्य, हमेशा हवा और अंतहीन ज्वार,
हमेशा मैं स्वयं और मेरे पड़ोसी, स्फूर्तिमय खल, यथार्थ,
हमेशा सनातन व्याख्याहीन प्रश्न, हमेशा घट्ठेदार अँगूठा, वह खुजलाती और प्यासी साँस,
हमेशा छेड़छाड़ करने वाले की बार-बार सीटी, और आख़िरकार उसके छिपे रहने की
जगह का पता पाना और उसे सामने लाना,
हमेशा प्यार, हमेशा जीवन का सिसकता हुआ द्रव,
हमेशा चिबुक के नीचे पट्टी, हमेशा मृत्यु के पाटे।
यहाँ-वहाँ आँखों पर पाँव रखकर घूमते-फिरते पैसे,
पेट के क्षुधित लोभ को शांत करने के लिए बुद्धि का उदार प्रसारण,
टिकट खरीदना, बेचना, लेकिन दावत की जगह पहुँच कर एक बार भी न अंदर जाना,

बहुतों का पसीना बहाना, जोतना, दाँवना, और फिर पगार में भूसा पाना,
कुछ का कुछ न करते हुए स्वामित्व, हमेशा जो गेहूँ के दावेदार होते हैं।

यही वह नगर है और मैं उसका एक नागरिक हूँ,
अन्यों को जो कुछ भी रुचिकर है, मुझे भी वही रुचिकर है, राजनीति, युद्ध, बाज़ार, अख़बार, पाठशालाएँ,
नगर-प्रमुख और परिषदें, बैंक, सीमा शुल्क, वाष्पपोत, कारख़ाने, सट्टे, भण्डार, आवास-निर्माण और स्वयं का आवास।

कालरों और दुमदार कोटों में वे प्रचुर संख्या में चारों ओर नाचते फिरते लघु मानव बौने,
मुझे इसका बोध है कौन हैं वे, (निस्संदेह वे कीड़े या पिस्सू नहीं हैं),
मैं अपनी प्रतिलिपियों को स्वीकार करता हूँ, सबसे दुर्बल और छिछला भी मेरे निकट आकर अमर्त्य हो जाता है,
जो कुछ मैं कहता या करता हूँ, ठीक वही उनकी प्रतीक्षा करता है,
प्रत्येक वह विचार जो मुझमें लड़खड़ा कर ध्वस्त होता है, उनमें भी वही लड़खड़ा कर ध्वस्त होता है,
मुझे स्वयं अपने आत्म-केंद्रित होने का पूरा ज्ञान,
अपनी सर्वभक्षी पंक्तियों का ज्ञान और उन्हें कुछ भी कम करके नहीं लिखना है,
और चाहे तुम कोई हो, तुम्हें मैं अपने से लबालब भरकर साथ लाऊँगा।

मेरा यह गान अभ्यस्त शब्द नहीं,
बल्कि अकस्मात् प्रश्न उठा देने, दूर की लम्बी छलांग मारने, फिर भी निकट ले आने के निमित्त,
यह मुद्रित और जिल्दबंद पुस्तक—किंतु मुद्रक और मुद्रण-कार्यालय का चपरासी बालक?
अच्छे खींचे गए छाया-चित्र—किंतु तुम्हारी भुजाओं में सघन और ठोस आबद्ध तुम्हारी पत्नी या नज़दीकी दोस्त?
लोहे के कवच में सुरक्षित स्याह युद्धपोत—अपने बुर्ज़ों में शक्तिशाली तोपों से लैस—किंतु कप्तान और अभियंताओं का साहस?
आवासों में तश्तरियाँ, पकवान और मेज़-कुर्सियाँ—किंतु आतिथेय और आतिथेया और उनकी आँखों का भाव?
ऊपर वहाँ आकाश—किंतु यहाँ और निकटतम पड़ोस के द्वार या सड़क के उस पार?
इतिहास के संत और ऋषि—किंतु स्वयं तुम?

उपदेश, सम्प्रदाय, धर्मशास्त्र—किंतु मानव का मापहीन मस्तिष्क,
और तर्क क्या है? और प्रेम क्या है? और जीवन क्या है?

(43)

पादरियो, किसी भी समय के, दुनिया में किसी भी जगह के, मैं तुमसे घृणा नहीं करता हूँ,
मेरा विश्वास विश्वासों में महानतम है और विश्वासों में हीनतम है,
उसमें प्राचीन और आधुनिक और प्राचीन और आधुनिक के मध्य जो सारी पूजा है, समाहित है,
मुझे विश्वास है कि पाँच हज़ार साल बाद पृथ्वी पर मैं पुनः आऊँगा,
देववाणियों के अनुवचनों की प्रतीक्षा करता हूँ, देवताओं का सम्मान करता, सूर्य को नमस्कार करता हूँ,
सबसे पहले जो चट्टान या ठूँठ मिल जाए, उसे पूजा की वस्तु बना लेता हूँ, ओझा के वृत्त में लकड़ियों से बातचीत करता हूँ,
मूर्तियों के समक्ष जलते दीपों की बत्तियाँ ठीक करने में लामा या ब्राह्मण की मदद करता हूँ,
आज भी नागाओं के जुलूस में सड़कों पर नाचता चलता हूँ, वनों में नग्नतावादी होकर ध्यान लगाता और कठोर जीवन बिताता हूँ,
खप्पर के पात्र में मधु का आसव पीता हूँ, शास्त्रों और वेदों की प्रशंसा करता हूँ, क़ुरआन ध्यान में रखता हूँ,
पत्थर और चाकू से बने व्रणों से भरे तन के साथ, सर्प-चर्म से बना ढोल पीटते हुए अज़टेक के मंदिरों के जुलूस में चलता हूँ,
अंजील को अंगीकार करता हूँ, उसे अंगीकार करता हूँ, जिसे सलीब पर चढ़ाया गया, दिव्य है वह, निस्संदेह जानता हूँ,
गिरजाघर में मिस्सा के समय घुटनों पर बैठता हूँ, या प्यूरिटन की प्रार्थना में उठता हूँ या धैर्य के साथ आसन पर बैठा रहता हूँ,
उन्मादपूर्ण अपने संकट में चीख़ता-चिल्लाता और मुँह से गाज निकालने लगता हूँ, या उस वक़्त तक मृत की तरह प्रतीक्षा करता हूँ जब तक न चेतना मुझे जगा देती है,
पक्की सड़कों या भूमि पर चलता हुआ आगे को देखता हूँ, या पक्की सड़कों या भूमि के बाहर,
परिक्रमाओं की परिक्रमा करने वालों के कुल का हूँ।

केंद्राभिसारी और केंद्रापसारी दल में शरीक होकर मुड़ता हूँ, और उस आदमी की तरह बात करता हूँ जो यात्रा के पूर्व कार्यभार सौंप जाता है।

ओ निर्जीव और अलग पड़े हताश शंकालुओ,
क्षुद्र, विषण्ण, चिंतित, क्रुद्ध, स्वांगपूर्ण, निरुत्साह, नास्तिक,
तुममें से प्रत्येक को मैं जानता हूँ यातना, संदेह, निराशा और आस्थाहीनता के सिंधु से मैं परिचित हूँ।

कैसे ह्वेल की पूँछ के फाट छपाका करते हैं!
कैसे वे बिजली की तेज़ी से ऐंठनों और रक्त के फौवारों के साथ लरजते हैं!

शांत हो जाओ, शंकालुओ, और चिंतित विष्णणों की पूँछों के रक्तरंजित फाट,
तुम्हारे बीच मैं, जैसे किन्हीं अन्यों के बीच, स्थान ग्रहण करता हूँ,
तुम्हारे, मेरे, सबके लिए अतीत बिलकुल एक जैसी ही प्रेरणा है,
और वह जिसके लिए अभी प्रयत्न नहीं हुआ और जो बाद में होगा, तुम्हारे, मेरे और सबके लिए ठीक एक जैसा है।

मुझे मालूम नहीं क्या है वह जिसके लिए अभी प्रयत्न नहीं हुआ और जो आगे है,
किंतु मैं जानता हूँ, उसकी बारी जब आएगी, वह पर्याप्त सिद्ध होगा, विफल हो सम्भव नहीं।

प्रत्येक जो गुज़र जाता है, उसका ध्यान किया जाता है, प्रत्येक जो रुक जाता है उसका ध्यान किया जाता है, किसी भी व्यक्ति को वह विफल नहीं होने देता है।

यह उस युवा को विफल नहीं होने देता है, जो मर गया और दफ़्न हुआ,
या न उस युवती को, जो मर गई और उसके पार्श्व में दफ़्न हुई,
या न उस नन्हे शिशु को, जिसने अन्दर को द्वार से झाँका, पीछे हटा और फिर कभी नहीं देखा गया,
या उस वृद्ध को जो निरुद्देश्य जीवित रहा और जो इसका अनुभव पित्त की कटुता से भी अधिक करता है,
या न दरिद्र-गृह के उस व्यक्ति को, जिसे शराब और अनर्थकारी विकारों ने यक्ष्मा का रोगी बनाया है,
या न वध किये गए और ध्वस्त हुए उन असंख्य व्यक्तियों को या न उस पशुवत्

कोबू को जिसे मानवता का मल कहा जाता है,
या न उन पुटों को, जो मुँह खोले मात्र तिरते रहते हैं कि भोजन उसमें सरक कर पहुँच जाए,
या न पृथ्वी में या पृथ्वी की प्राचीनतम क़ब्रों के नीचे किसी वस्तु को,
या न नक्षत्र-मण्डलों की किसी वस्तु को या न उनको जो असंख्य पर असंख्य उनके निवासी हैं,
या न वर्तमान या ज्ञात किसी अत्यतम तन्तु को।

(44)

समय आ गया है कि अपनी व्याख्या करूँ—आओ, हम खड़े हो जाएँ।

ज्ञात जो है मैं उसे उतार फेंकता हूँ,
मैं सारे पुरुषों और नारियों का प्रस्थान अपने साथ अज्ञांत में करा देता हूँ।

घड़ी क्षण का संकेत देती है, किंतु अनन्तता क्या संकेत देती है?

अब तक हमने खरबों शीत और ग्रीष्म-काल रिक्त कर डाले हैं,
उनके आगे अभी खरबों हैं, और उनके भी आगे खरबों हैं।

जन्मों ने हमें सम्पन्नता और विविधता दी है,
और अन्य जन्म हमारे लिए सम्पन्नता और विविधता लायेंगे।

किसी को मैं किसी की तुलना में महान् या तुच्छ नहीं कहता हूँ,
वह जो अपने काल और स्थान की पूर्ति करता है, अन्य किसी के बराबर है।

क्या मानव जाति ने तुम्हारे प्रति हत्या या द्वेष का आचरण किया है, मेरे बन्धु, मेरी बहन?

तुम्हारे लिए मैं दुःखी हूँ, मेरे प्रति उनके आचरण में हत्या या द्वेष का भाव नहीं,
मेरे साथ सब कुछ मधुर ही मधुर है, मेरे पास क्रंदन की कोई गणना नहीं,
(क्रन्दन से मुझे क्या लेना है?)

आज तक उपलब्ध वस्तुओं का शिखर मैं हूँ, और मैं भावी को परिबद्ध करता हूँ।

मेरे पाँव ज़ीनों के शीर्षों के एक शीर्ष पर पड़ते हैं,
हर सोपान पर युगों के पुंज और सोपानों के बीच विशालतर पुंज,
और सब कुछ जो नीचे है उसकी यथेष्ट यात्रा कर ली है, और अब तक मैं ऊपर को
चढ़ता और चढ़ता चला जाता हूँ।

एक ऊँचाई से दूसरी ऊँचाई तक मेरे पीछे छूटती जातीं प्रेतछायाएँ नमन करती हैं,
बहुत दूर नीचे मैं विराट आदि-शून्य देखता हूँ, मुझे यह ज्ञात है कि वहाँ भी मैं था,
मैं अदृश्य और अपलक प्रतीक्षा करता रहा, और उस निश्चेष्ट कुहरे के बीच सोता रहा,
और मैंने अपना समय लिया, और उस दुर्गन्धमय अंगारक से न आहत हुआ।

लम्बे समय तक मैं गाढ़े आलिंगन में पड़ा रहा—लम्बे समय तक, लम्बे समय तक।

मेरे लिए भारी तैयारियाँ सम्पन्न हुईं,
वे बाँहें जिन्होंने मेरी सहायता की है, निष्ठावान और मैत्रीपूर्ण रही हैं।

चक्रों ने मेरे पालने को पार उतारा, वे प्रसन्न नाविकों की तरह खेते रहे, खेते रहे,
सितारों ने अपने वृत्तों में मेरे लिए स्थान सुरक्षित रखा।
उन्होंने प्रभाव प्रेषित किये ताकि वे उसकी रखवाली करें, जो मुझे धारण करने वाला था।

अपनी माता के गर्भ से मेरे जन्म लेने के पूर्व पीढ़ियों ने मेरा पथ-प्रदर्शन किया,
मेरे भ्रूण में कभी मन्दता नहीं आयी है, कोई वस्तु उसे आच्छादित न कर पायी।

इसके लिए नीहारिका ने सघन होकर पिण्ड का रूप धारण किया,
इसे विश्राम देने को दीर्घ, विलम्बित स्तरों ने अपने को राशिबद्ध किया,
इसे विराट वनस्पतियों ने पोषण दिया,
इसे अपने मुँहों में लेकर दैत्याकार सरीसृपों ने इसका वहन किया, और सावधानी से
जमा किया।

सारी शक्तियाँ मुझे पूर्ण और प्रसन्न करने में अविचल संलग्न रहीं,
अब इस जगह मैं अपनी हृष्ट-पुष्ट आत्मा के साथ खड़ा।

(45)

ओ यौवन के विस्तार! सदा दबावों में रहने वाली लोच!
और पुरुषत्व, संतुलित, अलंकृत और पूर्ण!

मेरे प्रेमियों से मेरी साँस अवरुद्ध हो जाती है,
मेरी अधरों पर वे भीड़ लगा देते हैं, मेरी त्वचा के छिद्रों में सघन होते हैं,
सड़कों और सभागारों में मेरे साथ रेल-पेल मचाते जाते हैं, रात्रि में नग्न होकर मेरे
पास आते हैं,
दिन में नदी की चट्टानों पर से 'अहो' चिल्लाते हैं, मेरे सिर के ऊपर चक्कर लगाते
और चहचहाते हैं,
फूलों की क्यारियों से, द्राक्षा की लताओं से, नीचे की उलझी हुई झाड़ियों से मेरा नाम
पुकारते रहते,
मेरे जीवन के हर पल पर उतर आते हैं,
मरहम के लेप से मेरे तन पर लेप लगाते हैं,
चुपचाप अपने हृदयों की अँजुलियाँ भर-भर कर मुझे देते हैं, ताकि वे मेरे हो जाएँ।

ओ भव्य प्रकट हो रही जरा! स्वागत, मृत्यु के निकट आते हुए दिनों के शब्दातीत सौन्दर्य!

हर दशा मात्र स्वयं प्रवर्तन नहीं करती, उसे भी वह प्रवर्तित करती है, जो उसके बाद
और उसके भीतर से उत्पन्न होती है।
और स्याह मौन अन्यों जितना ही प्रवर्तन करता है।

रात्रि में मैं अपना रोशनदान खोल देता हूँ और दूर-दूर तक छितराये तारा-मण्डलों को
देखता हूँ,
और वे सब जिन्हें मैं देख रहा संख्या में बढ़ते ही जाते हैं, जहाँ तक ऊपरी छोर पर
मुझे कुछ सूझ पाता है, जो स्वयं दूरतर तारामण्डलों का सिर्फ़ हाशिया है।

बृहत्तर और बृहत्तर उनका प्रसार होता जाता है, विस्तार, उनमें निरंतर विस्तार,
बाहर की ओर और बाहर की ओर और सदा बाहर की ओर।

मेरे सूर्य का अपना सूर्य है और वह आज्ञाकारी-सा उसके चतुर्दिक परिक्रमा करता है,
अपने सहभागियों के साथ वह एक श्रेष्ठतर परिक्रमा के दल से जुड़ जाता है,

और उनके पृष्ठ में विशालतम वर्ग आते हैं, जो उनके अन्दर विशालतम को
बिंदुओं-सा बना देते हैं।

कोई विराम नहीं होता और कभी कोई विराम सम्भव नहीं,
अगर मैं, तुम और सारे लोक, और सब कुछ जो उनके धरातलों के नीचे या ऊपर है,
इसी क्षण पुनः लघुकृत होकर पाण्डु प्लव में बदल जाए, तो भी यह अन्ततः
व्यर्थ ही सिद्ध होगा,
निश्चय ही हम वहाँ पुनः लौटेंगे, जहाँ हम आज खड़े,
और निश्चय ही इससे भी आगे उतनी ही दूर निकल जाएँगे, और फिर उससे आगे
और उससे आगे।

युगों के कुछ नील, घन मीलों के कुछ पद्म, विस्तार के लिए संकट नहीं, या न उसे
अधीर करते हैं,
वे केवल अंश हैं, प्रत्येक वस्तु मात्र एक अंश।

जितना भी दूर देखो, उसके बाहर अनन्त अवकाश रहता है,
जितनी भी गणना करो, उसके चतुर्दिक अनन्तकाल रहता है।

मेरा अभिसार नियत है, निश्चित है,
प्रभु उस स्थल पर और उस वक़्त तक प्रतीक्षा करेगा, जब मैं सारी शर्तें पूरी कर आऊँगा,
मेरा महान् साथी, सच्चा प्रेमी, जिसके लिये मैं उद्विग्न रहता हूँ, वहाँ होगा।

(46)

मुझे मालूम है कि मुझे सर्वोत्तम काल और अवकाश मिला है और मेरी माप कभी नहीं
सम्भव हुई और कभी नहीं सम्भव हो पायेगी।

निरंतर मैं यात्रा पर भटकता रहता हूँ, आओ, सब सुनो!
मेरी पहचान हैं एक बरसाती कोट, अच्छे जूते और जंगलों से काटी हुई एक लाठी,
मेरी कुर्सी पर मेरा कोई मित्र आराम से नहीं बैठ सकता है,
मेरे पास कोई कुर्सी नहीं है, कोई चर्च नहीं, कोई दर्शन नहीं,
मैं किसी आदमी को खाने की मेज़, पुस्तकालय, सर्राफ़ा तक नहीं ले जाता,
किंतु तुममें से हर पुरुष और हर नारी को एक छोटी पहाड़ी पर ले जाता,

मेरे बायाँ हाथ कमर के चारों ओर कस कर तुम्हें पकड़े है
और दायाँ हाथ महाद्वीपों और राजपथ की तरफ़ संकेत करता है।

मैं नहीं, दूसरा कोई नहीं, तुम्हारे निमित्त उस मार्ग पर यात्रा कर सकता है,
स्वयं ही तुम्हें उस पर यात्रा करनी है।

दूर वह नहीं है, पहुँच के भीतर है वह,
शायद अपने जन्म से ही तुम उस पर चलते रहे और यह तुम्हें नहीं मालूम हो पाया,
शायद वह हर जगह जल पर और थल पर है।

अपने फटे-पुराने कपड़े कंधे पर उठा लो, प्रिय पुत्र, और मैं अपने उठा लूँगा, और
आओ हम जल्दी से निकल पड़ें,
अद्‌भुत नगर और स्वाधीन राष्ट्र रास्ते पर जाते हुए हमें मिल जाएँगे।

अगर तुम थक जाओ, दोनों भार मुझे दे दो, और अपने हाथ की गदेली को मेरी कमर
पर आराम करने दो,
और कुछ समय बाद तुम वही सेवा मुझे लौटाओगे,
क्योंकि चल देने के बाद फिर हम कभी नहीं बग़ल में लेटेंगे।

भोर होने के पहले आज मैं एक पहाड़ी पर चढ़ा और मैंने भीड़ भरे आकाश को देखा,
और मैंने अपनी आत्मा से कहा, *जब हम वे वृत्त-पिण्ड और उनमें स्थित आनंद और*
हर वस्तु का ज्ञान अंकों में भर लेंगे, तब क्या हम पूर्ण और संतुष्ट होंगे?
और मेरी आत्मा ने कहा, *नहीं, हम उस उठान की बराबरी सिर्फ़ इसलिए करते हैं*
ताकि हम उसके पार चलते जाएँ।

तुम मुझसे प्रश्न भी पूछते जाते हो, और मैं तुम्हें सुनता हूँ,
मेरा उत्तर है कि उत्तर नहीं दे सकता, अपने लिए तुम्हें स्वयं खोजना होगा।

थोड़ी देर के लिए बैठ जाओ, प्रिय पुत्र,
यहाँ खाने के लिए ये बिस्कुट हैं और पीने के लिए दूध।
लेकिन ज्योंही तुम सो लेते और मृदुल वस्त्रों में अपने को नया कर लेते, विदा के
वक़्त के चुम्बन से मैं तुम्हारा चुम्बन करता हूँ और यहाँ से तुम्हारे निकल
जाने के लिए द्वार खोल देता हूँ।

काफी दिनों तक तुमने घृणित सपने देखे हैं,
अब मैं तुम्हारी आँखों से गोंद धो देता हूँ,
तुम्हें रोशनी की चमक और अपने जीवन के हर क्षण से अभ्यस्त होना है।

डरपोक की तरह बहुत दिनों तुम तट के निकट तख़्ता पकड़ कर पानी में घुसते रहे,
अब मैं तुम्हारे लिए संकल्प करता हूँ कि एक साहसी तैराक बनो,
सागर के बीच कूद जाओ, फिर ऊपर आओ, मेरी ओर सिर हिलाओ, चिल्लाओ और
हँसते हुए अपने बालों के साथ छपाका मारो।

(47)

मल्लों का आचार्य मैं हूँ,
वह जो मेरे पार्श्व में अपने वक्ष का मुझसे अधिक विस्तार दिखलाता, मेरे ही वक्ष का
विस्तार सिद्ध करता है,
मेरी शैली का सबसे बड़ा सम्मान वह करता है इसके अन्तर्गत जो आचार्य का अंत
करना सीखता है।

वह किशोर जिसे मैं प्यार करता हूँ, वह न व्युत्पन्न शक्ति से प्रौढ़ हो जाता है, बल्कि
इसलिए कि वह स्वयं इसका अधिकारी है,
अनुरूपता के लिए या भय से वह सदाचारी बनने की जगह खल बना हुआ,
अपनी प्रिया पर मुग्ध, मांस की अपनी टिकिया का ख़ूब मज़ा लेता हुआ,
उपेक्षित प्रेम या तिरस्कार उस पर धारदार इस्पात से भी ज़्यादा गहरा घाव करता है,
अश्वारोहण में, लड़ने में, लक्ष्य-वेध करने में, नाव खेने में, गाना गाने में या बैंजो
बजाने में प्रथम कोटि,
चिकने चिबुकों वालों से ज़्यादा पसंद हैं उसे वे चेहरे जिन पर चोटों के निशान, दाढ़ी
और चेचक के गड्ढे हैं,
और वे जो धूप के ताये हैं उनसे जो धूप से बचकर रहते हैं।

मुझसे भटक कर चले जाने की शिक्षा मैं देता हूँ, किंतु कौन है जो मुझसे भटक कर
चला जाए?
इस वक़्त से आगे, चाहे तुम कोई हो, मैं तुम्हारा अनुगमन करता हूँ,
मेरे शब्द तुम्हारे कान खुजलाते रहते हैं जब तक न उनको तुम समझ लेते।

ये चीज़ें मैं ठीकरे के लिए या नाव की प्रतीक्षा का समय बिताने के लिए नहीं कहता हूँ,
(यह तो तुम हो जो ठीक मेरे जितना ही बोलते हो, मैं सिर्फ़ तुम्हारी जीभ का काम करता हूँ,
तुम्हारे मुख में जो बँधी रहती है, मेरे मुख में आकर जो बंधन-मुक्त होने लगती है।)

मैं शपथ लेता हूँ फिर कभी किसी गृह के अन्दर प्रेम या मृत्यु का नाम मैं नहीं लूँगा,
और मैं शपथ लेता हूँ कि मैं बिल्कुल ही नहीं कभी अपने को अनूदित करूँगा, सिर्फ़ उस पुरुष या नारी के लिए ही करूँगा, जो मेरे साथ अकेले में खुली हवा में ठहरे।

अगर तुम मुझे समझना चाहते हो तो शिखरों पर या सिंधु-तटों पर जाओ,
निकटतम डांस एक व्याख्या है, और लहरों की एक बूँद या तरंगों की गति एक कुंजी है,
मोंगरा, डाँड, हाथ की आरी मेरे शब्दों का अनुमोदन करते हैं,

बंद द्वारों के किसी कक्ष या पाठशाला के लिए मुझसे संवाद करना सम्भव नहीं,
किंतु, गुण्डे और छोटे बच्चे उनसे बेहतर कर सकते हैं।

नौजवान मिस्त्री मुझसे निकटतम है, वह मुझे अच्छी तरह जानता है,
लकड़हारा जो अपनी कुल्हाड़ी और घड़े के साथ निकल पड़ता है, सारे दिन मुझे अपने साथ रखता है,
खेत में हल चलाता हुआ किशोर खेत-मज़दूर मेरी आवाज़ सुनकर अच्छा महसूस करता है,
सागर पर चलते हुए जलपोतों में मेरे शब्द यात्रा करते हैं, मैं मछुआरों और नाविकों के साथ जाता हूँ और उन्हें प्यार करता हूँ।

शिविर में पड़ा या अभियान पर जाता हुआ सैनिक मेरा है,
रात्रि में आसन्न युद्ध के पूर्व बहुत सारे मुझे खोजते हैं और मैं उन्हें निराश नहीं करता हूँ,
उस महत् रात्रि में (सम्भव है यह उनकी अंतिम हो) वे जो मुझे जानते हैं, खोजते हैं।

अकेला जब आखेटक अपने कम्बल से लिपट कर सोता है, मेरे गाल उसके गालों को रगड़ते हैं,
गाड़ीवान जो मेरे विषय में सोच रहा, अपनी गाड़ी के झटके की उपेक्षा करता है,
तरुणी माँ और वृद्धा माँ मुझे समझती हैं,
किशोरी और पत्नी सूई को एक क्षण के लिए विश्राम देती हैं और भूल जाती हैं, कहाँ वे हैं,
वे और सबके सब मैंने जो उनसे कहा है, उसे दोबारा प्रारंभ करेंगे।

(48)

मैंने कहा है कि आत्मा तन से बढ़कर नहीं,
मैंने कहा है कि तन आत्मा से बढ़कर नहीं,
और कुछ भी नहीं, स्वयं ईश्वर भी नहीं, उससे बढ़कर है व्यक्ति की जो अपनी निजता है,
और दो-चार सौ क़दम जो व्यक्ति सहानुभूतिहीन चलता है, वह अपने कफ़न में लिपटा हुआ अपनी ही शवयात्रा में चलता है,
और तुम और मैं जिनके जेब में एक भी दमड़ी नहीं, पृथ्वी की सर्वोत्तम वस्तुएँ ख़रीद सकते हैं,
और मटर के एक दाने को उसकी फली के अन्दर एक आँख से देखना या दिखलाना सारे कालों के ज्ञान को हतप्रभ कर देता है,
और कोई ऐसा व्यापार या व्यवसाय नहीं, जिसमें लगा कोई युवा सूरमा न बन जाए,
और कोई भी वस्तु इतनी कोमल नहीं, जो न इस चक्रगामी ब्रह्माण्ड की नाभि बन जाए,
और मैं प्रत्येक नर और नारी से कहता हूँ; लाखों ब्रह्माण्डों के समक्ष अपनी आत्मा को शांत और प्रकृतिस्थ रखो।
और मैं मानव-जाति से कहता हूँ : ईश्वर के विषय में जिज्ञासु मत बनो,
क्योंकि मैं जो प्रत्येक के विषय में जिज्ञासु, ईश्वर के विषय में जिज्ञासु नहीं हूँ,
(शब्दों का कोई भी प्रदर्शन यह नहीं कह सकता कि ईश्वर और मृत्यु के विषय में कितने चैन से मैं हूँ।)

प्रत्येक वस्तु में मैं ईश्वर को सुनता और देखता हूँ, किंतु तनिक-भी न ईश्वर को समझ पाता,
और न यह भी समझ पाता कि कौन हो सकता है ऐसा जो मुझसे अधिक अद्‌भुत है।

क्यों मैं इस दिवस से बेहतर ईश्वर को देखने की इच्छा करूँ?
चौबीसों घण्टों में मैं प्रत्येक घण्टे और तब प्रत्येक क्षण ईश्वर का कुछ-न-कुछ देखता रहता हूँ,
नर और नारियों के चेहरों में, दर्पण के स्वयं अपने चेहरे में ईश्वर को देखता हूँ,
पथों में ईश्वर के प्रेषित पत्र मैं पाता हूँ, और उनमें से प्रत्येक ईश्वर के नाम से हस्ताक्षरित है,
और मैं उन्हें वहीं छोड़ देता हूँ जहाँ वे हैं, क्योंकि मैं जानता हूँ, जहाँ भी जाऊँगा,
नियमित समय से अन्य आयेंगे—सदा और सदा।

(49)

और जहाँ तक तुम्हारी बात है, ओ मृत्यु, और तुम्हारी, ओ नश्वरता के कटु आलिंग
मुझे डराने का तुम्हारा प्रयास व्यर्थ।

अपने काम पर बेहिचक प्रसव कराने वाला चला आता है,
उससे अनुभवी हाथ वाले को मैं दबाव डालते, थाम लेते, सहारा देते देखता हूँ,
उत्तम लोचदार द्वारों की दहलीज़ों के निकट अपने को टिका कर आराम करता हूँ
और निर्गम द्वार पर ध्यान देता हूँ, और मैं सुख और मुक्ति पर ध्यान देता हूँ।

और जहाँ तक तुम्हारी बात है, ओ शव, तुम अच्छे उर्वरक लगते हो, किंतु मैं इस
क्षुब्ध नहीं होता हूँ,
मधुर सुगंधपूर्ण और बढ़ते हुए श्वेत गुलाबों को मैं सूँघता हूँ,
पल्लवों-से अधरों का स्पर्श करता हूँ, तरबूज़ों के चमकते चिकने वक्षों को मैं छू लेता हूँ

और जहाँ तक तुम्हारी बात है, जीवन, मैं तुम्हें अनेक मृत्युओं का अवशिष्ट मानता
(इसमें संदेह नहीं मैं स्वयं इसके पूर्व दस हज़ार बार मर चुका हूँ।)

ओ आकाश के तारो, मैं तुम्हें वहाँ कानाफूसी करते हुए सुनता हूँ,
ओ सूर्यो, ओ क़ब्रों की घास—ओ अनवरत स्थानान्तरणो और प्रोन्नतियो,
अगर तुम कुछ नहीं कहते हो, कैसे मैं कुछ कह सकता हूँ?

पतझड़ के जंगल के विषय में जो पंकिल सर स्थित है,
सरसराती गोधूलि की गहराइयों के विषय में जिनमें चाँद उतरता है।
दिन और संध्या की चिनगारियो, कूड़ा-करकट में सड़ रही स्याह टहनियों पर उछल
सूखे हुए अंगों के कराहते अर्थहीन शब्दों पर उछलो।

चाँद से ऊपर मैं चढ़ता हूँ, रात्रि से ऊपर मैं चढ़ता हूँ,
मुझे बोध होता है कि यह भयावह झिलमिलाहट मध्याह्न की सूर्य-किरणों
प्रतिबिम्बन है,
और महान् या तुच्छ संततियों से स्थिर और केंद्रीय तत्त्व तक निकल जाता हूँ।

(50)

मेरे अन्दर वह है—नहीं जानता वह क्या है—किंतु यह जानता हूँ मेरे अन्दर वह है।

विपर्यस्त और स्वेदयुक्त—शांत और शीतल तब मेरा तन होता है,
सोता हूँ, देर-देर तक मैं सोता हूँ।

मैं नहीं जानता हूँ उसे—नामहीन वह है—वह एक अनुच्चारित शब्द,
वह किसी शब्द-कोश, कथन, प्रतीक में नहीं।

कोई चीज़ है जिस पर वह उससे ज़्यादा झूलता है, जितना मैं पृथ्वी पर झूलता हूँ,
उसके लिए सृष्टि एक सुहृद है, जिसका आलिंगन मुझे जगा देता है।

शायद मैं इससे अधिक कह सकता था। रूपरेखाएँ! अपने भाइयों और बहनों के लिए
मैं याचना करता हूँ।

क्या तुम देखते हो, ओ मेरे भाइयो और बहनो?
यह आदि-शून्य या मृत्यु नहीं—यह रूप, विलयन, योजना है—यह अनन्त जीवन
है—यह सुख है।

(51)

विगत और वर्तमान विवर्ण होते हैं—मैंने उन्हें पूरित, रिक्त किया है,
और मैं अपने भावी की अगली परत भरने को अग्रसर होता हूँ।

वहाँ जो ऊपर हो, सुनने वाले! क्या है वह गोपनीय बात जिसे तुम मुझे बताना चाहते
हो?
मेरे चेहरे को ध्यान से देखो जब मैं संध्या की तिरछी, दुबकी हुई झिलमिलाहट का
अंत कर देता हूँ,
(ईमानदारी से बात करो, अन्य कोई तुम्हें नहीं सुनता है, और मैं मात्र एक पल और
ठहरने वाला हूँ।)
क्या मैं अपना खण्डन करता हूँ?

ठीक है तब, मैं अपना खण्डन करता हूँ,
(वृहदाकार मैं हूँ, मुझमें भीड़ रहती है।)

अपना ध्यान उन पर मैं केंद्रित करता हूँ, जो मेरे निकट हैं, मैं दहलीज़ पर प्रतीक्षा करता हूँ।

किसने दिन का अपना काम ख़त्म कर लिया है? कौन जल्द से जल्द अपना दोपहर का भोजन ख़त्म कर लेना चाहता है?
कौन है जो मेरे साथ बात करना चाहता है?

मेरे प्रस्थान कर जाने के पहले क्या तुम बोलोगे? क्या तुम सिद्ध करोगे कि पहले ही तुमने बहुत देर कर दी है?

(52)

चितकबरा बाज़ पार्श्व में नीचे टूट कर चला आता है और मुझ पर आरोप लगाता है, मेरी वाचालता और यायावरी की शिकायत करता है।

मैं भी तनिक-सा पालतू नहीं हो पाया, मेरा भी अनुवाद करना असम्भव है,
मैं अपनी बर्बर टें-टें दुनिया की छतों के ऊपर सुनाता हूँ।

दिन की आख़िरी तरंग मेरे लिए विलम जाती है,
जैसे अन्यों के वैसे ही मेरा प्रतिरूप प्रक्षेपित करती है, वैसा ही प्रामाणिक जैसा छायादार विजन भूखण्डों में कोई अन्य,
यह मुझे बहला कर ओस और धुँधलके के पास ले जाती है।

हवा की तरह मैं विदा होता हूँ, अपने सफ़ेद बाल भगोड़े सूरज को हिलाकर दिखाता हूँ,
भँवरों में मैं अपने तन को उल्लसित नचाता और उसे इधर-उधर लहराता प्रवाहित करता हूँ।

गंदगी को मैं अपना दान करता हूँ, ताकि उस घास में उग पाऊँ जो मुझे प्रिय है,
अगर तुम फिर मुझे चाहते हो तो मुझे अपने जूतों के तल्लों के नीचे ढूँढ़ो।
शायद ही तुम जान पाओगे कौन मैं हूँ या क्या मेरा आशय है,

फिर भी तुम अपने लिए मुझे अच्छा स्वास्थ्य पाओगे,
और मैं तुम्हारे रक्त को छान कर साफ़ और ताक़तवर बनाऊँगा।

प्रारंभ में अगर तुम मुझे पकड़ लाने में विफल रहो, तो भी अपना उत्साह क़ायम रखो,
अगर मैं एक स्थान पर न तुम्हें मिल पाऊँ, तो मुझे किसी अन्य स्थान पर ढूँढ़ो,
कहीं रुककर मैं तुम्हारा इन्तज़ार करता हूँ।

(1855) **(Song of Myself, 1881)**

आदम की सन्तानें
Children of Adam

संसार के उपवन में

संसार के इस उपवन में पुनः ऊपर उठकर,
शक्तिमान दम्पतियों, पुत्रियों, पुत्रों की अग्रिम सूचनाएँ मैं तुम्हारे निकट लाता हूँ,
उनके प्रेम, उनके तन के, जीवन का, आशय और अस्तित्व बनकर,
उत्सुकता से तुम मुझे देखो यहाँ, निद्रा के बाद मैं फिर जी उठा हूँ,
विस्तृत परिधि में घूमता हुआ कालचक्र लौटाकर मुझे फिर यहाँ लाया है,
कामातुर, प्रौढ़, सब कुछ सुंदर, सब कुछ अद्‍भुत,
मेरे अंग और उनमें हमेशा लहराती ज्वाला—उसका प्रयोजन है—वह अत्यंत अद्‍भुत है,
अस्तित्व धारण कर सदा मैं सावधान बढ़ता हूँ, प्रवेश करता हूँ,
वर्तमान से मैं संतुष्ट, मैं हूँ अतीत से संतुष्ट,
मेरी प्रिया हौवा, पार्श्व में या पीछे लगी साथ चली आती है,
या कभी आगे हो जाती है, और मैं उसी तरह उसका अनुगामी होकर चलता हूँ।

(1860) **(To the Garden the World, 1867)**

अवरुद्ध विकल सरिताओं से

अवरुद्ध विकल सरिताओं से,
स्वयं अपने उससे जिसके बिना मैं कुछ भी नहीं,
उससे जिसे गौरवान्वित करने का संकल्प मैंने किया है, मानव-समाज में चाहे अकेला
हो जाऊँ,
स्वयं अपनी गूँजती हुई वाणी से, लिङ्ग के गीत गाता हुआ,

प्रजनन के गीत गाता हुआ,
अनुपम शिशुओं की अपेक्षा और उसमें निहित अनुपम वयस्कों के गीत गाता हुआ,
स्नायुओं के प्रबल आवेग और मिलन के गीत गाता हुआ,
पर्यंक-सहचर के गीत गाता हुआ, (ओ, दुर्निवार लालसा ओ!
ओ, किसी एक को या प्रत्येक को आकर्षित करता हुआ तन परस्पर-संबद्ध!
ओ, तुम्हारे निमित्त, चाहे तुम कोई हो, तुम्हारा परस्पर-संबद्ध तन! धन्य यह जो अन्य सारी वस्तुओं से तुम्हें अधिक सुख देता है!)
रात-दिन मुझे कुतर कर खाती हुई क्षुधा से,
नैसर्गिक क्षणों से, संकुचित पीड़ाओं से, उनके गीत गाता हुआ,
अब तक अप्राप्त उस वस्तु का संधान करता हुआ, जिसे मैंने कितने ही दीर्घ वर्षों तक श्रम करके ढूँढ़ा है,
रह-रह कर अस्त-व्यस्त आत्मा का यथार्थ गान करता हुआ,
स्थूलतम प्रकृति के साथ या पशुओं के बीच उद्‍बुद्ध होता हुआ,
उसका, उनका और उनके गुणों का अपनी कविताओं में संचार करता हुआ,
सेबों और नीबुओं की गंध का, और पक्षियों के युग्मन का,
वनों की आर्द्रता का, लहरों के तरल संगीत का,
तट पर तरंगों के विक्षिप्त प्रहारों का, इनका गीतों में उच्चार करता हुआ,
पूर्वरंग मंद स्वर में प्रस्तुत करता हुआ, राग का अनुमान करता हुआ,
स्वागत निकटता, सम्यक सुघर तन का अवलोकन कर,
कुण्ड में तैराक नग्न तैरता, या अपनी पीठ के बल गतिहीन लेटा और तिरता हुआ,
नारी का रूप निकट आता हुआ, मन में गुनता हुआ, मेरा प्रणयी तन थरथराता, काम से पीड़ित हुआ,
अपने लिए या तुम्हारे लिए या किसी व्यक्ति के लिए दिव्य सूची बनाता हुआ,
मुख, अवयव, आपाद-शीश संकेत, और उससे जो कुछ भी स्फुरित होता है,
गूढ़ सन्निपात, कामोन्माद, पूर्ण आत्म-समर्पण,
(मेरे निकट आकर अब चुपचाप सुनो, जो तुम्हारे कानों में फुसफुसाता हूँ,
प्यार करता हूँ तुम्हें, अरे, पूरी तरह से तुम्हारे अधीन,
अरे, आओ हम दोनों निकल चलें, अन्यों से पूरी तरह दूर स्वच्छंद, नियमहीन,
व्योम में दो बाज़ या सिंधु में तिरते हुए दो मीन—हमसे बढ़कर न नियमहीन;)
मेरे अंतर में क्रुद्ध झंझा वेग से चलती हुई, मैं कामावेग से थरथर काँपता हुआ,
एक साथ हम दोनों की अवियोज्यता की शपथ, शपथ उस नारी की जो मुझे प्यार करती है, और जिसे मैं प्राणों से अधिक प्यार करता हूँ यह शपथ मैं लेता हुआ,
(अरे, मैं स्वेच्छा से सर्वस्व तुम्हारे निमित्त दाँव पर लगा देता,

अरे, अगर डूबना ही है, तो मुझे डूब जाने दो!
अरे, तुम और मैं! हमें क्या लेना है इससे कि दूसरे क्या करते हैं, कहते हैं?
और सब बातों से हमें क्या लेना है? केवल हम एक दूसरे का आनंद लें, एक दूसरे को श्लथ कर दें, अगर यही होना है;)
उस कर्णधार से, चालक से जिसे मैं अपना पोत समर्पित कर देता हूँ,
उस सेनानायक से जो मुझे आदेश देता, सबको आदेश देता है, उससे अनुमति प्राप्त करता हुआ,
अपने कार्यक्रम के लिए समय को वेग देता हुआ (वैसे ही मैंने इधर-उधर बहुत चक्कर मारा है,)
काम से, ताने से और बाने से,
अपनी एकांतता से, अपनी एकाकी क्षुब्धताओं से,
अपने निकट खड़े असंख्य व्यक्तियों से, किंतु फिर भी जिनमें मेरा वांछित व्यक्ति नहीं;
अपने तन पर फिरते हुए स्निग्ध हाथों से और मेरे बालों में, मेरी दाढ़ी में फिरती हुई उँगलियों से,
मुख या वक्ष पर देर तक आरोपित रहे चुंबनों से,
उन आलिंगनों की प्रगाढ़ता से, जो मुझे या किसी अन्य को नशे में चूर, अतिरेक से मूर्च्छित कर दें,
उससे जो दिव्य पति जानता है, पितृत्व के कर्म से,
उल्लास, विजय और विश्राम से, रात्रि में पर्यंक-सहचर के आलिंगन से,
नेत्रों, भुजाओं, नितम्बों, और वक्षों की क्रिया-कविताओं से,
काँपती भुजा के बंधन से,
नमित अंग-भंगी, और एकतनता से,
एक दूसरे के पार्श्व में विनम्र आवरण को दूर फेंक देने से,
उससे जो इतना अनिच्छुक है अपने से मेरे पृथक होने का, और मैं भी जिससे पृथक होने का अनिच्छुक हूँ,
(फिर भी एक क्षण मात्र, ओ मधुर प्रतीक्षक, और मैं लौटूँगा),
चमकते सितारों और ओसकणों के गिरने के प्रहरों से,
निशा से निमिष भर में क्षिप्रगति से निकलता हुआ,
तुम्हारी प्रशस्ति मैं गाता हूँ दिव्य कर्म, और प्रस्तुत हो रहे शिशुओ,
और तुम हृष्ट-पुष्ट कटियो।

(1860) **(From Pent-up Aching Rivers, 1881)**

मैं विद्युतीय तन का गान करता हूँ

(1)

मैं विद्युतीय तन का गान करता हूँ,
जिन्हें मैं प्यार करता हूँ उनकी सेनाएँ कसकर मुझे चिपकाए हैं और मैंने कसकर उन्हें घेर रखा है,
जब तक मैं उनके साथ नहीं जाता, उन्हें उत्तर नहीं देता, वे मुझे छोड़ने वाले नहीं,
जबतक उन्हें विकारहीन नहीं करता, और उन्हें पूरी तरह आत्मा के विद्युत से आवेशित नहीं करता।

इसमें क्या संदेह किया गया कि जो अपना तन विकृत करते हैं, अपने को छिपा लेते हैं?
और इसमें कि जो जीवितों को कलुषित करते हैं उतने ही बुरे हैं, जितने वे जो दिवंगतों को कलुषित करते हैं?
और इसमें कि तन पूरा उतना नहीं करता जितना आत्मा करती है?
और अगर तन है आत्मा नहीं, तो आत्मा क्या है?

(2)

पुरुष या नारी के तन से प्रेम वर्णन के लिए सम्भव नहीं, स्वयं तन का वर्णन सम्भव नहीं,
पुरुष का अनिन्द्य है, नारी का अनिन्द्य।

चेहरे के भाव का वर्णन सम्भव नहीं,
किंतु रचना में सुंदर एक पुरुष का भाव केवल उसके चेहरे में ही नहीं दीखता है,
यह उसके अंगों और जोड़ों में भी रहता है, अद्भुत है कि यह उसके कूल्हे और कलाइयों के जोड़ों में रहता है,
यह उसके क़दमों, उसकी गर्दन के वहन, उसकी कमर और घुटनों की लचक में रहता है, वस्त्र उसे छिपाता नहीं है।
उसका सबल मधुर गुण सूती कपड़े और बनात भेद कर प्रकट होता है,
उसका सामने से गुज़रना उतना ही सम्प्रेषित करता है जितना सर्वोत्तम कविता करती है, शायद उससे ज़्यादा,
कोई भी व्यक्ति उसकी पीठ, उसकी गर्दन को पीछे से और उसके कंधे को बग़ल से देखने के लिए बिलम जाता है।

शिशुओं का घुटनों के बल चलना, पूरी तरह खड़ा होना, औरतों के स्तन और सिर,
उनके वस्त्रों की तहें, उनकी शैली जिसे हम गलियों से गुज़रते हुए देखते हैं,
नीचे की ओर तक उनकी आकृति की रूपरेखा,
तैराकी के तालाब में नग्न तैराक, पारदर्शी हरी चमक के मध्य तैरते हुए, या अपना
चेहरा ऊपर किये लेटे रहते और लहराते पानी में इधर-उधर चुपचाप लोटते-पोटते
हुए जैसा दीखता है,
नावों को खेते हुए खेने वालों का आगे और पीछे झुकना, घुड़सवार काठी पर बैठा हुआ,
अपने कामों में लगी हुई लड़कियाँ, माताएँ, गृहस्थिनें, अपने सारे क्रिया-कलापों के बीच,
दोपहर के समय अपने खाने के डिब्बे खोल कर बैठे हुए मज़दूरों की टोली और
प्रतीक्षा करती हुई उनकी पत्नियाँ,
औरत बच्चे को सहलाती हुई, कृषक की लड़की वाटिका या सूअरों के बाड़े में,
फ़स्ल का खेत गोड़ता हुआ नौजवान, भीड़ के बीच स्ले-चालक का अपने छः घोड़ों
को चलाना,
पहलवानों की कुश्ती, दो नौसिखिये किशोर, काफी बड़े, लालायित, स्वभाव में मधुर,
देशज, सूर्यास्त समय काम के बाद, रिक्त स्थान पर निकले हुए,
नीचे फेंके जा रहे कोट और टोपियाँ, प्यार का आलिंगन और प्रतिरोध,
ऊपर की पकड़ और नीचे की पकड़, बाल अस्त-व्यस्त और आँखों को ढँकते हुए;
दमकल वाले अपनी ख़ास पोशाकों में मार्च करते हुए; साफ़-सुथरे बैठे हुए पतलूनों
और कमर की पेटियों के साथ पौरुषपूर्ण मांसपेशियों का खेल;
आग से धीमे-धीमे लौटते हुए, जब सहसा घंटी फिर टनटनाने लगती है, रुक जाना,
और सावधान होकर सुनना;
सहज, दोषरहित, विविध मुद्राएँ, झुका हुआ सिर, टेढ़ी गर्दन और गिनती;
ऐसी चीज़ें मुझे प्रिय हैं—अपने को मुक्त छोड़ देता हूँ, स्वच्छंद गुज़रता हूँ, और छोटे
शिशु के साथ माँ के स्तन चूसता हूँ,
तैराकों के साथ तैरता हूँ, पहलवानों के साथ लड़ता हूँ, दमकल वालों के साथ
पंक्तिबद्ध मार्च करता हूँ, और रुकता हूँ, सुनता हूँ, गिनता हूँ।

(3)

मैं एक आदमी को जानता था, एक साधारण किसान, पाँच पुत्रों का पिता,
और उनमें पुत्रों के पिता, और उनमें पुत्रों के पिता।

इस आदमी में अद्भुत तेजस्विता, शांति और तन की सुन्दरता थी,

उसके सिर की शक्ल, उसके बालों और दाढ़ी का हल्का पीलापन और श्वेत रंग,
उसकी काली आँखों का मापहीन अर्थ, उसके आचरण की विपुलता और विस्तार,
इन्हें देखने के लिए मैं उसके पास जाया करता था, वह बुद्धिमान भी था,
छः फीट वह लम्बा था, अस्सी से ज़्यादा उसकी आयु रही, उसके पुत्र विशालकाय,
स्वच्छंद, दाढ़ी रखे, तपे हुए चेहरों वाले और सुंदर थे,
वे और उनकी पुत्रियाँ उसे प्यार करती थीं, जो भी उसे देखता था, उसे प्यार करता था,
वे उसे दिखावे के लिए नहीं प्यार करते थे, वे उसे आत्मीयता से प्यार करते थे,
वह सिर्फ़ पानी पीता था, और उसके चेहरे की स्वच्छ, भूरी त्वचा से लाल, गहरा नया
रक्त दिखलायी पड़ता था,
अक्सर वह बंदूक से शिकार करने और मछलियाँ मारने के लिए निकल पड़ता था,
अपनी नाव खुद ही वह खेता था, एक जहाज़ बनाने वाले ने एक अच्छी-सी
उसे भेंट में दी थी, और ऐसे लोगों ने, जो उसे प्यार करते थे, चिड़ियों के
फँसाने के सामान भेंट किये थे,
जब वह शिकार पर या मछलियाँ मारने के लिए अपने पाँच पुत्रों और पोतों के साथ
जाता था, कोई भी उसे उस टोली में सबसे सुंदर और कर्मठ व्यक्ति के रूप
में पहचान सकता था,
किसी को भी उसके साथ देर-देर तक रहने की इच्छा होती थी, कोई भी उसके साथ
नाव में सट कर बैठना चाहता था ताकि वे एक दूसरे को छूते रहें।

(4)

मैंने बोध किया है कि उनके साथ होना, जिन्हें मैं प्यार करता हूँ, काफी है,
अन्यों के साथ संध्या समय रुक जाना काफी है,
सुन्दर, जिज्ञासु, साँस लेते और हँसते हुए तनों से घिरे होना काफी है,
उनके बीच से होकर गुज़रना या उनमें से किसी का स्पर्श करना, या किसी पुरुष या
नारी के गले में एक क्षण के लिए अपनी भुजाएँ डाल देना, जितने हल्केपन से
हो सही, कहो, यह क्या है?
इससे बढ़कर सुख की मांग मैं नहीं करता, मैं उसमें, जैसे किसी सागर में, तैरता हूँ।

पुरुषों और नारियों के निकट रुके रहने और उन्हें देखते जाने और उन्हें छूने और
उनकी महक में कुछ है, जो आत्मा को अच्छी तरह प्रसन्न करता है,
सारी चीज़ें आत्मा को प्रसन्न करती है, किंतु ये आत्मा को अच्छी तरह प्रसन्न करती हैं।

(5)

यह रूप नारी का है,
सिर से पाँव तक उससे दिव्य प्रभामण्डल व्यक्त होता है,
दारुण दुर्निवार आकर्षण से वह आकृष्ट करता है,
उसकी साँस से मैं इस तरह उसकी तरफ़ खिंचता जाता हूँ, जैसे मैं असहाय वाष्प से
ज़्यादा नहीं, मेरे और इसके सिवा सब कुछ पीछे छूट जाता है,
पुस्तकें, कला, धर्म, काल, गोचर और ठोस पृथ्वी, और जो स्वर्ग से अपेक्षित था या
नरक से डरा जाता है, अब समाप्त हो जाते हैं,
उन्मत्त तंतु, नियन्त्रणहीन अंकुर क्रीड़ा करते हुए उसमें से बाहर निकलते हैं, उसी
तरह प्रतिक्रिया नियंत्रणहीन होती है,
बाल, वक्ष, नितम्ब, पाँवों के मोड़, असावधान गिरते हुए हाथ—सभी छितराये हुए, मेरे
भी छितराये हुए,
भाटे को डंक मारता ज्वार और ज्वार को डंक मारता भाटा, प्रणय के अंग में स्फीति
और रुचिकर पीड़ा,
प्रेम के असीम स्वच्छ फौवारे, तापमय और प्रचुर, प्रेम का काँपता अवलेह, श्वेत
आघात और उन्मत्त रस,
लेटी हुई उषा के भीतर वर के प्रणय की रात, अचूकता और कोमलता से काम करती हुई,
तत्पर और अनुकूल दिन में थरथरा कर बदलती हुई,
आलिंगन करते हुए और मधुर-मांसल दिन के विवर में खोयी हुई।

नाभिक यही है—नारी से बच्चे का जन्म होने के बाद, आदमी का जन्म नारी से होता है,
जन्म का यही स्नानागार, छोटी और बड़ी चीज़ों का विलयन, और पुनः निर्गमन-द्वार।

लज्जित मत हो, नारियो, तुम्हारा विशेषाधिकार शेष को परिबद्ध करता है, और शेष
का निर्गमन-द्वार,
तुम हो तन का प्रवेश-द्वार, और तुम हो आत्मा का प्रवेश-द्वार।

स्त्री में सभी गुण होते हैं और वह उन्हें तपा देती है,
जहाँ उसे होना है वहाँ पर वह रहती है और वह पूर्ण संतुलन के साथ चलती-फिरती
रहती है,
आवश्यक आवरण में वह सारी चीज़ें हैं, वह निष्क्रिय और कर्मठ दोनों है,
उसे अपने गर्भ में पुत्रियाँ और पुत्र धारण करने हैं, और पुत्र और पुत्रियाँ।

जब मैं अपनी आत्मा को प्रकृति में प्रतिबिम्बित देखता है,
जब मैं कुहरे के पार देखता हूँ, एक जिसमें अकथनीय पूर्णता, विवेक, सुन्दरता है,
तो सिर झुकाए और वक्ष पर भुजाएँ मोड़े हुए स्त्री को देखता हूँ।

(6)

पुरुष आत्मा से न घटकर या बढ़कर है, जहाँ उसे होना है वहाँ वह है,
वह भी समस्त गुण है, कर्म और शक्ति वह है,
ज्ञात विश्व का आवेग उसमें है,
तिरस्कार उसमें अच्छी तरह शोभनीय लगता है, और क्षुधा और अवज्ञा उसमें अच्छी
तरह शोभनीय लगती हैं,
सबसे नियंत्रणहीन विशालतम भावावेश, चरम आनंद, चरम दुःख उसमें अच्छी तरह
शोभनीय लगते हैं, अभिमान उसके लिए है,
पुरुष में अपने आयाम में पूर्ण अभिमान शांतिदायक और आत्मा के लिए उत्तम होता है,
ज्ञान उसमें शोभनीय लगता है, वह उसे सदा पसन्द करता है, वह स्वयं अपने निकष
पर हर वस्तु लाता है,
जो भी सर्वेक्षण हुआ है, जो भी समुद्र और जलपोत, यहाँ ही वह उनकी गहराई माप
लेता है,
(इसके सिवा और कहाँ वह गहराई की माप लेता है?)

पुरुष का तन पावन है, नारी का तन पावन है,
जो भी हो, कोई भी फ़र्क नहीं पड़ता, पावन है यह—क्या वह श्रमिकों की टोली में
अधमतम है?
क्या यह उदास चेहरे वाले आप्रवासियों में कोई है, अभी-अभी जो घाट पर उतरा है?
हर एक यहाँ का है या कहीं का है, उतना ही जितना सम्पन्न व्यक्ति, उतना ही
जितने तुम हो,
हर एक के लिए जुलूस में जगह है।

(सब कुछ है एक जुलूस,
नियमित और अनिंद्य गति के साथ विश्व भी है एक जुलूस।)

क्या तुम स्वयं इतना अधिक जानते हो कि अधमतम को अनभिज्ञ कहते हो?
क्या तुम सोचते हो दर्शनीय स्थान पर तुम्हारा ही अधिकार, और उस पुरुष या स्त्री

का दर्शनीय स्थान पर कोई अधिकार नहीं?
क्या तुम सोचते हो कि भूत अपने बिखरे प्रवाह से आकर एक दूसरे से संसक्त हुए
और मृदा धरातल पर है, और जल प्रवाहित होता है और वनस्पतियाँ अंकुरित
होती हैं,
केवल तुम्हारे लिए, और उस पुरुष या स्त्री के लिए नहीं?

(7)

एक पुरुष का तन नीलाम हो रहा,
(क्योंकि युद्ध के पूर्व मैं अक्सर दासों के बाज़ार में जाता और विक्रय का दृश्य देखता हूँ)
नीलामी करते हुए व्यक्ति की मैं सहायता करता हूँ, फूहड़ को अपने काम की आधी
भी जानकारी नहीं।

सज्जनवृंद इस अजूबा को देखते हैं,
बोली बोलने वालों की बोलियाँ जितनी भी ऊँची हों, वे इसके लिए नहीं काफी हैं,
इसके लिए भूमण्डल ने बिना किसी पशु या पौधे के खरबों वर्षों तक प्रतीक्षा की,
इसके लिए परिक्रमा करते वृत्त सच्चे अर्थों में और निरंतरता से घूमते रहे हैं।

इस सिर में सबको चकरा देने वाला मस्तिष्क
इसमें और इसके नीचे नायकों की रचना के तत्त्व।

इन अंगों को ग़ौर से देखो, लाल, स्याह, या सफ़ेद, वे नसों और स्नायुओं में चालाक,
वे नग्न कर दिये जाएँगे ताकि तुम उन्हें देख पाओ।

अन्यतम बोध, जीवनोल्लास से चमकती हुईं आँखें, साहस, संकल्प-शक्ति,
वक्ष की मांसपेशी की कोमल परतें, लचीली रीढ़ और गर्दन, थलथला तन नहीं, अच्छी
लम्बी बाँहें और टाँगें,
और वहाँ अन्दर अभी और अजूबे।

वहाँ भीतर रक्त प्रवाहित,
वही पुराना रक्त! वही लाल प्रवाहित रक्त!
वहाँ एक हृदय है जो उमड़ता और एक फौवारा निसृत करता है, वहाँ सारे आवेग,

इच्छाएँ, पहुँचें और महत्वाकांक्षाएँ रहती हैं,
(तुम क्या सोचते हो कि ये वहाँ नहीं हैं, क्योंकि इनका ज़िक्र बैठकों और व्याख्यान-कक्षों में नहीं होता?)

यह आदमी सिर्फ़ एक नहीं, यह व्यक्ति उनका पिता है जो अपनी बारी आने पर पिता होंगे,
उससे सघन जनसंख्या के राज्यों और समृद्ध गणतंत्रों का प्रारम्भ,
उसके असंख्य अमर जीवन हैं, जिनमें असंख्य साक्षात रूप और सुख हैं।

कैसे तुम बता सकते हो कि सदियों के गुज़रने के साथ उसकी संतान की संतान से कौन आएगा?
(अगर तुम सदियों के पीछे झाँको तो कैसे तुम बता सकते हो कि स्वयं तुम किससे आये हो?)

(8)

एक औरत का तन नीलामी पर,
वह भी सिर्फ़ स्वयं तक सीमित नहीं, वह माताओं की असंख्य माता है,
उनका वहन वह करती है जो विकास पायेंगे और माताओं के पति होंगे।

क्या तुमने कभी किसी औरत के तन से प्यार किया है?
क्या तुमने कभी किसी पुरुष के तन से प्यार किया है?
क्या तुम यह नहीं देखते हो कि सारी पृथ्वी पर सारी जातियों में और सारे समय ये सबके लिए बिलकुल एक जैसे रहे?

अगर कोई वस्तु पावन है तो मानव का तन पावन है,
मानव की सारी महिमा और मधुरता निष्कलंक पुरुषत्व का प्रतीक होती है,
और पुरुष या नारी में स्वच्छ, सबल, दृढ़ स्नायु का तन सुंदर चेहरे से बढ़कर सुन्दर है।

तुमने क्या उस मूर्ख पुरुष को देखा है जिसने अपना तन विकृत किया? या उस नारी को जिसने अपना तन विकृत किया?
क्योंकि वे अपने को छिपाते नहीं, और अपने को छिपाने में सक्षम नहीं।

(9)

ओ मेरे तन! मुझमें साहस नहीं कि अन्य पुरुषों और नारियों में तुम्हारे जैसे जो हैं या
तुम्हारे अंगों के जैसे जो हैं, उन्हें मैं परित्यक्त कर डालूँ,
मेरा विश्वास है कि तुम्हारे जैसे जो हैं, वे आत्मा के जैसे जो हैं उनके साथ खड़े रह
जाएँगे या गिर पड़ेंगे (और यह कि आत्मा वे ही है),
मेरा विश्वास है कि तुम्हारे जैसे जो हैं, वे मेरी कविताओं के साथ खड़े होंगे या गिर
जाएँगे और यह कि मेरी कविताएँ वे ही हैं,
पुरुष, नारी, शिशु, युवा, पत्नी, पति, माँ, पिता, युवा पुरुष, युवा नारी की कविताएँ,
सिर, गर्दन, बाल, कान, कानों की लोलकी और कान का परदा,
आँखें, आँखों के किनारे, आँखों के तारे, और पलकों का जागना या सोना,
मुँह, जीभ, होंठ, दाँत, मुँह का तालू, जबड़े और जबड़ों की चूलें,
नाक, नाक के नथुने, और उनका विभाजन,
गाल, कनपटी, भाल, ठुड्ढी, कंठ, गर्दन का पृष्ठभाग, गर्दन का वेग से घूम जाना,
मज़बूत कंधे, पुरुषोचित दाढ़ी, स्कंध-अस्थि, स्कंधों का पृष्ठभाग, और छाती की
पार्श्वगत विस्तृत परिधि,
कोहनी के ऊपर की बाँह, काँख, कोहनी का सॉकेट, कोहनी के नीचे की बाँह, बाँहों
की शक्ति, बाँहों की अस्थियाँ,
कलाई, कलाई के जोड़, हथेली, उँगलियों की गाँठें, अँगूठा, तर्जनी, उँगलियों के जोड़,
उँगलियों के नाखून,
सामने से चौड़ा वक्ष, वक्ष के घुँघराले बाल, वक्ष की अस्थि, वक्ष का पार्श्व,
पसलियाँ, पेट, रीढ़, रीढ के जोड़,
कूल्हे, कूल्हों के सॉकेट, कूल्हों की शक्ति, भीतर और बाहर की तरफ़ गोल, पुरुष के
अण्डकोश, पुरुष का मूल,
दोनों मज़बूत जाँघें, धड़ का भार अच्छी तरह वहन करती हुईं,
टाँगों के तन्तु, घुटना, घुटने की चक्की, टाँग का ऊपरी भाग, टाँग का निचला भाग,
टख़ना, पिचिण्डिका, पैरों की उँगलियाँ, पैरों की उँगलियों के जोड़, एड़ी;
सारी मुद्राएँ, सारी सुघरता, मेरे या तुमहारे तन की या किसी भी व्यक्ति के तन की
सम्पत्तियाँ, चाहे वह पुरुष हो या स्त्री हो,
फेफड़े के स्पंज, आमाशय की थैली, मधुर और स्वच्छ आँतें,
खोपड़ी के अन्दर तहदार मस्तिष्क,
सहानुभूतियाँ, हृदय के वाल्व, तालू के वाल्व, कामुकता, मातृत्व,
नारीत्व, और वह सब कुछ जो नारी है, और पुरुष जो नारी से प्रकट होता है,

गर्भाशय, स्तन का अग्रभाग, नीबियाँ, स्तन का दूध, आँसू, हँसी, रुदन, प्रेम-दृष्टि, प्रेम
की उद्विग्नताएँ और उदय,
वाणी, उच्चारण, भाषा, कानाफूसी, ज़ोर से चिल्लाना,
भोजन, पान, नाड़ी, पाचन, स्वेद, निद्रा में घूमना-फिरना, तैरना,
कूल्हों पर संतुलन, उछलना, लेटना, आलिंगन, भुजाएँ घुमाना और उनमें कसकर बाँध लेना,
मुँह के लचीलेपन में और आँखों के चतुर्दिक रह-रह कर परिवर्तन,
त्वचा, धूप में तपी छाया, चकत्ते, बाल,
वह अजीब-सी सहानुभूति जो कोई व्यक्ति अनुभव करता है जब वह अपना हाथ तन
के नग्न मांस पर फिराता है,
साँस की चक्कर मारती नदियाँ, और उसे भीतर खींचना और बाहर करना,
कमर की और उसके आगे कूल्हों की सुन्दरता, और वहाँ से नीचे घुटनों की ओर,
पतली रक्तिम जेली जो तुम्हारे भीतर या मेरे भीतर है,
अस्थियाँ और अस्थियों में मज्जा,
स्वास्थ्य का अन्यतम बोध,
अरे, मैं कहता हूँ ये मात्र तन की नहीं, बल्कि आत्मा के अंग और कविताएँ हैं,
अरे, मैं कहता हूँ कि ये ही आत्मा हैं।

(1855) **(I Sing the Body Electric, 1881)**

मेरी प्रतीक्षा में एक नारी बैठी है

मेरी प्रतीक्षा में एक नारी बैठी है, सब कुछ है उसमें, कोई अभाव नहीं,
किन्तु यदि उसमें काम का अभाव होता, या किसी योग्य नर की आर्द्रता का अभाव
होता, सब कुछ का अभाव होता।

काम में सब कुछ है—तन, आत्मा,
अर्थ, प्रमाण, शुचिताएँ, मृदुलताएँ, फल, प्रवर्तन,
गान, उपदेश, स्वास्थ्य, गर्व, मातृत्व का रहस्य, शुक्रीय दुग्ध,
सारी आशाएँ, उपकार, दान, सारी वासनाएँ, प्रणय, सुन्दरताएँ, पृथ्वी के आनन्द,
सारी सरकारें, न्यायाधीश, देवता, वे व्यक्ति पृथ्वी पर जिनका अनुगमन होता है,
सबके सब काम में निहित हैं, इसके ही अंग जैसे, इसके ही औचित्य।

वह नर मुझे प्रिय है जो निस्संकोच अपने काम का बोध और उसकी रुचिरता की
प्रकट स्वीकृति करता है,

वह नारी मुझे प्रिय है जो निस्संकोच अपने काम का बोध और उसकी प्रकट स्वीकृति
करती है।

अब मैं निरावेग नारियों से अपने को दूर रखूँगा।
जाऊँगा, उसके साथ ठहरूँगा जो मेरी प्रतीक्षा करती है, और उन नारियों के साथ
जिनका रक्त उष्ण है और जो मुझे तृप्त कर पायें।

रत्ती भर भी वे मुझसे कम नहीं,
उनके मुख प्रखर रवियों और आँधियों से तपे ताम्र हैं,
उनके तन प्राचीन दिव्य लास्यता से पूर्ण और शक्तिशाली हैं,
उन्हें सब ज्ञात है—तैरना, खेना, अश्वारोहण, मल्लयुद्ध, लक्ष्यवेध, दौड़ना, चोट करना,
पीछे हटना, आगे बढ़ना, रोकना, अपनी रक्षा करना,
अपने नारीत्व में वे स्वतःपूर्ण हैं—शांत, स्वच्छ और स्वयं की पूर्ण स्वामिनी हैं।

मैं तुम्हें अपने निकट खींच लाता हूँ, ओ तुम नारियो,
मैं तुम्हें जाने की अनुमति नहीं दूँगा, मुझसे तुम्हें लाभ होगा,
तुम्हारे निमित्त मैं हूँ और तुम मेरे निमित्त, मात्र एक दूसरे के निमित्त नहीं, वरन् अन्यों
के निमित्त भी,
मुझसे बड़े सूरमा और चारण तुममें बंद सोते हैं,
मुझे छोड़ अन्य किसी व्यक्ति के स्पर्श से जाग्रत होना उन्हें स्वीकार नहीं।

देखो, ओ नारियो, यह मैं हूँ, तुम्हारी ओर बढ़ा आता हूँ,
मैं कठोर, कटु, विशाल, दुर्निवार, किंतु मैं तुम्हें प्यार करता हूँ,
जितना तुम्हें चाहिए उससे अधिक मैं तुम्हें क्षत नहीं करता हूँ,
और मैं वह सामान गिरा देता हूँ, संयुक्त राज्य के योग्य पुत्रों और पुत्रियों का क्रमारंभ
करने को, धीरे से रुक्ष स्नायु से मैं दबा लेता हूँ,
सफल काम होने के लिए कटिबद्ध हूँ, मिन्नतें सुनने को मैं नहीं तैयार,
इतने दिनों अपने भीतर संचित होती चीज़ तुम्हारे पास धरे बिना मुझमें पीछे हटने का
साहस नहीं।

मैं तुम्हारे माध्यम से अपनी अवरुद्ध सरिताएँ प्रवाहित करता हूँ,
आगे के हज़ार वर्ष तुम में ढँक कर रख देता हूँ,
तुम पर मैं उनकी क़लम लगा रहा जो मुझे और अमरीका को सर्वोपरि प्रिय हैं,
उन बूँदों से जो मैंने तुम पर चुआए हैं, प्रचंड और पुष्ट लड़कियाँ, नए कलाकार,

संगीतज्ञ और गायक उत्पन्न होंगे,
उन शिशुओं से जो मैंने तुमसे प्रजनित किये, समय आने पर प्रजनित होंगे नये शिशु,
प्रणय में मैंने जो व्यय किया है, उससे मैं चाहूँगा कि तुम उगाओ अनिंद्य नर-नारी,
मुझे उम्मीद है कि वे वैसे ही अन्यों में रमेंगे, जैसे हम अब एक दूसरे में रमते हैं,
मुझे प्रेममय फ़स्ल की प्रतीक्षा होगी, उस जन्म, जीवन, मृत्यु, अमरता से जिसके बीज
इतने प्यार से मैं आज बोता हूँ।

(1856) **(A Woman Waits for Me, 1871)**

उन्माद, आनन्द को समर्पित एक प्रहर

उन्माद, आनंद को समर्पित एक प्रहर! ओ, प्रचण्ड! ओ, मुझे सीमाओं में मत बाँधो!
(क्या है यह जो इस तरह आँधियों में मुझे मुक्त करता जा रहा है?
विद्युतों और क्रुद्ध झंझावातों के बीच मेरी चीख़ों का आशय क्या है?)

आह, मेरा अन्य किसी व्यक्ति की तुलना में रहस्यमय उन्माद का गहनतर पान!
आह, कितनी सुखद बर्बर, कोमल पीड़ाएँ! (तुम्हें उनका उत्तराधिकारी बनाता हूँ, मेरी
संतानो,
कारण है, क्यों मैं तुम्हें उनका भेद देता हूँ, ओ वर और वधू।)

आह, अपरिचित, संसार से विमुख होकर मेरा तुम्हें आत्म-समर्पण और तुम्हारा मुझे
आत्म-समर्पण!
आह, कितना सुखद है, स्वर्ग को हमारा प्रत्यावर्तन! ओ व्रीड़ामय, ओ नारीत्वपूर्ण!
कितना सुखद, तुम्हें अपने समीप खींच लाना, एक कृत-संकल्प पुरुष का तुम्हारे
अधरों पर प्रथम बार अपने अधरों का आरोपण!

कितना सुखद, उस पहेली का, तिहरी बँधी ग्रंथि का, गहन और तमपूर्ण कुण्ड का
सर्वथा खुलना और आलोकित हो जाना!
कितना सुखद, अंत में प्रचुर रिक्त स्थान, प्रचुर वायु में वेग से प्रवेश करना!
पूर्व के बंधनों और रूढ़ियों से, मेरा अपनी से, तुम्हारा अपनी से मुक्त होना!
प्रकृति के सर्वोत्तम अंश में अकल्पित एक नयी निर्द्वन्द्वता पाना,
अपने मुँह पर पड़े ताले का टूट जाना!
और आज या किसी अन्य दिन यह बोध होना कि पूर्ण हूँ जिस रूप में भी हूँ।

अरे, कुछ अप्रमेय की अनुभूति! कुछ अचेत अवस्था में उद्घाटित!
अन्यों के लंगरों से और बंधनों से पूर्णतः छूट जाना!
स्वच्छंद विचरण, स्वच्छंद प्रेम करना! दुस्साहस और संकटपूर्ण चौकड़ी भरना!
व्यंगों, आमंत्रणों के साथ नाश का वरण करना!
अपने संकेतित प्रेम के स्वर्ग का आरोहण करना, उछल कर उस तक जा पहुँचना!
अपनी उन्मत्त आत्मा के साथ वहाँ तक उठ जाना!
अपने को खो देना, यदि यह अनिवार्य हो जाए!
शेष जीवन के एक प्रहर की पूर्णता, स्वच्छंदता से भरण करना!
उन्माद और आनंद के बस एक प्रहर से।

(1860) **(One Hour to Madness and Joy, 1881)**

भीड़ के उमड़ते हुए सिंधु से

भीड़ के उमड़ते हुए सिंधु से निकल कर एक बूँद मृदुलता से मेरे पास आयी,
तुम्हें प्यार करती हूँ, उसने कानों में कहा, *मेरी ज़िंदगी के बस एक-दो पल ही बाकी हैं,*
दूर से चलकर मैं आयी हूँ मात्र तुम्हें निहारने के लिए,
क्योंकि तुम्हें एक बार देखे बिना मेरे लिए मरना असंभव था,
क्योंकि उसके बाद तुम्हें खो देने का मुझे भय था।

अब तो हम मिल चुके, एक दूसरे को हम देख चुके, अब हम निरापद हैं,
प्रिये, अब शांति से सिंधु को लौट जाओ,
मैं भी उसी सिंधु का एक अंश, प्रिय, हम इतने पृथक कहाँ,
देखो वह विशाल वृत्तीकरण, सबकी संसक्ति, कितनी सम्यक् है,
जहाँ तक मैं हूँ, तुम हो, दुर्निवार सिंधु हमें एक दूसरे से अलग कर देगा,
एक प्रहर हमें भिन्न दिशाओं में ले जाएगा, किन्तु हमें सर्वदा भिन्न दिशाओं में न ले
जा पायेगा,
प्रिये, मत अधीर हो—ज़रा सी दूरी पर जान लो मैं वायु, सिंधु, और थल को नमन
करता हूँ,
प्रतिदिन सूर्यास्त के समय तुम्हारे ही निमित्त, मेरी प्रिय।

(1865) **(Out of Rolling Ocean the Crowd, 1881)**

युगों और युगों तक अन्तरालों के बाद प्रत्यावर्तित

युगों और युगों तक अन्तरालों के बाद प्रत्यावर्तित,
अनश्वर, अमर्त्य, यायावर,
कामुक, लैंगिक, पुंसत्व (पूर्ण) आदि कटि के साथ, सर्वांग मधुर,
मैं आदि-पुरुष का चारण,
पश्चिम की नयी वाटिका के महान् नगरों का आह्वान करता हुआ,
सन्निपातग्रस्त, जो भी प्रजनित होता है, उसका पूर्वरंग प्रस्तुत करता हूँ, उसे भेंट करता हूँ, स्वयं को भेंट करता हूँ,
स्वयं को कामुकता में स्नान कराता, अपने गीतों को कामुकता में स्नान कराता हुआ,
मेरी कटि की जो संतान।

(1860) **(Ages and Ages Returning at Intervals, 1867)**

कितने दिन, कितने दिन मूर्ख बने रहे हम दोनों

कितने दिन, कितने दिन हम दोनों मूर्ख बने रहे,
अब रूपान्तरित होकर वेग से हम उन्मुक्त होते हैं, जैसे प्रकृति उन्मुक्त होती है,
प्रकृति हैं हम, बहुत दिनों हम अन्यत्र रहे हैं, किंतु अब हमारा प्रत्यावर्तन होता है,
और हम पौधे, तने, पत्रजाल, मूल, छाल बनते जा रहे हैं,
भूमि के वक्ष पर हम निश्चल पड़े हैं, चट्टानें हैं हम,
हम हैं बलूत के वृक्ष, रिक्त स्थलों में हम पास-पास उगते हैं,
हम तृणभक्षी हैं, वन्य पशुओं के झुण्डों में हम दो हैं, वैसे ही सहज जैसे उनमें से कोई है,
सिंधु में साथ-साथ संतरण करते हुए मीन हैं हम दोनों,
हम बबूल के वृक्षों के फूल, प्रातः और संध्या काल हम वीथिकाओं के चतुर्दिक सुगंध वितरित करते हैं,
हम वन्य पशुओं की अपरिष्कृत गंदगी सब्जियाँ और धातुएँ भी हैं
हम दो आखेट-प्रिय बाज़, नभ में डूब जाते और नीचे की ओर देखते हैं,
हम दो देदीप्यमान सूर्य, अपने को गोलाकार, नक्षत्रों की तरह संतुलित रखते हैं, दो धूमकेतुओं से हम हैं,
मृगया के लिए वन में शिकार की ताक में भ्रमण करते तेज़ निकले दाँतों वाले चतुष्पद हैं हम दोनों, और हम अपने आखेट पर टूट पड़ते हैं,

नभ में मध्याह्न के पूर्व और अनन्तर संतरण करते हुए दो मेघखण्ड हम हैं,
मिलते हुए सिंधु हम, हम हैं वे दो प्रसन्न लहरें जो एक दूसरे पर ढँगरती हैं, एक दूसरे को भिगो देती हैं,
हम वायुमण्डल हैं, पारदर्शी, ग्रहणशील, रंध्रपूर्ण, रंध्रहीन,
हिम, वर्षा, शीत, अंधकार हैं हम दोनों, हम पृथ्वी के वृत्त का प्रत्येक उत्पाद और प्रभाव,
वृत्तों में परिक्रमा करते हुए, परिक्रमा करते हुए, पुनः घर लौटे हैं, हम दोनों,
हमने अपनी स्वाधीनता के सिवा और स्वयं के उल्लास के सिवा सब कुछ को अमान्य कर डाला है।

(1860) **(We Two, How Long We were Fool'd, 1881)**

प्रेम की वेदना से मैं आकुल हूँ

मैं वह व्यक्ति हूँ जो वासनामय प्रेम की वेदना से आकुल है,
पृथ्वी में कोई आकर्षण है? तो क्या फिर सभी भूत वेदना से आकुल हुए अन्य सभी भूतों को अपनी ओर आकर्षित नहीं करते?
वैसे ही मेरा तन उन सबको जो मुझसे कहीं मिल जाते हैं या मैं जिन्हें जानता हूँ।

(1860) **(I am He that Aches with Love, 1867)**

नैसर्गिक क्षण

हे नैसर्गिक क्षणो—जब तुम मुझ पर आकर छा जाते हो—आह, तुम यहाँ अब आ ही गये,
अब मुझे केवल कामुकता के सुख दो,
मुझे अपनी वासनाओं में भीग जाने दो, मुझे तुम अभद्र, उग्र दुर्गंधमय जीवन दो,
आज के दिन मैं भी प्रकृति के स्नेहभाजनों से प्रणय करने के लिए निकल पड़ा, आज की रात भी,
उनका मैं समर्थन करता हूँ, संयमहीन रागरंग में जिनकी आस्था है, अर्ध-निशा में युवकों की रंगरलियों में मैं भाग लेता हूँ,
मैं नर्तकों के साथ नृत्य करता और मद्यपों के साथ मदिरापान,
हमारे अभद्र आह्वानों की प्रतिध्वनियाँ गूँजती हैं, मैं किसी अधम व्यक्ति का अपना प्रियतम मित्र बनाने के लिए चयन करता हूँ,

नियमहीन, अविनीत, निरक्षर वह होगा, अपने विगत कामों की वजह से वह समाज से लांछित होगा,
अब मैं और नाटक नहीं करने को, क्यों मैं अपने साथियों से अपने को निष्कासित कर दूँ?
ओ परित्यक्त जन, कम से कम मैं तुम्हें परित्यक्त नहीं करता,
सीधे मैं तुम्हारे बीच आता हूँ, तुम्हारा कवि मैं अपने को बनाऊँगा,
तुम्हारे लिए मेरा अर्थ उतना होगा जितना अन्यों में से किसी भी व्यक्ति के लिए नहीं।

(1860) **(Native Moments, 1881)**

तुम्हें मैंने सुना, ओ गहन-गम्भीर मधुर आर्गन के पाइपो

पिछले रविवार को गिरजाघर से गुज़रते हुए मैंने तुम्हें सुना, ओ गहन-गंभीर मधुर आर्गन के पाइपो,
पतझर की हवाओ, गोधूलि समय वन-प्रांतर में भ्रमण करते समय मैंने ऊपर को उठती हुई तुम्हारी बिलखती दीर्घ निश्वासें सुनीं,
मैंने ऑपेरा में सधे इतालवी पुरुष-स्वर को सुना, मैंने चतुर्वाद्यों के बीच गाती हुई किसी नारी का पंचम स्वर सुना,
मेरे प्रेम के हृदय! अपने सिर के चतुर्दिक रखी हुई कलाइयों के माध्यम से तुम्हें भी मैंने मंद-मंद मर्मर ध्वनि करते हुए सुना,
मैंने तुम्हारी धड़कन सुनी जब पिछली रात सब कुछ मेरे कानों के नीचे छोटी-छोटी घंटियों का बजना था।

(1861) **(I Heard You Solemn-Sweet Pipes of the Organ, 1867)**

आदि पुरुष के समान प्रातःकाल

आदम के समान प्रातःकाल,
नींद से ताज़ा होकर कुंज से निकलते हुए, मुझे देखो,
जहाँ-जहाँ होकर मैं जाता हूँ, मेरी आवाज़ सुनो, मेरे निकट आओ,
मेरा स्पर्श करो और अपनी हथेली से मेरे तन का स्पर्श करो, अपने पार्श्व से निकलते हुए मुझे जब देखो,
मेरे तन से मत डरो।

(1861) **(As Adam in the Early Morning, 1867)**

ऊँची और सुगन्धित घास

Calamus

क़दमों से अछूती राहों पर

क़दमों से अछूती राहों पर,
तालाबों के पानी के हाशिये पर जमी झाड़ियों में,
जीवन जो अपने को प्रदर्शित करता है, उससे पलायन कर,
अब तक प्रकाशित सारे प्रतिमानों, सुखों, लाभों, अनुरूपताओं से मुक्त होकर,
जिन्हें मैं बहुत लम्बे समय तक अपनी आत्मा को भोजन के लिए देता रहा,
मुझे आज तक के अप्रकाशित प्रतिमान दीखते हैं, मुझे दीखता है कि मेरी आत्मा,
और उस पुरुष की आत्मा जिसकी बात मैं करता हूँ, सहचरों में सुख पाती है,
यहाँ मैं अकेला, दुनिया के कोलाहल से दूर,
सुवासित वाणियों में बोलता और उन्हें सुनता,
अब संकोचहीन (क्योंकि मैं यहाँ एकांत जगह में इस तरह उत्तर दे सकता हूँ, जैसे
    कहीं अन्यत्र साहस नहीं कर सकता)
मेरे ऊपर वह जीवन सबल आरूढ, जो अपना प्रदर्शन नहीं करता, फिर भी जो अन्य
    सबको समाविष्ट करता है,
संकल्प लेकर कि आज मैं पौरुषेय प्रेम के गान के सिवा अन्य कोई गान नहीं
    गाऊँगा, उस आधारभूत जीवन के साथ उन्हें प्रक्षेपित करता हुआ,
अब आगे पुष्टकाय प्रेम का रिक्थ छोड़ता हुआ,
अपने जीवन के इकतालीसवें वर्ष के नवें माह के अपराह्न समय,
मैं अब उन सबके लिए प्रस्थान करता हूँ जो युवा हैं या युवा रह चुके हैं,
अपनी रातों और दिनों के भेद खोलूँगा,
साथियों की अपेक्षा का उत्सव मनाऊँगा।

(1860) **(In Path's Untrodden, 1867)**

मेरे वक्ष की सुगंधित घास

आह, मेरे वक्ष की सुगंधित घास,
मैं तुम्हारी पत्तियाँ चुनता हूँ, लिखता हूँ ताकि मेरे बाद ही मेरा सर्वोत्तम अध्ययन किया जाए,
क़ब्र की पत्तियो, तन की पत्तियो, मेरे ऊपर, मृत्यु के ऊपर उगी पत्तियो,
बारहमासी जड़ो, लम्बी पत्तियो, शिशिर तुम्हें बर्फ़-सा न जमा पायेगा, ओ कोमल पत्तियो,
हर वर्ष, फिर-फिर तुम खिलोगी, जहाँ तुम विश्राम करने गई थीं, वहाँ से तुम फिर-फिर बाहर निकल आओगी;
आह, नहीं कह सकता, कि बहुतों को, जो निकट से गुज़रते हैं, तुम्हारा पता चल पायेगा या वे तुम्हारी मंद सुरभि साँसों में भरेंगे, किंतु ऐसे कुछ अवश्य होंगे, सोचता हूँ,
ओ तन्वंगी पत्तियो, मेरे रुधिर की मंजरियो, तुम्हें अनुमति देता हूँ कि जैसे तुम्हें आए वैसे कथा कहना उस हृदय की जो तुम्हारे नीचे छिपा,
अरे, मैं नहीं जानता तुम्हारे नीचे क्या आशय छिपा, किंतु तुम निश्चय ही नहीं हो आनंद,
और प्रायः तुम मेरी सहन-शक्ति से बढ़कर कटु हो, तुम मुझे जलाती और डंक मारती हो,
किंतु फिर भी तुम मेरे निकट सुंदर हो, ओ हल्के रंग की जड़े, तुम मुझे मृत्यु की याद दिला देती हो,
सुंदर है मृत्यु तुम्हारे कारण, (कोई भी वस्तु भला क्या है जो अंततः मृत्यु और प्रेम से सुंदर है?)
अरे, मैं सोचता हूँ यहाँ मैं ज़िंदगी के लिए नहीं, प्रेमियों का अपना गीत गाता हूँ, सोचता हूँ, अवश्य ही यह मृत्यु के लिए है,
क्योंकि कितना शांत, कितना गंभीर होकर यह प्रेमियों के वायुमण्डल में आरोहण करता है,
और तब मैं मृत्यु हो या जीवन *उदासीन होता हूँ, इनके बीच चयन करना मेरी आत्मा को स्वीकार नहीं,*
(निश्चित नहीं कह सकता, किंतु शायद प्रेमियों की उच्च आत्मा मृत्यु का अधिकतम स्वागत करती है,)
निस्संदेह, ओ मृत्यु, अब मैं सोचता हूँ, कि इन पत्तियों का आशय ठीक वही आशय है जो तुम्हारा आशय है, मधुर पत्तियो,
ताकि मैं तुम्हें देखूँ और भी ऊँची उगो, मेरे वक्ष से बाहर निकल कर ऊँची उगो!

वहाँ दुबके हुए मेरे हृदय से उछल कर निकलो!
अपनी उन गुलाबी जड़ों में इस तरह छिपो नहीं, भीरु पत्तियो!
वहाँ नीचे इतनी लज्जा-नत मत पड़ी रहो, मेरे हृदय की घास!
आओ, मैंने अपने इस चौड़े वक्ष को खोलकर रख देने का संकल्प किया है, बहुत दिनों तक मैंने अपने को दबाया और अपना दम घोंटा है,
प्रतीकात्मक और अस्थिरचित्त पत्तियो, अब मैं तुम्हारा संग छोड़ता हूँ, क्योंकि अब मेरा काम तुमसे चले, सम्भव नहीं,
अब जो मुझे कहना है उसे सीधे-सीधे कहूँगा,
मैं स्वयं अपनी और अपने साथियों की आवाज़ उठाऊँगा, अब न मैं कभी ऐसा आह्वान करूँगा जो मात्र उन्हीं का आह्वान रहे,
उसके साथ मैं पूरे संयुक्त राज्य में अमर प्रतिध्वनियाँ उठाऊँगा,
प्रेमियों के लिए वह दृष्टात प्रस्तुत करूँगा जो पूरे संयुक्त राज्य में स्थायी रूप धारण करे और संकल्प बन जाए,
मेरे माध्यम से ऐसे शब्द व्यक्त होंगे जो मृत्यु को आनंदकर बना देंगे,
इसलिए, ओ मृत्यु, अपना स्वर मुझे दो, ताकि मैं उसके साथ अपना मेल बिठा पाऊँ,
स्वयं को दो, क्योंकि मैं देखता हूँ कि तुम सर्वोपरि मेरी हो, और तुम दोनों अविभाज्य गुँथे भुजपाश में हो, हाँ, ओ मृत्यु और प्यार,
और न अब आगे तुम्हें मैं उसका नाम लेकर जिसे मैं ज़िंदगी कहता था, अपने को रोकने दूँगा,
क्योंकि अब मैं जान गया हूँ कि तुम्हीं हो तात्त्विक अभिप्राय,
और जिंदगी के इन परिवर्तनशील रूपों में सहेतुक छिपी हो, और मैं जानता हूँ कि तुम्हारे ही निमित्त वे हैं,
और तुम बने रहने के लिए उनसे आगे निकल जाती हो, क्योंकि तुम्ही नृत नृतता हो,
जानता हूँ कि वस्तुओं के अवगुंठन में तुम धैर्य से प्रतीक्षा करती हो, भले ही यह अवधि लम्बी हो,
जानता हूँ एक दिन शायद सब कुछ को अपने नियंत्रण में ले लोगी,
जानता हूँ कि शायद बाहरी रूप की समस्त यह लीला तुम्हारे ही हाथों ध्वस्त हो जाएगी,
जानता हूँ कि शायद जो कुछ भी यहां है, तुम्हारे ही लिए है, किंतु यह बहुत दिनों तक नहीं रह पाता है,
किंतु तुम लम्बे समय तक चलती रहोगी।

(1860) **(Scented Herbage of My Breast, 1861)**

इस समय मेरा हाथ पकड़े हुए जो भी तुम हो

इस समय मेरा हाथ पकड़े हुए जो भी तुम हो,
एक चीज़ के बिना सब कुछ व्यर्थ हो जाएगा,
इसके पूर्व कि तुम मेरे लिए आगे उपक्रम करो मैं तुम्हें उचित चेतावनी देता हूँ,
मैं वह नहीं हूँ जो तुमने समझ रखा है, बल्कि बहुत भिन्न।

कौन है वह जो मेरा अनुगमन करना चाहेगा?
कौन है जो मेरे स्नेह का प्रत्याशी बनने का हस्ताक्षर करेगा?

मार्ग संदिग्ध है, परिणाम अनिश्चित, शायद विनाशपूर्ण,
तुम्हें अन्य सबको छोड़ना होगा, मुझे आशा होगी कि मात्र मुझे ही तुम अपना ऐकान्तिक और अनन्य प्रतिमान मानो,
उस पर भी तुम्हारा शिष्यत्व लम्बा होगा और तुम्हें थका डालेगा,
अपने जीवन का सारा अतीत सिद्धांत और अपने चतुर्दिक जीवनचर्याओं के साथ संगति को तुम्हें दूर फेंकना होगा,
इसलिए अपने को आगे और तंग करने के पूर्व अब मुझे मुक्त करो, अपने हाथ मेरे कन्धों से हटा लो,
मुक्त कर दो मुझे और अपनी राह पकड़ो।

या अन्यथा तुम्हारी परीक्षा लेने को किसी वन में,
या खुली हवा में किसी चट्टान के पीछे लुक कर,
(क्योंकि मैं किसी गृह में छत के नीचे किसी कमरे में या किसी सहचर के साथ प्रकट नहीं होता हूँ,
और ग्रंथालयों में मैं किसी मूक, गावदी, या अजन्मे या मृत व्यक्ति की तरह पड़ा रहता हूँ,)
लेकिन शायद यह सम्भव है कि जब तुम किसी ऊँची पहाड़ी पर मेरे साथ रहो, पहले यह देख करके कि कोई व्यक्ति मीलों तक चतुर्दिक हमारे बिना जाने निकट न आ जाए,

या यह सम्भव है कि तुम्हारे साथ सागर पर भ्रमण करते हुए, या सागर-तट या किसी शांत द्वीप पर तुम्हारे साथ होने पर,
यहाँ कहीं अपने अधरों पर तुम्हें अपने अधर आरोपित करने की अनुमति दूँ,

सहचर के विलम्बित चुंबन की तरह, या नये विवाहित पति के चुंबन की तरह,
क्योंकि मैं नया विवाहित पति हूँ और मैं सहचर हूँ।

या अगर तुम मुझे अनुमति दोगे, तुम्हारे वस्त्रों के नीचे अपने को घुसा कर,
जहाँ मैं तुम्हारे हृदय की धड़कनों का अनुभव करूँ या तुम्हारे नितम्ब पर लेटा विश्राम करूँ,
अपने को तुम्हारे साथ ले जाऊँगा जब तुम थल पर या सागर पर निकल पड़ो;
क्योंकि इस तरह सिर्फ़ तुम्हारा स्पर्श करना काफी है, उत्तम है,
और इस तरह तुम्हारा स्पर्श करते हुए शांत सो जाऊँगा और चिरकाल तक वहन
किया जाऊँगा।

लेकिन इन पत्तियों का पढ़ना तुम्हारे लिए खतरा मोल लेकर पढ़ना है,
क्योंकि इन पत्तियों को और मुझको तुम न समझ पाओगे,
प्रारंभ में ही वे तुम्हारी समझ के परे होंगी, और उसके बाद और भी ज़्यादा, निश्चय
ही मैं तुम्हारी समझ के परे हो जाऊँगा,
यह उस वक़्त भी होगा जब तुम समझते रहोगे कि तुमने मुझे निस्संदेह पाशबद्ध कर
रखा है, देखो!
पहले ही तुम देख रहे हो मैं तुमसे मुक्त हो चुका हूँ।

क्योंकि मैंने उसके लिए नहीं इस ग्रंथ की रचना की जिसे मैंने इसमें रखा है,
और न तो उसके पढ़ने मात्र से तुम इसे ग्रहण कर पाओगे,
और न तो वे मुझे सबसे ठीक से समझते हैं जो मेरा स्तवन करते हैं और गर्व से मेरी
प्रशंसा के गीत गाते हैं,
और न तो मेरे प्रेम के प्रतिद्वन्द्वी अपने को विजयी बना पायेंगे, (अधिक से अधिक
कुछ अपवादों के सिवा),
और न मेरी कविताएँ मात्र मंगल करती हैं, ठीक उतना ही अमंगल करती हैं,
सम्भवतः बढ़कर,
क्योंकि सब कुछ व्यर्थ है उसके बिना जिसका अनेक बार शायद तुमने अनुमान
किया, किंतु जिस पर उँगली नहीं रख पाते हो, जिसकी ओर मैंने संकेत
किया;
इसलिए मुझे मुक्त कर दो और अपनी राह पकड़ो।

(1860) **(Whoever You are Holding Me Now in Hand, 1881)**

तुम्हारे लिए, जनतंत्र की देवि!

आओ देखो, इस महाद्वीप को मैं अविनाशी बनाऊँगा,
ऐसी भव्यतम जाति का सृजन करूँगा जिस पर आज तक सूर्य कभी चमका है,
सृजन करूँगा मैं चुम्बकीय दिव्य देशों का,
साथियों के बीच प्रेम को लेकर,
उनकी आजीवन प्रेम-निष्ठा को लेकर।

सारी अमरीकी नदियों के किनारे मैं वृक्षों की भाँति सघन साहचर्य रोपूँगा, और
बड़ी-बड़ी झीलों के किनारे, चारों ओर घास के मैदानों में,
नगरों को, अलग न हो पायें, ऐसा गूँथूँगा–एक दूसरे के गले में उनके हाथ होंगे,
साथियों के प्रेम से,
साथियों के ओजस्वी प्रेम से।

ये सब तुम्हारे लिए, मेरी ओर से, जनतंत्र की देवि, सेवा में तुम्हारी, प्रिये!
गीत ये गाता हूँ केवल तुम्हारे लिए, केवल तुम्हारे लिए।

(1860) **(For You O Democracy, 1881)**

समस्त अध्यात्म की आधार-भूमि

और अब, सज्जनो,
मैं एक ऐसा शब्द तुम्हें देना चाहता हूँ जो तुम्हारी स्मृति और मन पर अमिट अंकित
हो जाए,
सारे अध्यात्म की आधार-भूमि और उसका अंतिम सत्य बन जाए।

(जैसे कोई वृद्ध आचार्य अपने व्यस्त कार्यक्रम के अंत होने पर
अपने शिष्यों को कुछ सीख देता है।)

अभिनव और प्राचीन का, यूनान और जर्मनी की दर्शनपद्धतियों का अध्ययन कर,
कांट का अध्ययन और उसका प्रवचन कर, उसके साथ फीख़्टे, शेलिङ्ग और हीगेल का,
अफलातून के और अफलातून से भी बड़े जो महात्मा सुकरात, उनके ज्ञान का प्रवचन कर,

और महात्मा सुकरात से भी बड़े दिव्य ईसा की शरण में जाकर, उसका अध्ययन कर
वर्षों तक,
आज अपने अंतर में यूनान और जर्मनी की दर्शन-पद्धतियों की स्मृतियाँ जगाकर
आया हूँ,
सारे दर्शन की, ईसाइयों के सम्प्रदायों और उनके धार्मिक सिद्धान्तों की स्मृतियाँ
जगाकर आया हूँ,
लेकिन मैं साफ़-साफ़ महात्मा सुकरात और दिव्य ईसा में निहित दिव्यता देखता हूँ,
मानव का अपने साथी के प्रति प्रगाढ़ स्नेह, सुहृद का अपने सुहृद के प्रति आकर्षण,
सुखी दम्पतियों का पारस्परिक प्रेम और संतानों और माता-पिता का प्रेम,
नगर का नगर से, देश का देश से प्रेम।

(1871) **(The Base of all Metaphysics, 1871)**

आज से युगों बाद के वृत्तकारो

आज से युगों बाद के वृत्तकारो,
आओ, मैं तुम्हें इस आवेगहीन वाह्य रूप के नीचे ले चलूँगा, तुम्हें मैं बताऊँगा कि मेरे
बारे में तुम्हें क्या कहना है,
मेरे नाम को इस तरह प्रकाशित करना, मेरी तस्वीर को इस तरह टाँगना, कोमलतम
प्रेमी की जैसे वह हो,
प्रेमी मित्र की तस्वीर, जिसे उसका प्रेमी मित्र सबसे ज़्यादा चाहता था,
जिसे अपने गीतों का नहीं, बल्कि अपने मापहीन प्रेम के महासागर का अभिमान रहा,
जो उसके भीतर था और जिसे वह निर्द्वन्द्व प्रवाहित करता था,
जो अक्सर अपने प्रिय मित्रों, अपने प्रेमियों के बारे में सोचते हुए राहों में अकेला
घूमता रहता था,
जो उससे दूर होने से जिसे वह प्यार करता था अक्सर चिंतन में खोया हुआ
रात्रि-समय निद्राहीन और उद्विग्न लेटा रहता था,
जिसे बहुत अच्छी तरह उस रुग्ण, रुग्ण भय का ज्ञान रहा कि कहीं न ऐसा हो कि
जिसे वह प्यार करता था, वह उसके प्रति छिपे-छिपे उदासीन हो जाए,
जिसके सबके सुखद दिन वे थे, जब मैदानों से गुज़रते हुए, जंगलों में, पहाड़ियों पर,
वह और एक अन्य हाथ में हाथ डाले हुए, वे युग्म, अन्य पुरुषों से पृथक,
घूमते रहते थे,

जो अक्सर अपनी बाँहें घुमाकर अपने मित्र के कंधे पर डाले हुए सड़कों पर घूमता
रहता था, जब उस पर भी उसके मित्र की बाँह आराम से पड़ी होती थी।

(1860)

(Recorders Ages Hence, 1867)

संध्या समय जब मैंने सुना

संध्या समय ज़ब मैंने सुना कैसे कांग्रेस-भवन में मेरे नाम का करतल-ध्वनि से स्वागत
हुआ, फिर भी उसके बाद आने वाली रात्रि मेरे लिए न सुखकर रही,
या गान करते समय या अपनी योजनाओं में सफल-काम होने पर भी मुझे सुख का
न अनुभव हुआ,
किंतु जिस दिन प्रातःकाल मैं पूर्ण स्वस्थ नयी स्फूर्ति लिये हुए, गायन करते हुए, हेमंत
की परिपक्व साँसों का पान करते हुए अपनी शय्या से उठा,
जब मैंने पूनो के चाँद को पश्चिम में मलिन होते और उषा के प्रकाश में डूबते देखा,
जब मैंने सिंधु-तट पर एकांत विचरण किया, और नग्न-स्नान किया, शीतल जल के
साथ हँसा और सूर्य का उदय देखा,
और जब मैंने सोचा कि कैसे मेरा प्रिय मित्र, मेरा प्रेमी मिलने के लिए चला आता
हुआ रास्ते में था, ओह, मैंने प्रसन्नता का अनुभव किया,
उस समय मेरी प्रत्येक साँस का स्वाद अतिरिक्त मधुमय हुआ, और उस पूरे दिन मेरा
भोजन मेरे लिए अतिरिक्त पुष्टिकर साबित हुआ, और वह सुंदर दिन सुचारु बीता,
और अगला दिन भी समान हर्ष लाया, और उसके अगले दिन संध्या समय मेरा मित्र
आ पहुँचा,
और उस रात्रि जब सब कुछ निश्चल, मैंने सागर की लहरों का मंद-मंद, बार-बार,
तट की ओर ढँगरते जाना सुना,
मैंने उस तरल द्रव और बालू की फूत्कार करती सरसराहट सुनी, जैसे वे अस्फुट स्वरों
में, मुझे बधाई देने को मेरी ओर आते हों,
क्योंकि वह व्यक्ति जिसको मैं सर्वाधिक प्यार करता हूँ उस शीतल रात्रि एक ही
चादर के नीचे मेरे साथ सोया था,
हेमंती चाँदनी की नीरवता में उसका मुँह मेरी ओर झुका था,
और उसकी बाँह हल्के-से मेरी छाती पर पड़ी थी—और उस रात्रि मैं प्रसन्न रहा।

(1860)

(When I Heard at the Close of the Day, 1867)

तुम्हीं हो मेरी ओर आकृष्ट नये व्यक्ति?

तुम्हीं हो मेरी ओर आकृष्ट नये व्यक्ति?
तो पहले से ही मेरी चेतावनी सुन लो, निस्संदेह मैं तुम्हारी कल्पना के व्यक्ति से सर्वथा भिन्न हूँ,
सोचते हो तुम मुझमें अपना आदर्श व्यक्ति पाओगे?
सोचते हो मुझे अपना प्रेमी बनाना बहुत सरल है?
सोचते हो मेरे सौहार्द से तुम्हें शुद्ध संतोष प्राप्त होगा?
सोचते हो मुझमें सहज विश्वास और निष्ठा है?
क्या तुम इस वाह्य प्रदर्शन, शांत और सहनशील आचरण के अतिरिक्त कुछ नहीं देख पाते?
तुम्हारा अनुमान है कि तुम यथार्थ धरती पर चरण रखते हुए किसी यथार्थ सूरमा से मिलने चले आते हो?
तुम क्या नहीं सोच पाते, ओ स्वप्नजीवी, कि सम्भव है यह सब माया हो, छलना हो?

(1860) **(Are You The New Person Drawn Toward me, 1867)**

स्वयं में ये सिर्फ़ जड़ें और पत्तियाँ हैं

स्वयं में ये सिर्फ़ जड़ें और पत्तियाँ हैं,
पुरुषों और नारियों के पास विजन वनों और तालाबों के किनारे से लायी गईं सुगंधें,
वक्ष की लालिमा और प्रेम के गुलाबी रंग, उंगलियाँ जो द्राक्षा की लताओं से ज़्यादा कस कर लिपट जाती हैं,
सूर्योदय होने पर वृक्षों की पत्तियों में छिपे पक्षियों के कंठों से फूटती धाराएँ,
ओ तुम नाविको, जीवित तटों से जीवित सिंधु पर तुम्हारे पास थल और प्रेम की लिपिबद्ध हवाएँ,
तुषारों में पकी रसभरियाँ और वासंती टहनियाँ जिन्हें ताज़ा-ताज़ा उन युवाओं को दिया जाता है, जो जाड़े के बिखर जाने पर मैदानों में भ्रमण करते हैं,
कलियाँ जो पुरानी शर्तों पर चिटख़ जाती हैं,
अगर तुम उनके पास सूरज का ताप लाओगे, वे चिटख़ जाएँगी और रूप, रंग, सुगंध तुम्हारे लिए लायेंगी,
अगर तुम पोषण और आर्द्रता बन जाओ, वे फूल, फल, विशाल शाखाएँ और वृक्ष बन जाएँगी।

(1860) **(Roots and Leaves Themselves Alone, 1867)**

ताप की अग्निशिखाएँ नहीं उठतीं और भस्म करती हैं

ताप की अग्नि-शिखाएँ नहीं लपलपा उठतीं और भस्म करती हैं,
सिंधु की तरंगें नहीं तेज़ ढँगरकर आतीं और लौट जातीं हैं,
रुचिकर और शुष्क वायु, प्रौढ़ आतप की वायु, अपने साथ कोटि-कोटि बीजों के श्वेत
मसृण मकरंद-कणों का भारहीन वहन नही करती,
जो जलयानों-से भव्य संतरित होते हैं, इच्छानुसार अपने स्थानों पर रुकने के लिए स्वतंत्र,
ये नहीं, इनमें से कोई नहीं मेरी उन अग्नि-शिखाओं से बढ़कर है,
जो भस्म कर देती हैं मुझे, मेरे प्रिय के प्रति प्रेम के कारण मुझे जलाती रहती हैं,
अरे, इनमें से कोई नहीं मुझसे तेज़ भीतर और बाहर आता-जाता हैं,
ज्वार में वेग है क्या—जो किसी का संधान करता जाता है और कभी निराश होकर
नहीं रुक जाता! अरे, सुनो मैं भी वही,
अरे, न तो मकरंद-कणों का, न तो मधुर गंधों का, और न तो वर्षा के बादलों का
खुली हवा में उतना वहन होता है,
मेरी आत्मा का खुली हवा में जितना वहन होता है,
जितना सारी दिशाओं में प्रवाहित मेरी आत्मा का, ओ प्रिय, मित्रता के लिए और
तुम्हारे लिए।

(1860) **(Not Heat Flames up and Consumes, 1867)**

टपको, बूँदो!

टपको, बूँदो! मेरी नीली नसों से टपको!
मेरी बूँदो! टपको, धीरे-धीरे टपको, बूँदो,
निश्छल गिरो मुझसे, टपको, रक्त की बूँदो,
टपको उन व्रणों से जो तुम्हें कारामुक्त करने के लिए मैंने बनाये हैं,
मेरे गालों से, मेरे माथे और होठों से,
मेरे वक्ष से, अन्तर से जहाँ मैं छिपा रहा, उमड़ो, लाल बूँदो, पाप के स्वीकार की बूँदो,
रंग दो प्रत्येक पृष्ठ, रंग दो मेरा गाया प्रत्येक गीत, मेरा कहा प्रत्येक शब्द, ओ रक्त
की बूँदो,
अपने आरक्त ताप का उन्हें अनुभव करा दो, दीप्त उन्हें कर दो तुम,
शराबोर कर दो उन्हें अपने से, पूरी तरह लज्जित और आर्द्र,

चमको, अब तक की मेरी सारी रचनाओं पर, भावी की मेरी सारी रचनाओं पर, रक्त
की बूँदो,
उन सबको अपने ही आलोक में दिखने दो, व्रीड़ामय बूँदो।

(1860) **(Trickle Drops, 1867)**

मैंने लूसियाना में एक ज़िंदा साल वृक्ष बढ़ते देखा

मैंने लूसियाना में एक ज़िंदा साल वृक्ष बढ़ते हुए देखा,
खड़ा था अकेला वह, काई लटकती थी उसकी शाखों से,
बिना किसी साथी के वहाँ वह बढ़ता था, गहरी हरी प्रसन्न पत्तियों के शब्द उच्चारित
करता रहा,
रुक्ष, अविनत, उद्दाम उसके रूप ने मुझे अपने बारे में सोचने को बाध्य किया,
यह था अचंभा कैसे पास में अपने साथी बिना खड़ा वह अकेला प्रसन्न पत्तियों के
शब्द करता था—क्योंकि मैं जानता था मेरे लिए वह असंभव था,
अस्तु, मैंने एक टहनी तोड़ ली जिस पर कुछ पत्तियाँ थीं और उस पर थोड़ी-सी काई
लिपटा दी,
और उसे अपने साथ लाया, मैंने अपने कमरे में उसे सामने ही रखा है,
मुझे, अपने प्रिय दोस्तों की याद दिलाने की कोई ज़रूरत नहीं,
क्योंकि मेरा ख्याल है कि पिछले कुछ दिनों से उनके सिवा कुछ और मैं सोचता ही नहीं,
फिर भी यह अजब-सा प्रतीक है, उसे देख पौरुष प्रेम मुझे याद आता है;
बावजूद इसके, और इसके कि ज़िंदा साल वृक्ष अकेला ही लूसियाना के खुले समतल
मैदान में चमकता है,
पास में दोस्त या प्रेमी के बिना आजीवन प्रसन्न पत्तियों के शब्द उच्चारित करता
जाता है,
जानता हूँ मेरे लिए ऐसा कभी सम्भव नहीं।

(1860) **(I Saw in Louisiana A Live–Oak Growing, 1867)**

एक अपरिचित से

चले जाते अपरिचित तुम नहीं जानते हो, कितनी प्यास लिए मैं तुम्हें देख रहा,
तुम अवश्य ही वह व्यक्ति हो, जिसका मैं संधान करता रहा, या वह नारी हो, जिसका

मैं संधान करता रहा, (लगता है जैसे कोई सपना सच होता हो,)
निस्संदेह मैंने कहीं तुम्हारे साथ आनन्द के क्षण बिताये हैं,
इस समय जब हम एक दूसरे के पार्श्व से सहसा निकलते हैं, तरल, स्नेहालु, पावन,
प्रौढ़—सारी बातों की सुधियाँ जागी हैं,
हम दोनों साथ-साथ बड़े हुए, मेरे संग तुम किसी किशोर या किशोरी-से रहते थे,
मैंने तुम्हारे साथ भोजन किया, सोया मैं तुम्हारे साथ, और उसने तुम्हारा तन केवल
तुम्हारा नहीं और न मेरा तन केवल मेरा तन रहने दिया,
एक दूसरे के पार्श्व से यों निकलते हुए तुम अपनी आँखों का, मुख का और तन का
आनन्द मुझे देते हो, बदले में लिए जाते हो मेरे वक्ष और भुजाओं का आनंद,
मूक बने रहना है तुमसे मुझे, करना है तुम्हारा ध्यान एकांत में बैठे हुए, रात्रि में
अकेला जब जागता रहूँ,
बाट जोहनी है मुझे, मुझे संदेह नहीं तुमसे फिर मिलना है,
मुझे तो इसका ध्यान रखना है तुम कहीं खो न जाओ।

(1860) **(To a Stranger, 1867)**

उत्कंठित और चिंतन के इस क्षण में

उत्कंठित और चिंतन के इस क्षण में अकेले बैठे हुए,
ऐसा प्रतीत होता है मुझे कि अन्य देशों में अन्य व्यक्ति हैं जो मेरी ही तरह उत्कंठित
और चिंतन में खोये हैं,
ऐसा प्रतीत होता है कि दृष्टि-प्रक्षेपण कर मैं उन्हें जर्मनी, इटली, फ्रांस, स्पेन
या दूर, बहुत दूर चीन, रूस या जापान में अन्य बोलियों में बातें करते हुए देख
सकता हूँ,
और मुझे ऐसा प्रतीत होता है कि अगर मैं उन्हें जान पाऊँ तो मैं जैसे अपने
देशवासियों के, वैसे ही उनके स्नेह-पाश में बँध जाऊँ,
अरे, मैं जानता हूँ हम बंधु और प्रेमी बन जाएँ,
और मैं जानता हूँ कि उनके साथ मैं प्रसन्न रह सकता हूँ।

(1860) **(This Moment Yearning and Thoughtful, 1881)**

मैंने अपने विरुद्ध यह आरोप सुना है

मैं संस्थाओं का विध्वंसक हूँ—मैंने सुना मुझ पर आरोप यह लगाया गया,
किंतु यदि सच पूछो, मैं संस्थाओं का न तो पक्षधर और न विरोधी हूँ,
(उनमें और मुझमें समान क्या है? पूछो ज़रा? उनके विध्वंस से मुझे क्या लेना है?)
मैं तो मनहटा में और अपने संयुक्त-राज्य के अन्तर में और सिंधु-तट पर स्थिर प्रत्येक नगर में,
और मैदानों में और कांतारों में, और जल में रेखाएँ बनाती हर डोंगी पर, छोटी-बड़ी डोंगी पर,
मैं बिना भवनों का, नियमहीन, संरक्षकों से मुक्त, निर्विवाद,
मित्रों के प्रिय स्नेह का एक संस्थान बनाना चाहता हूँ।

(1860) **(I Hear It Was Charged Against Me, 1867)**

जब मैं कीर्ति-विजय का अवलोकन करता हूँ

जब मैं शूरों की कीर्ति-विजय या पराक्रमी सेनापतियों की विजयों का अवलोकन करता हूँ, मुझे सेनापतियों से ईर्ष्या नहीं होती,
और न राष्ट्रपति-आवास में बैठे राष्ट्रपति से, या न धन-कुबेर से जो विशाल भवन में बैठा है,
किंतु जब प्रेमियों के भ्रातृ-संघ की ओर उन पर क्या-क्या बीती—इसकी कथाएँ सुनता हूँ,
कैसे आजन्म वे संकटों, लांछनों के बीच लम्बे, लम्बे समय पर्यंत एक साथ रहे,
यौवन और प्रौढ़ और वृद्धावस्था पर्यन्त, कितने अडिग, कितने स्नेहपूर्ण और निष्ठावान बने रहे,
उस समय चिंता में डूब जाता हूँ और कटुतम ईर्ष्या से भरा हुआ तत्काल मैं चल देता हूँ।

(1860) **(When I Peruse the Conquered Fame, 1871)**

ये मेरी पत्तियों में सबसे सुकुमार हैं

ये मेरी पत्तियों में सबसे सुकुमार हैं, किंतु सबसे शक्ति भरी, दीर्घायु,
अपने विचारों को उनकी छाँव में रखता, उनमें छिपाता हूँ,

स्वयं मैं उन्हें बाहर नहीं लाता हूँ,
किंतु फिर भी वे मेरी अन्य कविताओं से बढ़कर,
मेरा भेद कह देतीं, कह देतीं।

(1860) **(Here Frailest Leaves of Me, 1871)**

कोई श्रम घटाने का यंत्र नहीं

कोई श्रम घटाने का यन्त्र नहीं मैंने बनाया है,
कोई खोज नहीं की है,
मरने के बाद कोई बड़ी भारी धनराशि भी न छोड़ पाऊँगा, अस्पताल, ग्रंथागार स्थापित करने के लिए,
और न अमरीका के लिए दिखलायी हुई किसी शूरता की याद,
रचनाकार की कोई सफलता नहीं, ज्ञान नहीं, और न ग्रंथों की अलमारियों के लिए कोई ग्रंथ,
वायु में गूँज करते हुए केवल एक-दो गीत मैं छोड़ जाता हूँ,
साथियों, और प्रेमियों के लिए।

(1860) **(No Labour Saving Machine, 1881)**

हाथ में हाथ धरने के लिए एक पत्र

हाथ में हाथ धरने के लिए एक पत्र;
तुम जो वृद्ध और युवा निसर्ग जन हो!
तुम जो मिसिसिपी पर, मिसिसिपी की सारी शाखाओं और सोतों पर,
तुम जो मित्रवत् नाविक और यांत्रिक हो! तुम, ओ, अवांछितो!
तुम युग्म! और सड़कों पर चलते हुए सारे जुलूसो!
मेरी यह कामना है कि तुममें मैं घुल जाऊँ, मिल जाऊँ, एक दिन ऐसा कि हाथ में हाथ धरे तुम्हें चलते देखना मेरे लिए सामान्य बात हो जाए।

(1860) **(A Leaf for Hand in Hand, 1867)**

मेरी प्रतिमूर्ति, पृथ्वी

मेरी प्रतिमूर्ति, पृथ्वी,
यद्यपि तुम इतनी निष्काम, विपुल वृत्ताकार देखने में लगती हो,
किंतु अब मुझे शंका है वही नहीं सब कुछ है;
मुझे अब शंका है तुम्हारे अन्तर में कोई वस्तु ऐसी है जिसका विस्फोट होने के लायक है,
क्योंकि एक मल्ल मेरी ओर आकर्षित है और मैं उसकी ओर आकर्षित हूँ,
और उसे देखकर मेरे अंतर में किसी दारुण भयानक वस्तु का विस्फोट होने के
लायक़ है,
साहस नहीं मैं उसे शब्दों में व्यक्त करूँ, इन गीतों में भी व्यक्त करूँ।

(1860) **(Earth My Likeness, 1867)**

मैंने एक स्वप्न में देखा

मैंने एक स्वप्न में देखा : एक नगर, पृथ्वी के समस्त अन्य भागों के आक्रमणों में
अजेय खड़ा,
मैंने देखा : सुहृदों का वह नया नगर था,
वहाँ हृष्ट-पुष्ट से अन्य कोई श्रेष्ठतर वस्तु नहीं रही, सबको वह रास्ता दिखाता था,
वहाँ के निवासियों के कर्मों में, उनके दृष्टिपातों और शब्दों में, आठों याम वह
दृश्यमान रहा।
उनके सारे दृष्टिपातों में, शब्दों में।

(1860) **(I Dream'd in a Dream, 1867)**

जानते हो तुम कि मैं हाथ में लेखनी क्यों लेता हूँ?

जानते हो तुम कि मैं हाथ में लेखनी क्या अंकित करने के लिए लेता हूँ?
श्रेष्ठ सुगढ़, भव्य युद्धपोत जिसे मैंने आज देखा है–क्षितिज के समीप सिंधु-वेला के
पार जाते हुए, अपने सभी पाल फैलाकर–उसे अंकित करने के लिए?
विगत दिवस की भव्यताएँ? अथवा मुझे आवृत करती हुई निशा की भव्यता?
अपने, चतुर्दिक विस्तृत नगर की अतिरंजित विरुदावली, विकास–इन सबके लिए? नहीं;

वरन् दो सरल मानवों के लिए जिन्हें मैंने भीड़ से निकल कर बांध पर प्रिय सुहृदों की विदा-सी लेते देखा है,
उनमें से पीछे छूट जाने वाला जाने वाले साथी की ग्रीवा पर झुका हुआ
और भावावेग से उसका चुंबन करता हुआ,
और जाने वाला साथी पीछे रह जाने वाले साथी को कसे हुए, अपनी भुजाओं में दबाए हुए।

(1860) **(What think you I take my pen in Hand? 1881)**

अडिग लंगर-से सनातन प्रेम, आह, मेरी प्रिये!

अडिग लंगर-से सनातन प्रेम! आह, मेरी प्रिये!
वधू! पत्नी! रोक पाऊँ मैं तुम्हारी याद, इसे शब्दों में नहीं मैं बता सकता!
फिर अलग तनहीन-सा या अन्य कोई पुनर्जन्मा,
वायवी, किंतु, मेरी सांत्वना, स्नायुओं की सबलता का सत्य अंतिम,
ऊपर उड़ा मैं तिरता तुम्हारे प्रेम के आकाश में, ओ पुरुष,
सहचर तुम्हीं यायावर दिनों के।

(1860) **(Fast Anchor'd Eternal O Love, 1867)**

वह मेरे रूप से मिलती हुई छाया

वह मेरे रूप से मिलती हुई छाया जो आजीविका की खोज में यहाँ-वहाँ दौड़ती रहती है, वाचाल, मोल-भाव करती हुई,
कितनी बार जहाँ वह फुदकती रहती है, वहाँ मैंने अपने को खड़ा और उसे देखता पाया है,
कितनी बार मेरे मन में प्रश्न और संशय उठते हैं, क्या सचमुच वह मैं ही हूँ,
किंतु जब अपने प्रेमियों के बीच होता और इन गीतों का गायन करता रहता हूँ,
तब इस बारे में कि सचमुच वह मैं ही हूँ मुझे कोई संशय नहीं रह जाता।

(1860) **(That Shadow My Likeness, 1881)**

पृथ्वी को सलाम!

Salut au Monde !

(1)

मेरा हाथ थामो, ओ वाल्ट ह्विटमन!
कैसे ये थिरकते चमत्कार! कैसे ये दृश्य और ध्वनियाँ!
कैसी अनन्त संयुक्त ये कड़ियाँ! प्रत्येक अगली से जुड़ी हुई,
प्रत्येक सबकी समरूप, प्रत्येक सबके साथ पृथ्वी की भागी है।

क्या है जो तुम्हारे भीतर विस्तार पाता है, वाल्ट ह्विटमन?
कैसी तरंगें और मृदाएँ निसृत होती हैं?
कैसे प्रदेश? कैसे ये व्यक्ति और नगर हैं यहाँ?
कौन ये शिशु हैं, कुछ क्रीड़ा और कुछ निद्रा-रत?
कौन ये किशोरियाँ हैं? कौन हैं ये परिणीताएँ?
कौन हैं ये वृद्धों की टोलियाँ जो एक दूसरे की गर्दनों पर बाँहें डाले चले जा रहे हैं?
कौन ये नदियाँ हैं? कौन वन और फल हैं ये?
क्या नाम हैं उन पर्वतों के जो कोहरे में इतने ऊपर उठे हैं?
कैसे हैं वे असंख्य आवास निवासियों से पूर्ण?

(2)

मेरे अन्दर अक्षांशों के बीच की दूरियाँ बढ़ती जाती हैं, देशान्तर और लम्बे हुए जाते हैं,
एशिया, अफ्रीका, यूरोप पूर्व में हैं–अमरीका के लिए पश्चिम में प्रबन्ध,
पृथ्वी के उभरे कटिप्रदेश को मेखला-सी बाँधती हुई उष्ण विषवत्-रेखा है,
धुरी के अंत उत्तर और दक्षिण में विचित्र परिक्रमा करते हैं,

मेरे अंदर सबसे बड़ा दिन है, सूर्य झुकी परिधियों में परिक्रमा करता है, महीनों तक
अस्त नहीं होता है,
यथा समय मेरे भीतर खिंचकर अर्द्धरात्रि का सूर्य क्षितिज के ऊपर तनिक-सा उगता
है और अस्त हो जाता है,
मेरे भीतर हैं कटिबंध, सागर, प्रपात, कांतार, ज्वालामुखी, समूह,
मलयेशिया, पालीनेशिया और वेस्ट-इंडीज़ की विशाल द्वीप-मालाएँ।

(3)

क्या सुन रहे हो, वाल्ट ह्विटमन?

मैं सुन रहा हूँ श्रमिक को गाते हुए और गाती हुई कृषक-वधू को,
मैं सुन रहा हूँ तड़के दिन में दूर से आती हुई बच्चों की और पशुओं की आवाज़ें,
मैं सुन रहा हूँ आस्ट्रेलियाइयों की प्रतिस्पर्द्धी चिल्लाहटें, सुन रहा हूँ उन्हें जो जंगली
घोड़े का पीछा कर रहे हैं,
मैं अखरोट के वृक्षों की छाया में रिबेक और गिटार की धुनों में करताल के साथ
स्पेनी नृत्य सुन रहा हूँ,
मैं टेम्स नदी पर अनवरत गूँजता कोलाहल सुन रहा हूँ,
मैं सुन रहा हूँ फ्रांस के प्रचण्ड स्वाधीनता-गान,
मैं सुन रहा हूँ इतालवी माँझी को प्राचीन कविताओं का मधुर गान करते हुए,
मैं सुन रहा हूँ सीरिया में टिड्डियों के दल को, जो अन्न और घास पर भयानक मेघों
के धारासार-सा टूट पड़ता है,
मैं सूर्यास्त के समय, स्याह श्रद्धास्पद विराट माँ नील नदी के वक्ष पर काप्टिक भजनों
के गम्भीर स्थायी स्वर सुन रहा हूँ,
मैं सुन रहा हूँ मेक्सिको में खच्चर वाले का 'चूँ चूँ' करना, और खच्चर की घण्टियों
की आवाज़,
मस्जिद के कगूरे से पुकारती हुई अरब के मुअज़्ज़िन की आवाज़ मैं सुन रहा हूँ,
मैं सुन रहा हूँ गिरजाघरों की वेदियों से ईसाई पादरियों की आवाज़, मैं सुन रहा हूँ
उनके साथ गाती और तीव्र होती हुई आवाज़,
मैं सुन रहा हूँ कज़्ज़ाक का चिल्लाना और ओकोत्स्क से समुद्री यात्रा पर निकलते
नाविक की आवाज़
मैं रास्ते पर चले जाते दासों के काफ़िलों का हाँफना सुन रहा हूँ, जब उनके

हट्टे-कट्टे दल दो-दो या तीन-तीन करके, कलाइयों और घुट्ठियों की ज़ंजीरों से एक साथ बँधे सामने से गुज़रते हैं,
मैं यहूदी को अपने अभिलेखों और विनयगीतों का पाठ करते सुनता हूँ,
मैं यूनानियों के लयदार मिथकों और रोम वालों की सबल लोकवार्ताएँ सुनता हूँ,
मैं सुंदर प्रभु ईसा के दिव्य जीवन और रक्तमय मृत्यु की कथा सुनता हूँ,
मैं हिंदू को अपने प्रिय शिष्य को प्रेम और युद्ध की गाथाएँ और सूक्तियाँ पढ़ाते सुनता हूँ, जो आज तक सुरक्षित चली आयी हैं, और जिन्हें आज से तीन हज़ार वर्ष पूर्व कवियों ने रचा था।

(4)

क्या देख रहे हो, वाल्ट ह्विटमन?
कौन है वे जिन्हें तुम सलाम करते हो और जो एक-एक करके तुम्हें सलाम करते हैं?

मैं देख रहा हूँ शून्य में नाचता हुआ एक विराट वृत्ताकार चमत्कार,
मैं देख रहा हूँ धरातल पर छोटे-छोटे खेत, गाँव, ध्वंसावशेष, क़ब्रगाह, कारागार, कारखाने, प्रासाद, काल-कोठरियाँ, बर्बरों की झोंपड़ियाँ और ख़ानाबदोशों की रावटियाँ,
और मैं एक ओर वह छायादार भाग देखता हूँ जहाँ सोने वाले सो रहे हैं, और दूसरी ओर जहाँ सूरज की रोशनी फैली है,
मैं देख रहा हूँ प्रकाश और छाया का विचित्र क्षिप्र परिवर्तन,
मैं देख रहा हूँ दूरस्थ देश, अपने निवासियों के लिए उतने ही यथार्थ और निकट है जैसे मेरा देश मेरे लिए है।

मैं विपुल सागर देखता हूँ,
मैं पर्वतों के शिखर देख रहा हूँ, मैं ऐंडीज़ की कहीं ऊँची, कहीं गहरी पर्वतमाला को देखता हूँ,
मैं साफ़ देख रहा हिमालय, चियान-शा, अल्ताई, घाट की श्रृंखलाएँ,
मैं एलबुर्ज़, काज़बेक, बज़ार्दजूसी के दानवी शिखर देखता हूँ,
मैं आस्ट्रिया के आल्प्स् और इटली के आल्प्स् पर्वतों को देख रहा हूँ,
मैं पिरीनीज़, बल्कान, कारपेथियन को और उत्तर में डोफ्राफील्ड्स् और समुद्र के भीतर हेक्ला चोटी को देखता हूँ,

मैं विसूवियस और एटना को, चंद्रमा की पर्वतमाला को, और मडागास्कर की लाल
पर्वतमाला को देखता हूँ,
मैं लीबिया, अरब और एशिया के रेगिस्तान देखता हूँ,
मैं उत्तरी और दक्षिणी ध्रुवसागरों में विशाल विकराल हिमशिलाएँ देखता हूँ,
मैं श्रेष्ठ और हीन महासागरों को देखता हूँ, अतलान्तक और प्रशात महासागरों को,
मेक्सिको सागर, ब्राज़ील सागर और पेरू सागर को,
हिंद सागर को, चीन सागर को और गिनी की खाड़ी को,
जापान सागर को, नागासाकी की सुंदर खाड़ी को, चारों ओर पहाड़ों से घिरी हुई,
बाल्टिक, कास्पियन, बोथनिया, बृटिश तटों के विस्तार और बिस्के की खाड़ी को,
चमकते सूर्य वाले भूमध्यसागर को, एक से दूसरा करके इसके द्वीपों को,
श्वेत सागर, और ग्रीनलैण्ड के चारों ओर के सागर को।

मैं संसार के नाविकों को देखता हूँ,
कुछ आँधियों में फँसे, कुछ रात्रि के समय आपदाओं पर निगाहें रखे हुए प्रहरियों के
साथ,
कुछ बहे जा रहे हैं असहाय, कुछ संक्रामक रोगों से ग्रस्त।

मैं संसार में पालों और वाष्प के जलपोत देखता हूँ, कुछ गोदी में झुण्डों में, कुछ को
अपनी यात्राओं पर जाते हुए,
कुछ स्टार्म्स के अंतरीप, कुछ वर्दे के अंतरीप, अन्य गार्दाफुई, बान, या बाजादोरे के
अन्तरीपों का घुमाव तय करते हैं,
अन्य दोन्द्रा हेड, अन्य सुन्दा के जलडमरूमध्य से गुज़रते हैं, अन्य लोपात्का के
अंतरीप, अन्य बेहरिंग के जलडमरूमध्य से,
अन्य केप हार्न, अन्य मेक्सिको की खाड़ी पर चलते हैं या क्यूबा या हेती से सटकर,
अन्य हडसन या बैफिन की खाड़ी में,
अन्य डोवर के जलडमरूमध्य से गुज़रते हैं, अन्य वाश में, अन्य सोल्वे के फर्श, अन्य
केप क्लीयर, अन्य लैण्ड्स् एंड में प्रवेश करते हैं,
अन्य ज़्यूडर ज़ी या शेल्ड को पार करते हैं;
अन्य जो जिब्राल्टर या दरेदानियल में आते और जाते हैं,
अन्य जो दृढ़ता के साथ उत्तरी जाड़े की बर्फ़ीली चट्टानों के बीच अपना रास्ता बनाते हैं,
अन्य ओबी या लेना नदी की धारा के साथ या उसके विरुद्ध चलते हैं,
अन्य नाइजर या कांगो नदी पर, अन्य सिंधु, ब्रह्मपुत्र पर या कम्बोज में,
अन्य वाष्प भर कर आस्ट्रेलिया की गोदियों में प्रतीक्षा करते हैं,

लिवरपूल, ग्लास्गो, डब्लिन, मार्सेई, लिस्बन, नेपुल्स, हैम्बर्ग, ब्रेयन, बोर्दो, हेग, कोपेनहैगेन
में प्रतीक्षा करते हैं,
वालपेराइज़ो, रायो डिजेनरो, पनामा में प्रतीक्षा करते हैं।

(5)

मैं पृथ्वी पर रेल की पटरियों के मार्ग देखता हूँ,
मैं उन्हें बरतानिया में देखता हूँ, योरप में देखता हूँ,
मैं उन्हें एशिया में और अफ्रीका में देखता हूँ।
मैं पृथ्वी पर बिजली के टेलीग्राफ देखता हूँ,
मैं मानव-जाति के युद्धों, निधनों, क्षतियों, लाभों, आवेगों के समाचारों के सूक्ष्म सूत्र
देखता हूँ।

मैं पृथ्वी पर नदियों की लम्बी धारियाँ देखता हूँ,
मैं अमेज़न और परागुवे नदियों को देखता हूँ,
मैं चीन की चार महान् नदियों, आमूर, पीतनदी, यांग्त्सी और पर्ल को देखता हूँ।
मैं देख रहा हूँ सीन नदी कहाँ बहती है, कहाँ डैन्यूब, ल्वायर, रोन और ग्वाडालक्विवर
बहती हैं,
मैं देख रहा हूँ वोल्गा, नीपर, ओडर नदियों के घुमावदार मार्ग,
मैं टस्कन पोत को आर्नो नदी की धारा के साथ और वेनिस के पोत को पो नदी पर
चलते देखता हूँ,
मैं ग्रीक नाविक को एगिना की खाड़ी से बाहर निकलते देखता हूँ।

(6)

मैं असीरिया के प्राचीन साम्राज्य, और फारस के और हिन्दुस्तान के साम्राज्यों के
स्थान देखता हूँ,
और मैं गंगा नदी को शंकर की ऊँची शिखा पर गिरती देखता हूँ।

मैं उस स्थान को देखता हूँ जहाँ मानव रूपों में ईश्वर के अवतार लेने की अवधारणा
का उदय हुआ,

मैं उन स्थलों को देखता हूँ जहाँ पर पृथ्वी पर पुरोहितों, देववाणियों, बलि, बाल देने वालों, ब्राह्मणों, सेबियनों, लामाओं, संन्यासियों, मुफ़्तियों, उपदेशकों के क्रम चलते रहे,
वह स्थान देखता हूँ जहाँ मोना के उपवनों में प्राचीन पुजारी विचरण करते थे, मैं बाँदा और वन्य गंधवेन देखता हूँ,
मैं उन मंदिरों को देखता हूँ जहाँ देवताओं के पार्थिव तन का अंत हुआ, मैं पुरातन संकेतकों को देखता हूँ,

युवाओं और वृद्धों के बीच मैं ईसा को अपने अंतिम रात्रि-भोजन की रोटी खाते देखता हूँ,
मैं वह स्थान देखता हूँ जहाँ दिव्य युवा हर्क्यूलीज ने ईमानदारी से और लम्बे समय तक कड़ी मेहनत की और फिर दम तोड़ा,
मैं वह स्थान देखता हूँ जहाँ सुंदर नैश पुत्र, पुष्ट-तन बेकस ने अबोध सम्पन्न जीवन व्यतीत किया और दुर्भाग्यपूर्ण नियति को प्राप्त हुआ,
मैं नेफ़ को देखता हूँ, प्रफुल्ल, नील वस्त्र-सज्जा में, शीश पर पंखों का मुकुट धारण किये,
मैं हर्मीज़ को देखता हूँ मरते हुए, कल्पना के जो बाहर था, अत्यंत प्रिय, लोगों से यह कहते हुए : *'मेरे लिए मत रोओ,*
यह मेरा सचमुच का देश नहीं, मैं अब तक अपने सचमुच के देश से निष्कासित रहा हूँ, अब मैं वहाँ लौट रहा,
मैं उस दिव्य लोक को जाता हूँ, जहाँ प्रत्येक व्यक्ति अपनी बारी आने पर जाता है।'

(7)

पृथ्वी के युद्ध-क्षेत्र मैं देख रहा, उन पर घास, फूल और अन्न उगते हैं,
मैं प्राचीन और आधुनिक अभियानों के मार्ग देखता हूँ।
मैं अनाम स्थापत्य देखता हूँ, अज्ञात घटनाओं के, श्रद्धास्पद संदेश, सूरमा, पृथ्वी के अभिलेख।

मैं गाथाओं के स्थान देखता हूँ,
उत्तरी अंधड़ों से विदीर्ण चीड़ों और देवदारों के वृक्ष मैं देखता हूँ,
मैं देखता हूँ कणाश्म के खिलाखण्ड और खड़ी चट्टानें, मैं देखता हूँ हरी चरागाहें और झीलें,
मैं देखता हूँ स्कैंडिनेविया के योद्धाओं के समाधि-स्तूप,

उन्हें मैं अशांत महासिंधुओं के हाशिये पर उनके ऊँचे उठे पत्थरों के साथ देखता हूँ,
ताकि जब मृतकों की आत्माएँ अपनी नीरव समाधियों से ऊब जाएँ, तब वे पत्थरों की राशि से बाहर निकलें और उछलती तरंगें देखें और आँधियों, विराटता, मुक्ति, कर्मण्यता से ताज़गी का अनुभव करें।

मैं देखता हूँ एशिया की विशाल चरागाहें,
मैं मंगोलिया के स्तूप देखता हूँ, मैं काल्मुकों और बस्कीरों के ख़ेमे देखता हूँ,
मैं यायावर क़बीलों को उनके बैलों और गायों के ढोरों के साथ देखता हूँ,
मैं पठारों और उन पर जगह-जगह कट कर बने गह्वर देखता हूँ, मैं जंगलों और रेगिस्तानों को देखता हूँ,
मैं ऊँट, वन्य अश्व, क्रौंच, चर्बीदार पूँछ की भेड़ें, मृग और माँद में रहने वाले भेड़िये को देखता हूँ।

मैं अबीसीनिया की उच्च भूमियों को देखता हूँ,
मैं बकरियों के झुण्ड चरते हुए देखता हूँ, और अंजीर, इमली और खजूर के वृक्ष देखता हूँ,
और मैं टेफ-ह्वीट के मैदानों को और हरे और सुनहरे स्थान देखता हूँ।

मैं ब्राज़ील के चरवाहे को देखता हूँ,
मैं बोलीविया वाले को सोराता पर्वत पर आरोहण करते हुए देखता हूँ,
मैं वाचो को मैदान पार करते हुए देखता हूँ, और मैं अतुलनीय अश्वारोही को अपनी भुजाओं पर अपनी प्रेयसी किशोरी को टिकाये देखता हूँ,
और मैं दक्षिणी अमरीका के विस्तृत मैदानों में चर्म के लिए वन्य पशुओं का पीछा किया जाना देखता हूँ।

(8)

मैं हिमपात और हिम के प्रदेश देखता हूँ,
मैं तीक्ष्ण-दृष्टि समोआ-निवासी और फिनलैंड-निवासी को देखता हूँ,
मैं सील के शिकारी को अपनी बर्छी सम्हालते देखता हूँ,
मैं श्वानों से खींची जा रही छोटी-सी स्लेज में बैठे साइबेरिया-निवासी को देखता हूँ,
मैं सूँस के शिकारियों को देखता हूँ, मैं दक्षिणी प्रशांत सागर और उत्तरी अतलान्तक

मैं ह्वेल के शिकारी नाविकों को देखता हूँ,
मैं स्विट्ज़रलैंड की खड़ी चट्टानों, हिमनदों, प्रपातों, उपत्यकाओं को देख रहा हूँ—मैं
लम्बे शिविरों और एकाकीपन को देख रहा हूँ।

(9)

मैं पृथ्वी के नगर देखता हूँ और इच्छानुसार किसी का भी अंग बन जाता हूँ,
मैं पेरिस का वास्तविक निवासी हूँ,
मैं वियेना, सेंट पीटर्सवर्ग, बर्लिन, कुस्तुनतुनिया का नागरिक हूँ,
मैं एडीलेड, सिडनी, मेलबोर्न का हूँ,
मैं लंदन, मैनचेस्टर, ब्रिस्टल, एडिनबरा, लिमेरिक का हूँ,
मैं मैड्रिड, कादिज़, बार्सीलोना, ओपोर्तो, लियोन्स, ब्रसेल्स, बर्न, फ्रैंकफर्ट, स्टुटगार्ट,
ट्यूरिन, फ्लोरेंस का हूँ,
मास्को, क्रैकाऊ, वार्सा, या उत्तर में क्रिस्चियानिया या स्टाकहोम, या साइबेरिया के
इर्कुत्सक, मेरे अपने स्थान या मैं आइसलैण्ड की किसी सड़क का हूँ,
मैं उन सारे नगरों पर अवरोहण करता हूँ, और फिर उनसे ऊपर उठ जाता हूँ।

(10)

अभी तक अज्ञात देशों से निकलती हुई वाष्पमय साँसें मैं देखता हूँ,
मैं बर्बरों जैसे लोगों, धनुष और बाण, विष में बुझी खपच्ची, ताबीज़ और ओझा को
देखता हूँ।

मैं अफ्रीकी और एशियाई नगरों को देखता हूँ,
मैं अल्जियर्स, त्रिपोली, दर्न, मोगादोर, टिम्बकटू, मोनरोविया को देखता हूँ,
जनाकीर्ण पेकिंग, कैण्टन, बनारस, दिल्ली, कलकत्ता, टोकियो को देखता हूँ,
मैं क्रूमन वाले को उसकी झोंपड़ी में और दहोमन और अशांटीमन को उनकी
झोंपड़ियों में देखता हूँ,
मैं अलेप्पो में तुर्क को मदक पीते हुए देखता हूँ,
मैं ख़ीवा और हेरात के मेलों में चित्रमय भीड़ों को देखता हूँ,
मैं तेहरान देखता हूँ, मस्कत और मदीना और उनके बीच फैला रेगिस्तान, और उसमें
लथपथ बढ़ते हुए अनेक कारवां देखता हूँ,

मैं मिस्र और मिस्रियों को देखता हूँ, मैं पिरामिडों और ओबेलिस्क देखता हूँ,
शिलाओं के तराशे हुए इतिहास, विजेता नृपों, वंशों के बालुकाश्म की पट्टी पर या
कणाश्म खण्डों पर उकेरे गए अभिलेख देखता हूँ,
मैं मेम्फीज़ के ममी-गर्तों में रखी, छालटी से आच्छादित, सदियों-सदियों से वहाँ पड़ी
हुई संलेपित ममियाँ देखता हूँ,
मैं उस धराशायी थीबियायी को देखता हूँ, जिसकी विशाल आँखें हैं, जिसकी ग्रीवा
एक ओर लटकी हुई, और जिसके हाथ वक्ष पर मोड़कर रखे गए।

मैं पृथ्वी के सारे भृत्यों को श्रम करते देखता हूँ,
मैं बंदीगृह में सारे बंदियों को देखता हूँ,
मैं पृथ्वी के सारे विकलांग मानवों को देखता हूँ,
अंधे, बधिर और मूक, मतिहीन, कूबड़, पागल,
जलदस्यु, चोर, दग़ाबाज़, हत्यारे और पृथ्वी पर दासों के जन्मदाता,
असहाय शिशु और असहाय वृद्ध और वृद्धाएँ।

मैं हर जगह नर और मादा को देखता हूँ,
मैं दार्शनिक का शांत संघाराम देखता हूँ,
मैं अपनी जाति की रचनात्मकता देखता हूँ,
मैं अपनी जाति की अथकता और अध्यवसाय के फल देखता हूँ,
मैं श्रेणियाँ, वर्ण, बर्बरताएँ, सभ्यताएँ देखता हूँ, उनके बीच जाता हूँ, आँखें मूँद कर
मैं उनसे घुल-मिल जाता हूँ,
और मैं पृथ्वी के सारे निवासियों को सलाम करता हूँ।

(11)

तुम्हें, चाहे तुम कोई हो!
तुम्हें, इंग्लैंड के पुत्र या पुत्री!
तुम्हें, शक्तिशाली स्लाव, क़बीलों और साम्राज्यवाले! तुम्हें, ओ रूस के रूसी!
तुम्हें, ओ कल्पों के धुँधलके की संतान, स्याह, दिव्यात्मा अफ्रीकावासी, विशालकाय,
रुचिर शीश, उत्कृष्ट रूप, भव्य नियति-युक्त, सर्वथा मेरे समकक्ष!
तुम्हें, नार्वे वाले! स्वीडन वाले! डेनमार्क वाले! आइसलैंड वाले! ओ प्रशा वाले!
तुम्हें, ओ स्पेन के स्पेनियर्ड! तुम्हें, ओ पुर्तगाली!

तुम्हें, ओ फ्रांस की फ्रांसीसी नारी और फ्रांसीसी पुरुष!
तुम्हें, वेल्जियमवासी! ओ नीदरलैण्ड के स्वाधीनता–प्रेमी! (तुम्हारी ही जाति का वंशज मैं हूँ);
तुम्हें, ओ बलिष्ठ आस्ट्रियावासी! तुम्हें ओ लोम्बार्डी वाले! हूण! बोहेमिया वाले! स्टीरिया के किसान!
तुम्हें, ओ डेन्यूब के पड़ोसी!
तुम्हें, ओ राइन के, एल्ब के या वीज़र के श्रमिको! और तुम्हें भी, ओ श्रमिक-स्त्रियो,
तुम्हें, ओ सार्डीनिया वाले! बवेरिया वाले! स्वाब वाले! सैक्सन! वलाच वाले, बुलगारिया वाले!
तुम्हें, ओ रोमवाले! नेपुल्स वाले! ग्रीस वाले!
तुम्हें, ओ सेविल की रंगभूमि में वृषभ से लड़ने वाले स्फूर्तिमय मल्ल!
तुम्हें, ओ टॉटरस या काकेशस पर नियमहीन जीवन व्यतीत करने वाले पर्वतारोही!
तुम्हें, ओ बोख़ारा के अश्व-पालक अपनी घोड़ियों और अपने जनक घोड़ों को चराते हुए!
तुम्हें, ओ सुभग फारस वाले, काठी में जमे पूरे वेग से अश्व दौड़ाते और तीर से लक्ष्यवेध करते हुए!
तुम्हें, ओ चीन के पुरुष और चीनी नारी! तुम्हें, ओ तातार के तातारी।
तुम्हें, ओ पृथ्वी की स्त्रियो, जो अपने कामों के नीचे दबीं!
तुम्हें, ओ यहूदी जो वृद्धावस्था में हर जोखिम का सामना करते हुए एक बार सीरिया की भूमि पर खड़े होने के लिए यात्रा कर रहे हो!
तुम्हें, ओ अन्य यहूदियो, जो सारे देशों में अपने मसीहा की प्रतीक्षा कर रहे हो!
तुम्हें, ओ फ़रात नदी की किसी धारा के निकट बैठकर चिंतन करते हुए विचारशील आर्मेनियाई! निनेवा के ध्वंसावशेषों में झाँकने वाले! अरारात की चोटी पर चढ़ने वाले!
तुम्हें, ओ मक्का की दूर से चमकती मीनारों का स्वागत करने वाले श्रांतपद तीर्थयात्री,
तुम्हें, ओ शेखों, स्वेज़ से लेकर बाब-अल-मान्देब तक के विस्तार तक अपने कुटुम्बों और क़बीलों पर शासन करने वाले!
तुम्हें, ओ नज़ेरेथ, दमिश्क, या ताइबेरियस झील के मैदानों में अपने लगाए जैतून के वृक्षों के फलों की देखभाल करने वाले किसान!
तुम्हें, ओ तिब्बती व्यापारी अपने प्रदेश के विस्तृत अन्तर में या ल्हासा की दुकानों में मोलभाव करते हुए!
तुम्हें, ओ जापान के नर-नारी! ओ मेडागास्कर, लंका, सुमात्रा, बोर्नियो के निवासियो!
ओ एशिया, अफ्रीका, यूरोप, आस्ट्रेलिया के महाद्वीपीय निवासियो, कोई भी स्थान हो!

ओ सागर में द्वीपमालाओं के असंख्य द्वीपों के निवासियो!
और आज से अनेक सदियों बाद के मेरे श्रोताओ!
ओ तुम प्रत्येक और सारे स्थानों के निवासियो, जिनका उल्लेख मैंने नहीं किया, किंतु जिन्हें मैं निस्संदेह सम्मिलित करता हूँ!
तुम्हारे स्वास्थ्य की कामना करता हूँ,
तुममें से प्रत्येक के लिए मेरी और अमरीका की ओर से सद्भावनाएँ प्रेषित!

हममें से प्रत्येक अनिवार्य,
हममें से प्रत्येक सीमाहीन—हममें से प्रत्येक का स्वत्व पृथ्वी पर, स्त्री हो अथवा पुरुष,
हममें से प्रत्येक के अन्दर पृथ्वी के अन्तहीन उद्देश्य निहित,
हममें से प्रत्येक यहाँ है समान दिव्य।

(12)

ओ तुम हाटेनटाट, खट-खट करते तालव्य ध्वनियों वालो! ओ तुम ऊन जैसे बालों वालों के यूथ!
अन्यों की सम्पत्ति बने, स्वेद की बूँदें या रक्त की बूंदें गिराने वालो!
ओ वन्य पशुओं के अतल प्रभावकारी रूपों के मानव प्रतिरूप!
ओ तुम दीन कोबू जिसे तुम्हारी सारी झिलमिलाती भाषा और दिव्यता के बावजूद अन्यों में अधमतम भी घृणा से देखते हैं!
ओ तुम बौनों से नाटे काम्त्शचाट्क, ग्रीनलैंड, लैपलैंड के निवासियो!
ओ तुम दक्षिण के हब्शी, नग्न, आरक्त, कालिख-से, बाहर को लटके हुए होठों वाले, घिघियाते, भोजन की तलाश करने वाले!
ओ तुम काफ़्रे, बरबर और सूडानी,
ओ वन्य, अस्वच्छ, उद्दण्ड बेदुइन!
ओ मद्रास, नानकिंड, बाबुल, काहिरा में महामारी से पीड़ितों के यूथो,
ओ अमेज़ोनिया के रात्रि-समय पथहारा यायावर! ओ पैटागोनिया वाले! फ़िज़ी द्वीप वाले!
तुम्हारी तुलना में अन्य मुझे बहुत प्रिय नहीं हैं,
और न मैं तुम्हारे विरुद्ध एक शब्द बोलता हूँ, दूर पर जहाँ तुम पीछे खड़े हो,
(समय आयेगा जब तुम मेरे पार्श्व में आकर खड़े होगे)।

(13)

करुणा और संकल्पमय मेरी आत्मा ने पृथ्वी की चतुर्दिक यात्रा तय की है,
मैंने समकक्षों और प्रेमियों को ढूँढा है और सारे देशों में उन्हें अपने लिए प्रस्तुत पाया है,
मेरा अनुमान है किसी दिव्य संवाद ने उनका समकक्ष मुझको बना डाला है।

ओ वाष्पमालाओ, मेरा अनुमान है कि मैं कुछ कारणवश ही तुम्हारे संग ऊपर उठकर
दूरस्थ महाद्वीपों की ओर गया हूँ और वहाँ नीचे गिरा हूँ,
ओ तुम हवाओ, मेरा अनुमान है कि मैं तुम्हारे संग उड़ा,
ओ तुम सिंधुओ, तुम्हारे साथ मैंने प्रत्येक तट पर उँगलियाँ फिरायी हैं,
मैं उस हर वस्तु के भीतर प्रवाहित हुआ हूँ जिससे होकर पृथ्वी की कोई नदी या
जलडमरूमध्य प्रवाहित हुआ है,
मैं प्रायद्वीपों के आधारों और ऊँची अचल शिलाओं पर खड़ा हुआ और वहाँ से चिल्ला
कर कहता हूँ :
पृथ्वी को सलाम!
आलोक और उष्णता ने जिन नगरों के अन्दर प्रवेश किया उन नगरों के अन्दर मैं
प्रवेश करता हूँ,
उन सारे द्वीपों पर जहाँ पक्षी उड़कर पहुँचते हैं, मैं स्वयं उड़कर वहाँ पहुँच जाता हूँ।

अमरीका के नाम में, तुम सबकी ओर
मैं अपना हाथ लम्बवत् उठाता हूँ, मैं संकेत देता हूँ,
जो मेरे बाद भी सदा दृष्टिगत रह जाएगा,
जहाँ-जहाँ मानव के आश्रय और गृह हैं।

(1856) **(Salut au Monde! 1881)**

ब्रुकलिन का घाट पार करते हुए

Crossing Brooklin Ferry

(1)

मेरे नीचे के ज्वार! मैं तुम्हें आमने-सामने देखता हूँ!
पश्चिम के बादलो, उस ओर आधे घंटे पूर्व उगे हुए सूरज, तुम्हें भी मैं आमने-सामने देखता हूँ!

दैनन्दिन वस्त्रों में सजे पुरुषो और नारियो, कितने विलक्षण तुम मेरे लिए!
घाट की नावों में आर-पार जाते हुए, गृहों को लौटते हुए—सैकड़ों-सैकड़ों नारी-पुरुष जितना भी तुम सोच सकते हो, उससे मुझे अधिक विलक्षण लगते हो,
और आज से वर्षों बाद इस तट से उस तट को जाने वाले लोगो, मेरे लिए तुम उससे अधिक हो, चिंतन के क्षणों में अधिक जान पड़ते हो जितना तुम सोच सकते हो।

(2)

मुझको सारी वस्तुओं से अदृश्य पुष्टि मिलती है, दिन-रात, प्रत्येक प्रहर,
सरल, सुगठित, सुग्रथित कैसा विधान है, मैं स्वयं विघटित, प्रत्येक व्यक्ति विघटित, किन्तु उस विधान के सभी अविच्छिन्न अंग, भूत की समानताएँ, भावी की समानताएँ,
जो कुछ भी अकिंचन से अकिंचन मैं देखता हूँ, सुनता हूँ, मार्ग पर जाते हुए, नदी पार करते हुए, सब पर मणियों-सी गुँथीं भव्यताएँ,
नदी की यह वेगवती धारा कितनी दूरी तक मेरे साथ नदी के वक्ष पर सरकती हुई चली जायेगी,
मेरे पीछे अन्य आयेंगे, उनमें और मुझमें संबंध-डोर,
अन्य भी आयेंगे निश्चित है, अपने साथ ज़िन्दगी, प्रेम, दृश्य, अपने स्वर लायेंगे।

अन्य भी इस घाट के द्वार आयेंगे, इस तट से उस तट को जायेंगे,
अन्य भी ज्वार का प्रवाह-वेग देखेंगे,
अन्य भी मनहटा के उत्तर में, दक्षिण में वाणिज्य-पोतों को, ब्रुकलिन के शैल-शृंग दक्षिण और प्राची में देखेंगे,
अन्य भी विशाल और लघु द्वीप देखेंगे,
आज से अर्द्ध-शताब्दी के बाद, आज से न जाने कितनी शताब्दियों के बाद, अन्य उन्हें देखेंगे,
सूर्यास्त, ज्वार का तट की ओर आरोह, भाटे का सिंधु में अवरोह देखकर मुदित होंगे।

(3)

अक्षम हैं काल या स्थान—अक्षम है व्यवधान,
मैं तुम्हारे साथ हूँ, किसी एक पीढ़ी के पुरुष-नारी, आज से न जाने कितनी पीढ़ियों के बाद वालो,
नदी और आकाश को देखकर, जो अनुभव तुम्हें होता है, वैसा ही मुझे होता था।
जैसे तुममें कोई भी किसी जीवित भीड़ का अंग रहा, वैसे ही मैं भी रहा,
मैं भी तुम्हारी तरह नदी की प्रसन्नता से, उसके आलोकमय प्रवाह से ताज़ा हुआ,
जैसे तुम रेलिंग के सहारे खड़े, झुके हुए, फिर भी सवेग धारा में बहे जाते, वैसे ही मैं भी खड़ा किंतु सवेग बहता रहा,
जैसे जलपोतों के अनगिनत मस्तूल, अगिन-बोटों के स्थूल पाइप तुम देखते जाते, वैसे ही मैंने भी उन्हें देखा।

मैंने भी न जाने कितनी बार, कितनी बार, पुराने ज़माने में नदी को पार किया,
माघ में सामुद्रिक काकों को, आकाश में डूबे हुए, तिरते स्थिर डैनों पर, तन को डुलाते हुए देखा था;
मैंने देखा कैसे चमकदार पीली किरणों ने उनके कुछ अंग अत्यंत आलोकित किये, शेष भाग गहन छाया में पड़े रहने दिये,
देखा उनका मंद चक्रों में मँडराना और दक्षिण की ओर उलड़े हुए धीरे-ही-धीरे उनका चले जाना,
ग्रीष्म के आकाश का प्रतिबिम्ब जल गें पड़ा देखा,
किरणों का प्रखर झिलमिलाता पथ देखकर मेरी आँखें चकाचौंध हुईं,
सूरज की किरणों से आलोकित जल में पड़ी अपनी शीश-छाया से विकीर्ण, चारों ओर,

ज्योति की मनोहर केन्द्राभिसारी कमानियाँ देखीं,
दक्षिण और दक्षिण-पश्चिम के शैल-शृंगों पर छाया हुआ धूसर पट मैंने देखा,
मसृण ऊन सदृश उड़ता हुआ नीलाभ वाष्प देखा,
निचली खाड़ी के उस भाग पर अपनी दृष्टि की जहाँ जलपोत चले आते थे, जिन्हें देखने की मुझे इच्छा थी,
मैंने देखा उनका समीप आना, उन्हें देखा पोत पर जो मेरे नज़दीक थे,
देखे दो मस्तूल, एक मस्तूल वाले पोतों के सफ़ेद पाल, देखे लंगर डाले जलपोत,
नाविक मस्तूलों, पालों पर काम करते हुए या मस्तूलों पर चढ़े हुए,
गोले मस्तूल, जलपोतों के इधर-उधर हिलते हुए पेटे, पतली पताकाएँ सर्पों की तरह लहराती हुईं,
बड़े-छोटे अगिनबोट गतिशील, चालकों को चालकों के कक्षों में,
उनके चलने से पीछे बने श्वेत मार्ग, चक्कों के क्षिप्र कंपित आवर्तन,
सारे देशों की पताकाएँ, संध्या समय उनका उतर जाना,
गोधूलि वेला में हाशिये पर शंख लिए तरंगें, कलछीदार प्याले, केलिप्रिय लहरों के शीर्ष भाग और चमक,
दूर तक चला जाता जल-प्रसार, क्रमशः धुँधला होता हुआ, गोदियों के तटवर्ती पत्थरों के बने हुए गोदामों की धूसर दीवारें,
नदी पर छायाओं का समूह—बड़े वाष्प पोतों के धूसर पार्श्व, दोनों ओर निकट पार्श्व में बाजरे, चारे से लदी नाव, देर कर चुकी डोंगी,
पास के तट पर स्थित ढलाई के कारखाने जो अपनी चिमनियों से ऊपर की तरफ़ लपटें उगलते हैं, और रात्रि में दमकते हैं,
और जो निरंकुश लाल और पीले प्रकाश के विपरीत बुझती चिनगारियों की कालिख को घरों की
मुंडेरों पर गिराते हैं, और नीचे गलियों की दरारों में गिराते हैं।

(4)

ये सभी और इनके अतिरिक्त अन्य सभी मेरे लिए वैसे रहे जैसे वे तुम्हारे लिए हैं,
मैंने उन नगरों को ख़ूब प्यार किया, भव्य और क्षिप्र नदी को ख़ूब प्यार किया,
सबको आत्मीय जाना था उन पुरुषों और नारियों को देखा,
अन्य भी मेरे लिए वैसे ही रहे—पीछे मुड़ कर जो मेरी ओर देखते हैं, क्योंकि मैंने आगे की ओर अपनी आँखें उठा कर उन्हें देखा,
(आएगा वह समय, यद्यपि मैं आज के दिन और आज की रात यहाँ रुक जाऊँगा।)

(5)

क्या है तब जो हमें तुम्हें अलग करे?
कोड़ियों वर्षों या शताब्दियों की गणना क्या है हमारे बीच?
कुछ भी हो वह है अर्थहीन—व्यवधान अर्थहीन, और अर्थहीन स्थान,
मैं भी रहा, विपुल-काय पहाड़ियों से मण्डित यह ब्रुकलिन कभी मेरा रहा,
मैं भी मनहटा द्वीप के जनपथों पर चलता था, और उसके चतुर्दिक सागर में नहाता था,
मुझे भी अंतर में विचित्र सहसा स्फुरित प्रश्नों का अनुभव हुआ,
दिन में, भीड़ों के बीच, कभी-कभी वे मुझे अभिभूत करते थे,
कभी-कभी जब रात में देर से घर लौटता या बिस्तरे पर जब पड़ा रहता था सहसा वे
अभिभूत करते थे,
मैं भी अनंत की तरलता पर संतरित भूतों से बना था,
अपने विग्रह से ही हुई मुझे भी आत्म की उपलब्धि,
मुझे मालूम था कि जो मैं था मेरे तन का था, मुझे यह मालूम था कि जो कुछ भी मुझे
होना है अपने तन का होकर होना है।

(6)

केवल तुम पर ही नहीं गिरते कालिमा के खण्ड,
मुझ पर भी कालिमा ने अपने खण्ड नीचे गिराये थे,
अपने सर्वश्रेष्ठ कार्य मुझको छूछे लगे, सन्देहजनक लगे,
मेरे विचार जिन्हें मैंने महत् समझा, क्या थे वे यदि वस्तुतः क्षुद्र नहीं?
मात्र तुम्हीं नहीं जानते हो पातकी किसे कहते हैं,
मैं वह व्यक्ति हूँ जिसने जाना था पातकी किसे कहते हैं,
मैंने भी असंगति की पुरानी गाँठ उलझायी,
मैंने बकवास की, शर्म से गड़ गया, रुष्ट हुआ, झूठ कहा, चोरी की, कुढ़ता रहा,
मुझमें भी छल, क्रोध, तृष्णा, और ऐसी प्रज्वलित वासनायें थीं, जिनके उल्लेख का
मुझमें न साहस रहा,
अस्थिर-चित्त, दम्भी, लोभी, छिछला, प्रच्छन्न धूर्त, कायर, विद्वेषी था,
मेरे भी अंतर में भेड़िया, साँप, शूकर का कोई अभाव नहीं रहा,
मुझमें भी प्रवंचना की दृष्टि, ओछे शब्द, परदारागमन की वासना की कमी नहीं थी,
अस्वीकृतियाँ, घृणाएँ, स्थगन, क्षुद्रता, आलस्य—इनकी कमी मुझमें नहीं थी,

औरों-सा मैं भी था, उनके दिन मेरे थे, उनकी घटनायें घटीं मेरे साथ,
मुझे समीप आते या अपने पास से निकलते हुए देखकर नौजवान मुझको अन्तरंग नाम ले-लेकर पुकारते थे,
जब मैं खड़ा रहता था अपनी बाँहें वे मेरी ग्रीवा पर फिरा देते या जब बैठा हुआ रहता था अपना बेसुध तन मुझ पर डाल देते थे,
अपने अनेक प्रियजन देखे रास्तों पर, घाट की नावों में, जनता की भीड़ में एक शब्द बिना कहे,
औरों के साथ-साथ उन-सा ही रहता रहा, और चिर मानव-सुलभ हास्य किया, चिंता का दंश सहा, सोता रहा,
मैंने वही भूमिका सम्पन्न की जो मुड़-मुड़ कर अपने नटों, नटियों को देखती जाती है,
चिरपरिचित वही भूमिका, जिसको जैसी हम चाहते हैं बना लेते हैं, महत् यदि हम चाहें, या क्षुद्र जितनी हम चाहें,
या महत् या क्षुद्र दोनों।

(7)

मैं तुम्हारे और भी निकट आता हूँ,
मुझको लेकर जो कुछ तुम सोचते हो, तुमको लेकर मैंने वही सोचा था—मैंने पहले से ही अपनी सामग्री संचित कर रखी,
मैंने तुम्हारे जन्म के पहले तुमको लेकर देर-देर तक सोचा, गंभीरता से सोचा।

कौन जानता था क्या बात मेरे मन में समा पायेगी?
कौन जानता है बस मैं इसका आनंद लेता जा रहा हूँ?
कौन जानता है कि सारी दूरी के बावजूद इस क्षण मैं जैसे अपनी आँखों के सामने तुम्हें देखता हूँ, हालाँकि तुम मुझे नहीं देख पाते हो?

(8)

आह, भला क्या है मस्तूलों से घिरे मनहटा से मेरे लिए अधिक भव्य, अधिक वंद्य?
नदी से, संध्या से, ज्वार की शंख-खचित लहरों से?
सामुद्रिक काकों से, जो अपने तन प्रदोलित करते हैं, संध्या के धूसर में घास लदी नौका से, देर कर आती हुई डोंगी से?

वे कौन देवता हैं जो मुझे उनसे अधिक श्रेष्ठ प्रतीत होंगे जो मेरे हाथ अपने हाथ में पकड़े हुए, और जो मुझे अपनी प्रिय वाणियों में तत्पर और तुमुल स्वरों में मेरा अंतरंग नाम ले-ले कर पुकार उठते हैं, जब उनके पास मैं पहुँचता हूँ?
कौन वह वस्तु उस वस्तु से भी सूक्ष्मतर है जो मुझे उस पुरुष-नारी से बाँध देती जिसकी दृष्टि मुझ पर पड़ जाती है?
इस क्षण जो मुझे तुममें विलय कर देती और जो मेरा आशय तुममें भर देती है?

तब हम एक-दूसरे को समझते हैं, बात यह ठीक है न?
जिस वस्तु की आशा मैंने दिलायी थी, बिना उल्लेख किये, तुमने क्या उसे स्वीकार नहीं किया?
अध्ययन से जो तुम कभी न सीख पाते—प्रवचन जिस कार्य को पूरा करने में विफल होते—वह सब पूरा हुआ—ठीक है न यह?

(9)

बहती चलो, नदी! ज्वार-भाटे के साथ चढ़ती-उतरती चलो!
मोद में उछलती चलो, किरीटधारी शंख-खचित, ओ तरंगो,
अस्ताचल के चटुल मेघखण्डो, अपनी भव्यता से मुझे नहला दो, मेरे बाद आने वाली पीढ़ियों के नर-नारियों को नहला दो!
सिंधु को आर-पार करते चलो, यात्रियों के असंख्य यूथ!
मनहटा के गगन-चुम्बी मस्तूलो! उठो, ब्रुकलिन की मनोहर पहाड़ियो!
स्फुरित हो परास्त जिज्ञासु मस्तिष्क! प्रक्षिप्त करो प्रश्न और समाधान!
रुक जाओ, यहाँ और हर जगह, घोल के अनंत तरल प्रवाह!
घूरते चलो गृहों या पथों या जन-समागमों को प्रेम-पगे, प्यासे नेत्र!
गूँजो, नौजवानों के स्वरो! मंद्र, मधुर स्वरों में मेरा अंतरंग नाम ले-ले कर पुकारो मुझे!
जीवित रहो, ओ पुरातन जीवन! ऐसी भूमिकाएँ सम्पन्न करो, मुड़-मुड़ कर जो नटों या नटियों को देखती ही जातीं!
वही पुरातन भूमिका सम्पन्न करो जो महत् या क्षुद्र होती है जैसी हम चाहते हैं!
सोचो तो, मेरे पाठक, कहीं मैं अज्ञात रूपों से न तुमको निहारता हूँ;
दृढ़ रहो, नदी की नौका की रेलिङ्ग, उनको अवलम्ब दो अलसाये तुम पर जो झुके हैं, किंतु जो धारा में वेग से बहते जाते हैं;
उड़ते चलो सिंधु के विहगो, तुम! एक बल हो उड़ो या शून्य की गहराइयों में विशाल चक्रों में परिक्रमा करते चलो;

धारण करो ग्रीष्म का आकाश, ओ नीर! निश्चल उसे तबतक धारण करो जबतक
उसे धारण न कर लें सारी झुकी आँखें।
धूप से चमकते जल में मेरे शीश की छाया, किसी के भी शीश की छाया से विकीर्ण
होती चलो चारों ओर ज्योति की मनोहर कमानियो!
चले आओ खाड़ी के दूरस्थ भाग से, जलपोतो! सिंधु से तट की ओर या तट से सिंधु
की ओर आते रहो, जाते रहो, श्वेत पालों से सजे, दो मस्तूलों के जलपोतो,
एक मस्तूल के जलपोतो, छोटी-छोटी डोंगियो!
शान से फहरो तुम, राष्ट्रों की पताकाओ! विधिवत् अस्ताचल समय तुम उतरो!
आकाश में प्रक्षिप्त करो अग्नि-खण्ड, ढलाई के कारखानों की चिमनियो! रात्रि में
स्याह छायाएँ फैलाओ! घरों की मुंडेरों पर लाल और पीला प्रकाश डालो!
आज या आज से आगे के बाह्य रूपो, इंगित करो, तुम क्या हो,
आवश्यक आच्छादन, आत्मा को ढकते चलो,
मेरे शरीर के चतुर्दिक मेरे निमित्त और शरीर के चतुर्दिक तुम्हारे निमित्त फिरती रहें
दिव्यतम सुरभियाँ जो हमारी हैं,
फूलो-फलो, तुम—अपने पण्य लाओ, अपने प्रदर्शन लाओ, अपनी विपुल, भरी-पूरी
नदियाँ,
उमड़ो तुम, अस्तित्व, जिससे बढ़कर आत्मिक शायद और कुछ भी नहीं,
अपने स्थानों पर अचल रहो, सबसे अधिक चिरजीवी, भौतिक पदार्थो तुम।

तुमने बाट जोही है, सदा बाट तुम जोहा करते हो, मूक, सुन्दर माध्यमो,
अन्ततः हम तुमसे मुक्त भाव से मिलते हैं, और आगे अब हमारा मन तुमसे न भर
सकता,
अब तुम हमें नहीं कर सकते विफल-काम, तुम हमको दूर नहीं रख सकते,
तुमसे हम काम लेते, तुमको अलग नहीं धरते—हम अपने अंतर में तुम्हें बिठा लेते हैं,
तुम्हारी गहराइयों की माप हम नहीं लेते—तुमसे हमें प्यार है—तुममें भी पूर्णता है,
अनन्तता के प्रति तुम अपनी भूमिका का निर्वाह करते हो,
चाहे तुम विशाल हो या लघु, आत्मा के सृजन में हाथ है तुम्हारा भी।

(1856) **(Crossing Brooklin Ferry, 1881)**

उत्तरदाता का गीत

Song of the Answerer

(1)

सुनो अब भोर का मेरा कथा-गीत, मैं उत्तरदाता के लक्षण बताता हूँ,
धूप में अपने समक्ष फैले हुए नगरों और खेतों को गीत मैं सुनाता हूँ।

एक युवा अपने सहोदर का संदेश लिये मेरे निकट चला आता है,
कैसे उस सहोदर युवा को अपने सहोदर के विषय में क्या और कब का पता चले?
उससे कहो अपने सहोदर के लक्षण मुझे प्रेषित करे।

और उस युवा से रू-ब-रू मैं खड़ा हो जाता हूँ, उसका दायाँ हाथ अपने बायें और बायाँ हाथ अपने दायें हाथ में ले लेता हूँ।
और मैं उसके सहोदर के लिए, और सारे मनुष्यों के लिए उत्तर देता हूँ, और मैं उसके लिए जो उत्तर देता हूँ वह सबके लिए उत्तर है, बताता हूँ, और ये लक्षण प्रेषित करता हूँ।

उसकी प्रतीक्षा सब करते हैं, उसके समक्ष सब समर्पण करते हैं, उसके शब्द निर्णायक और अंतिम होते हैं,
उसे लोग अंगीकृत करते हैं, उसमें सब स्नान करते, उसमें सबको लगता है जैसे आलोक में वे हों,
सबमें वह निमग्न होता है, और उसमें सब निमग्न होते हैं।

सुंदर स्त्रियाँ, राष्ट्र, नियम, विस्तृत दृश्य, जनगण, पशु,
गहन वसुधा और उसके गुण, और अशांत महासिंधु (वैसे ही मैं भोर के कथा-गीत के बारे में कहता हूँ।)

सारे आनंद, सम्पत्तियाँ और द्रव्य और वह सब कुछ जो द्रव्य से ख़रीदा जा सकता है,
उत्तम खेत, जिन पर अन्य श्रम करते और पौधे रोपते हैं, उनकी फ़स्ल वह अनिवार्यतः
काटता है,
भव्यतम और सर्वाधिक ख़र्चीले नगर, जिनका वर्गीकरण और निर्माण अन्य करते हैं,
और उनमें वह बस जाता है,
कोई चीज़ नहीं जो अन्यों के लिए हो पर उसके लिए नहीं, जो कुछ समीप और दूर,
उसके लिए वह है, उसके लिए, क्षितिज पर दीखते पोत,
थल पर निरंतर चलती हुई धूमधाम, या जुलूस उसके लिए हैं, यदि वे किसी व्यक्ति
के लिए हैं।

वस्तुओं को वह उनका बानक देता है,
वर्तमान को वह सुनम्यता और स्नेह सहित अपने अन्तर से बाहर प्रकट करता है
वह अपने काल, संस्मरण, माता-पिता, भाई-बहन, समागमों, रोज़गार, राजनीति को
इस तरह स्थान देता है कि अन्य कभी बाद में उन्हें न लज्जित करें, या न
उन्हें आदेश देने का काम कर पायें।

वही उत्तरदाता है,
उत्तर के योग्य प्रत्येक बात का उत्तर वह देता है, उत्तर के अयोग्य यदि कोई बात हुई,
तो यह भी समझाता है क्यों उसका उत्तर असंभव है।

आदमी एक आवाहन है, चुनौती है,
(व्यर्थ है लुकना-छिपना? सुनते हो वह उपहास और हास?
सुनते हो व्यंग की अनुगूँजें?)

ग्रंथ, मित्रताएँ, दार्शनिक, पादरी, कर्म, आनंद, गर्व, संतुष्ट होने के निमित्त फेरी लगाते हैं,
वह उस संतोष को इंगित करता, और उन्हें भी इंगित करता है जो फेरी लगाते हैं।

नारी या पुरुष हो, कोई ऋतु या स्थान रहे, रात या दिन हो वह स्फूर्तिमय
और कोमलता से और सुरक्षित, सबके पास पहुँच सकता है,
उसके पास हृदयों की सर्वकुशल कुंजी है, उसके लिए दस्ते पर टटोलते हाथों का उत्तर है।

सार्वभौम उसका स्वागत है, सुन्दरता का प्रवाह उससे अधिक स्वागत या सार्वभौम नहीं,
धन्य है वह जो उसका कृपापात्र दिन में है, और वह जिसके साथ वह रात में सोता है।

हर अस्तित्व की अपनी भाषा है, हर वस्तु की अपनी एक भाषा और वाणी है,
सब वाणियों को वह अपनी वाणी में विलीन कर लेता है और उसे मानवों को देता है, किसी भी व्यक्ति को रूपान्तरित करता है और कोई भी व्यक्ति स्वयं को रूपान्तरित करता है,
कोई भी अंश अन्य किसी अंश का खण्डन नहीं करता,
वह कड़ी जोड़ता है और यह देखता है कि कैसे वे कड़ियाँ जुड़ी हैं।

साधारण और समान भाव से दरबार लगाये राष्ट्रपति से कहता है—*कैसे हो, मित्र?*

और वह ईख का खेत गोड़ते हुए घूरहू से कहता है *सलाम, भैया,*
और दोनों ही उसको समझते हैं, और जानते हैं कि ठीक ही वह बोल रहा।
पूरी सहजता से संसद भवन में वह विचरता है,
संसद-सदस्यों के बीच वह विचरता और एक प्रतिनिधि दूसरे से कहता है, *यह देखो, हमारा समकक्ष चला आता है और वह नया है।*

और फिर यांत्रिक उसे यांत्रिक समझ लेते हैं,
सैनिक उसे सैनिक मान लेते हैं, नाविक सोचते हैं उसने सिंधु छान डाले हैं,
ग्रंथकार उसे ग्रंथकार समझते हैं, कलाकार उसे कलाकार समझते हैं,
और मजदूर उसे अपने साथ काम करने में और उन्हें प्रेम करने में सक्षम समझते हैं,
कोई भी काम हो, उसे वह समझ सकता है या उसे पहले ही कर चुका है,
कोई भी राष्ट्र हो, वह उसमें अपने भाई और बहन ढूँढ सकता है।

अंग्रेज़ सोचते हैं उसमें अंग्रेज़ी रक्त प्रवाहित है,
यहूदी को वह यहूदी लगता है, रूसी को रूसी लगता है, सामान्य और निकट, किसी से दूर नहीं।
यात्रिओं के काफी-हाउस में जिस पर वह दृष्टिपात करता है, उस पर अपनी आत्मीयता का दावा करता है,
इटली या फ्रांसवाला निश्चित है, जर्मन भी निश्चित है, स्पेन वाला निश्चित है, क्यूबाद्वीप वाला भी निश्चित है,
अभियंता, बड़ी-बड़ी झीलों पर, मिसिसिपी या सेंट लौरेंस या सैक्रेमेंटो पर, हडसन या स्वस्थ पामनाक के जलडमरूमध्य में डेक पर काम करने वाला उस पर आत्मीयता का दावा करता है।

कोई भी कुलीन वंश का भद्र उसमें कुलीन रक्त पाता है

अपमानकर्ता, वेश्या, क्षुब्ध व्यक्ति, भिक्षुक—सब उसके बानक में अपने को पाते हैं,
वह सबका विचित्र रूपान्तरण करता है,
इसके बाद वे खल नहीं रह जाते, इतना विकास उनमें होता है कि स्वयं को वे नहीं पहचान पाते हैं।

(2)

समय के संकेत और उसकी अनुरूपता,
सम्यक् प्रकृतिस्थता दार्शनिकों में प्रवीणतम का लक्षण है,
काल, अविराम, अपने को खण्डों में व्यक्त करता है,
गायकों का प्रसन्न साहचर्य और उनके शब्दों की भीड़ कवि का सदा संकेत देती है,
गायकों के शब्दों में प्रकाश या अंधकार अपने प्रहर या पल व्यक्त करता है, किंतु कविता के रचनाकार के शब्दों में साधारण ज्योति और अंधकार व्यक्त होते हैं,
कविता का रचनाकार न्याय, नृत और अमरता का निर्णय करता है,
उसकी अन्तर्दृष्टि और शक्ति वस्तुओं और मानव-जाति को अपने वृत्त में घेर लेती है,
वह आज तक की सारी वस्तुओं और मानवजाति की महिमा और सत्त्व है।

गायक जन्मदाता नहीं, मात्र कवि जन्मदाता है,
गायकों का स्वागत होता है, वे समझे जाते, रंगमंच पर वे अनेक बार आते हैं, किंतु वह दिन दुर्लभ है, उसी तरह स्थान भी, जब और जहाँ कविता के रचनाकार, उत्तरदाता का जन्म होता है,
(एक सदी या पाँच सदियों में भी, अपने सब नामों के बावजूद ऐसा दिन नहीं आता है)।

सदियों के अनुक्रमिक प्रहरों के गायकों के तथाकथित नाम हो सकते हैं, किंतु उनमें से प्रत्येक का नाम गायकों में से किसी का हो सकता है,
उनके नाम ऐसे हैं—नयनाचार्य, कर्णाचार्य, शीशाचार्य, मधुराचार्य, निशाचार्य, कक्षाचार्य, प्रेमाचार्य, अद्‌भुताचार्य या कुछ अन्य।

इस सारे समय बीच, और ही, सच्ची कविताओं के शब्द प्रतीक्षा करते हैं,
सच्ची कविताओं के शब्द मात्र मनोरंजन नहीं,
सच्चे कवि सुंदरता के अनुचर नहीं, सुंदरता के सम्मान्य स्वामी हैं;
पुत्रों की महानता है माता और पिता की सारी महानता निसृत करें,
सच्ची कविताओं के शब्द विज्ञान के स्तबक और अंतिम अनुमोदन हैं।

दिव्य वृत्ति, दृष्टि-व्यापकता, तर्कशास्त्र, स्वास्थ्य, तन की रुक्षता, अन्तर्मुखीनता,
उल्लास, सूर्य की ताम्रता, वायु-माधुर्य, ये कुछ हैं कविताओं के शब्द।

नाविक और यायावर कविता के रचनाकार, उत्तरदाता में निहित हैं,
कलाकार, वास्तुकार, ज्यामितिज्ञ, रासायनिक, शरीर-वैज्ञानिक, कपाल-वैज्ञानिक, ये
सभी कविता के रचनाकार, उत्तरदाता में निहित रहते हैं।

सच्ची कविताओं के शब्द तुम्हें कविताओं से अधिक देते हैं,
ऐसी कुछ चीज़ वे देते हैं, ताकि तुम स्वयं अपनी कविताएँ, धर्म, राजनीति, युद्ध,
शान्ति, व्यवहार, इतिहास, प्रयत्न, दैनिक जीवन और अन्य सब चीज़ें रचो,
पद, वर्ण, जातियों, मत और लिंग के भेद वे संतुलित करते हैं,
सुन्दरता को वे ढूँढ़ते नहीं फिरते, वे ढूँढ़े जाते हैं,
उन्हें सदा छूती या उनके निकट चलती हुई सुन्दरता उनका अनुगमंन करती है,
उत्कंठित, उत्सुक और प्रेम-ज्वर पीड़ित।

मृत्यु के लिए वे तैयारियाँ करते हैं, किंतु वे अंत नहीं है, बल्कि निर्गम-द्वार,
किसी भी पुरुष या नारी को वे अंतिम लक्ष्य तक नहीं ले जाते, संतुष्ट और पूर्ण नहीं करते,
जिसे साथ लेते हैं, उसे शून्य में उठाते हैं, ताकि वह नक्षत्रों का जन्म देख पाये, अर्थों
के बीच एक अर्थ समझ पाये,
पूरे विश्वास से यात्रा का आरम्भ कर पाये, अंतहीन वृत्तों के बीच विचरण करे और
फिर कभी न शांत रह पाये।

(1855-56) **(Song of the Answerer, 1881)**

घूमती पृथ्वी का एक गीत

A Song of the Rolling Earth

घूमती पृथ्वी, और उसके अनुरूप शब्दों का एक गीत,
तुमने सोचा था कि शब्द हैं वे खड़ी रेखायें? वे वक्र रेखायें, वे कोण, वे बिन्दु?
नहीं, वे नहीं हैं वे शब्द, तात्त्विक शब्द पृथ्वी में, समुद्र में हैं,
वायु में हैं वे, वे हैं तुम्हारे में।

तुमने सोचा था कि शब्द वे हैं, वे मधुर ध्वनियाँ जो तुम्हारे मित्रों के मुखों से निसृत होती हैं?
नहीं, नृत शब्द उनसे मधुरतर होते हैं।

शब्द हैं मानव तन, कोटि-कोटि शब्द,
(श्रेष्ठ कविताओं में तन, नारी या पुरुष का हो, पुनः प्रकट होता है, सुघर, प्रकृत, प्रसन्न,
प्रत्येक अंग सक्षम, सक्रिय, ग्रहणशील, लज्जा या लज्जा की आवश्यकता से मुक्त।)

वायु, क्षिति, जल, अग्नि—वे हैं शब्द,
स्वयं मैं हूँ एक शब्द उनके साथ—मेरे गुण, उनके गुणों के साथ अन्तर्ग्रथित होते हैं—मेरे नाम से उन्हें कोई प्रयोजन नहीं,
क्या हुआ अगर मेरा नाम तीन हज़ार भाषाओं में उच्चारित होता है, वायु, क्षिति, जल, अग्नि उसका क्या पता पायेंगे?

कोई निरामय उपस्थिति, स्नेह या आदेश का कोई संकेत, शब्द हैं ये, लोकोक्तियाँ हैं, अर्थ हैं,
किन्हीं-किन्हीं पुरुषों और नारियों की मात्र आँखों में दीखतीं मनोरमतायें भी लोकोक्तियाँ हैं, अर्थ हैं।

आत्माओं की कारीगरी वे नहीं हैं—पृथ्वी के अश्रव्य शब्द,
सिद्ध रचनाकार जानते हैं पृथ्वी के शब्द और उन्हें श्रव्य शब्दों से अधिक प्रयुक्त करते हैं।

उद्धार—पृथ्वी के शब्दों में एक शब्द यह है,
पृथ्वी पिछड़ती नहीं, और न त्वरा दिखलाती है,
पृथ्वी में सारे गुण, विकास, फल हैं, उसकी छलाँग से उसमें ही ये अन्तर्निहित हैं,
पृथ्वी सिर्फ़ आधी सुंदर नहीं, उसके दोष और कल्मष भी उतने ही व्यक्त होते हैं, जितनी उसकी पूर्णतायें।

पृथ्वी अपनी मुट्ठियाँ बाँधकर नहीं रखती, दोनों हाथों से वह जी भर लुटाती है,
पृथ्वी के सत्य लगातार प्रतीक्षा करते हैं, और न तो वे कुछ ऐसे गुप्त ही हैं।
वे स्थिर, सूक्ष्म और मुद्रण से अपारगम्य होते हैं।
वस्तु-वस्तु में वे रमे हैं, स्वेच्छया सबमें अपना संचार करते हैं,
कोई भाव और आमंत्रण प्रेषित करते हुए, जिन्हें मैं व्यक्त करता, व्यक्त करता जाता,
मौन रहता हूँ मैं, किंतु अगर तुम न सुनो, किस अर्थ का हूँ मैं तुम्हारे लिए?
किस अर्थ का, अगर मैं वाहक नहीं, यदि मैं सुधारक नहीं?

(जन्म दो! जन्म दो!
अन्तर में पड़े स्वयं अपने फल को क्या तुम सड़ा दोगे?
टाँगें तोड़ बैठे रहोगे, और घुँटोगे?)

पृथ्वी तर्क नहीं करती है,
दीन नहीं, योजनाबद्ध नहीं,
वह नहीं चिल्लाती, जल्दी मचाती, समझाती, धमकी दिखाती या वचन देती है,
वह भेदभाव नहीं करती है, उसकी विफलताओं की कल्पना सम्भव नहीं,
कुछ भी गुप्त नहीं रखती, किसी वस्तु के लिए ना नहीं करती, किसी को द्वार के बाहर नहीं रखती,
सारी क्षमताओं, वस्तुओं, स्थितियों की सूचना देती है, किसी को द्वार के बाहर नहीं रखती।

पृथ्वी अपना प्रदर्शन नहीं करती और न अपने प्रदर्शन में ना करती, या उसमें अपने को छिपाने का चाव नहीं, किंतु उसके गर्भ में नीचे,
बाह्य श्राव्य ध्वनियों के नीचे, सूरमाओं के भव्य समवेत-गान, दासों के क्रंदन के नीचे,

प्रेमियों की मनुहारों, शापों, मृतप्राय व्यक्ति की रुँधी साँसें, युवाओं के हास, मोल-भाव करते हुए व्यक्तियों के स्वराघातों के नीचे,
इन सबके नीचे उसके स्वत्वपूर्ण शब्द पड़े रहते हैं, अमोघ शब्द।

मुखर मूक महान् माँ के शब्द सर्वदा ही उसकी संतानों के लिए अमोघ रहते हैं,
नृत शब्द होते ही अमोघ हैं, क्योंकि गति अमोघ होती है, छाया अमोघ होती है,
दिन और रात भी अमोघ होते हैं और वह यात्रा जिस पर हम निकलते हैं वह भी अमोघ होती है।

अंतहीन बहनों की,
अंतहीन सामूहिक नृत्य-रत, बहनों की,
केन्द्रापग बहनों की, केंद्राभिग बहनों की, बड़ी और छोटी बहनों की,
सुंदर यह बहन, हमारी परिचिता, अन्य बहनों के साथ नाचती जाती है।

प्रत्येक दर्शक की ओर अपनी विशाल पीठ किये हुए,
यौवन की मनोरमताओं, जरा की समान मनोरमताओं से अलंकृत हुई,
वह बैठी है, जिसे मैं भी अन्यों की तरह प्यार करता हूँ, निर्द्वन्द्व बैठी है,
दर्पण-सी कोई वस्तु हाथ में लिये हुए, जबकि उसकी आँखें उससे पीछे की ओर देखती हैं,
देखती हैं जबकि वह बैठी हुई रहती है, किसी को बुलाती नहीं, किसी को ना नहीं करती,
अपने ही मुख के सामने दिन-रात दर्पण लिये हुए, अथक देखती जाती।

कभी निकट दिखते या कभी दूर दिखते,
समय से चौबीस आते हैं, प्रतिदिन, खुले आम,
समय से आते हैं, फिर चले जाते हैं अपने साथियों के संग या कभी एक साथी के संग,
स्वयं अपने चेहरे से नहीं देखते हैं, उनकी पहचान उनके साथियों के चेहरे हैं,
बच्चों, औरतों, मर्दों के चेहरे हैं,
पशुओं के खुले हुए चेहरे हैं, या जड़ पदार्थ हैं,
प्राकृतिक दृश्य हैं, सागर हैं, आकाश की अनुपम दिव्य काया है,
हमारे चेहरे हैं, मेरे और तुम्हारे चेहरे, जिनमें वे सम्यक प्रत्यावर्तित होते हैं,
प्रत्येक दिन आते हैं, खुले आम, चूके बिना, किंतु उन्हीं साथियों के साथ दोबारा नहीं।
मानव को अंक भरे, सभी को अंक भरे हुए सूरज के चतुर्दिक अग्रसर होते हैं, बाधाहीन, वे तीन सौ पैंसठ,

सभी को अंक भरे, सहलाते, सहारा दिये, निकट अनुगमन करते तीन सौ पैंसठ,
पूर्वोक्तों के वंशज, चूके बिना, अनिवार्य, ठीक उनकी ही तरह।

दृढ़ता से उठता-गिरता पूरी तरह निर्भीक,
धूप, आँधी, शीत, ताप का निरंतर सामना करता हुआ, उनमें से गुज़रता हुआ, वहन करता हुआ,
आत्मा के बोध और संकल्प का दाय निरंतर ग्रहण किये,
चतुर्दिक, अपने सम्मुख तरल शून्य को निरंतर भेदता, विभाजित करता हुआ,
सर्वथा किसी भी बाधा से अनवरुद्ध, सर्वथा लंगरहीन, किसी चट्टान से टकराये बिना,
वेग से, मोद से, संतुष्ट, शोक-संताप मुक्त, बिना कुछ खोये हुए,
सर्वथा सक्षम और किसी क्षण भी पूर्ण परीक्षा के लिए तैयार,
यह दिव्य जलपोत दिव्यता के सिंधु पर संतरण करता है।

(2)

चाहे तुम कोई हो! गति और प्रतिबिम्ब, दोनों ये विशेषतः हैं तुम्हारे लिए,
यह दिव्य जलपोत दिव्यता के सिंधु पर संतरण करता है तुम्हारे लिए।

चाहे तुम कोई हो! पुरुष या नारी हो, यह पृथ्वी सांद्र है, तरल है तुम्हारे लिए,
पुरुष या नारी हो, सूरज और चाँद आकाश में लटके हैं तुम्हारे लिए,
तुमसे अधिक किसी अन्य के लिए नहीं बने हैं वर्तमान और अतीत,
तुमसे अधिक किसी अन्य के लिए अमरता नहीं।

हर पुरुष अपने लिए, हर नारी अपने लिए, भूत और वर्तमान का है यह शब्द, अमरत्व का नृत शब्द,
एक की उपलब्धि दूसरे के लिए सम्भव नहीं—एक के लिए भी नहीं,
एक का विकास दूसरे के लिए नहीं—एक के लिए भी नहीं।

गीत गायक के लिए है—अधिकतम उसके पास लौट-लौट आता है,
शिक्षण शिक्षक के लिए है—अधिकतम उसके पास लौट-लौट आता है,
हत्या हंता के लिए है—अधिकतम उसके पास लौट-लौट आती है,
चोरी चोर के लिए है—अधिकतम उसके पास लौट-लौट आती है,
प्रेम प्रेमी के लिए है—अधिकतम उसके पास लौट-लौट आता है,

दान दानी के लिए है—अधिकतम उसके पास लौट-लौट आता है,
वक्तृता वक्ता के लिए है—अभिनय अभिनेता और अभिनेत्री के लिए है, सामाजिकों के लिए नहीं,
और कोई भी व्यक्ति अपनी स्वयं की महानता या साधुता के, या अपने स्वयं के लक्षण के सिवा किसी अन्य को नहीं समझ सकता।

(3)

शपथ लेकर कहता हूँ उस पुरुष या नारी को निस्संदेह पृथ्वी पूर्ण ज्ञात होगी, जिसमें स्वयं पूर्णता होगी,
मात्र उस पुरुष या नारी के लिए यह पृथ्वी बीहड़ और खण्डित है, जो स्वयं बीहड़ और खण्डित है।

शपथ लेकर कहता हूँ कोई भी महानता या शक्ति नहीं, जो पृथ्वी की महानता या शक्ति का अनुसरण नहीं करती,
किसी भी सिद्धांत का कोई मूल्य नहीं जब तक वह पृथ्वी के सिद्धान्त को न परिपुष्ट करे,
कोई भी राजनीति, गीत, धर्म, व्यवहार या कोई वस्तु, कुछ भी हो, उसका मूल्य नहीं, जब तक न पृथ्वी की विपुलता-सी उसमें विपुलता हो,
जब तक न वह पृथ्वी की यथार्थता, जीवन्तता, निष्पक्षता, अच्युतता का सामना कर पाये।

शपथ लेकर कहता हूँ ऐसा प्रेम मुझे अब दीख पड़ता है जिसमें उससे मधुरतर ऐंठने है जो प्रेम का उत्तर देता है,
यह प्रेम आत्मस्थ, कभी यह किसी को न आमंत्रित करता, और न कभी ठुकराता।

शपथ लेकर कहता हूँ अब श्रव्य शब्द मुझे अकिंचन या नगण्य ज्ञात होते हैं,
पृथ्वी के गिराहीन अर्थों को व्यक्त करने के निमित्त, सब एक दूसरे में विलय होते हैं,
उसके निमित्त जो तन के गीत और पृथ्वी के सत्य गाता है,
उसके निमित्त जो मुद्रण से अछूते शब्दों के शब्द-कोश रचता है।

शपथ लेकर कहता हूँ कि देख रहा सर्वोत्तम के कथन से भी बढ़कर क्या है,
वह यह है कि सर्वोत्तम को सदा अनकहा छोड़ा जाय।

जब भी मैं चाहता हूँ कि सर्वोत्तम को कहूँ, मैं हार जाता हूँ,
जिह्वा अपनी धुरियों पर अशक्त हो जाती है,
मेरी श्वासों पर से इसके चालक अंगों का शासन उठ जाता है,
मैं मूक होता हूँ।

किसी विधि से पृथ्वी का सर्वोत्तम वर्णन नहीं हो पाता, सभी या प्रत्येक सर्वोत्तम है,
तुम्हारे अनुमान से वह भिन्न, अल्पतर मूल्यवान, सरलतर, निकटतर है,
वस्तुओं को उनके पूर्व स्थानों से हटाया नहीं जाता,
पहले के समान ही पृथ्वी में सुनिश्चितता, ऋजुता है,
तथ्य, धर्म, उन्नति, राजनीति, व्यापार—पहले के समान आज भी यथार्थ हैं,
किंतु आत्मा भी यथार्थ है, उसमें भी निश्चितता और ऋजुता है,
तर्कों ने, प्रमाणों ने उसकी स्थापना नहीं की है,
उसकी स्थापना अकाट्य वृद्धि ने की है।

(4)

ये हैं आत्मा के स्वरों को, आत्मा के शब्दों को प्रतिध्वनित करने के निमित्त,
(यदि आत्मा के शब्द उनसे प्रतिध्वनित नहीं होते, तब उनका अर्थ क्या है?
यदि उनका तुमसे विशेष नाता नहीं, तब उनका अर्थ क्या है?)

शपथ लेकर कहता हूँ अब आगे उस विश्वास से मेरा कोई नाता नहीं होगा जो
सर्वोत्तम को व्यक्त करता है,
उस विश्वास से ही मेरा नाता होगा जो सर्वोत्तम को अनकहा छोड़ देता है।

बोलते चलो, वाचको! गाते चलो, गायको!
धँसो!, गढ़ो! पृथ्वी के शब्दों की राशियाँ लगा दो!
लगे रहो, युग पर युग करके, कुछ भी नहीं खोना है,
सम्भव है उसे लम्बी प्रतीक्षा करनी पड़े, किंतु वह अन्ततः निश्चित ही प्रयोग में आएगा,
सारे उपकरणों के प्रबंध और प्रस्तुत हो जाने पर, निश्चित ही वास्तुकार आयेंगे।
शपथ लेकर तुमसे कहता हूँ निश्चय ही वास्तुकार आयेंगे,
शपथ लेकर तुमसे कहता हूँ वे तुम्हें समझेंगे, तुम्हारा समर्थन करेंगे,
उनमें से वह महानतम होगा जो तुम्हें सबसे अच्छी तरह समझेगा, सबको अपनायेगा,
सबके प्रति निष्ठावान होगा,
वह और अन्य तुम्हें निश्चय ही न भूलेंगे, देखेंगे तुममें और उनमें रंच भर का भी भेद नहीं,
उनमें तुम सम्यक गौरवान्वित होगे।

(1856) **(Song of the Rolling Earth, 1881)**

यौवन, दिन, जरा और रात्रि
Youth, Day, Old Age and Night

यौवन, प्रचुर, कामातुर, प्रणयी–यौवन, रुचिर, शक्तिमान, आकर्षक,
क्या तुम जानते हो कि जरा तुम्हारे बाद वैसी ही रुचिरता, शक्ति, आकर्षण के साथ
आ सकती है?

पूर्ण विकसित और भव्य दिन–विशाल सूर्य, कर्म, महत्वाकांक्षा, हास का दिन,
निकट से पीछा करती हुई रात्रि, कोटियों सूर्यों और नींद और स्फूर्तिदायी अंधकार
साथ लिए आती है।

(1855) **(Youth, Day, Old Age and Night, 1881)**

उड़े चले जाते पक्षी
Birds of Passage

सार्वभौम का गान

(1)

आओ, कविता की देवी ने कहा,
मेरे लिए एक ऐसा गीत गाओ जिसे आज तक किसी कवि ने नहीं गाया है,
मेरे लिए सार्वभौम का गान।

हमारी इस पृथ्वी में
मापहीन कूड़ा-करकट और खनिज के मल के बीच,
उसके हृदय के केंद्र में बंद और सुरक्षित,
पूर्णता का बीज छिपा पड़ा है।

प्रत्येक जीवन में एक दूसरे से ज़्यादा या कम इसका अंश रहता है,
प्रत्येक का जन्म दूसरे को जन्म देता है, छिपा या खुला हुआ, उसका बीज प्रतीक्षा
करता है।

(2)

यह देखो! तीक्ष्ण दृष्टि से सम्पन्न आकाश छूता हुआ विज्ञान,
जैसे वह आधुनिक को ऊँचे शिखरों से देख रहा हो,
अनुक्रम से निर्विकल्प अनुज्ञप्तियाँ निर्गत करता हुआ।

और उसके बाद आत्मा को देखो, सारे विज्ञान से ऊपर,
क्योंकि पृथ्वी के वृत्त के चतुर्दिक इसने इतिहास छिलके की तरह एकत्र कर रखा है,
इसके लिए आकाश-मण्डल में समस्त नक्षत्र-मालाएँ संख्यातीत ढँगरती जाती हैं।

वर्तुलाकार लम्बे घुमावदार रास्तों से,
(जैसे सागर पर लगातार दिशा बदलता हुआ कोई जलयान,)
इसके लिए जो आंशिक है वह लगातार स्थायित्व की तरफ़ प्रवाहित होता है,
इसके लिए यथार्थ प्रत्यय की तरफ़ अग्रसर होता है।

इसके लिए रहस्यमय विकास,
न केवल शुभ ही औचित्य प्राप्त करता है, बल्कि जिसे हम अशुभ का नाम देते हैं, वह भी औचित्य प्राप्त करता है।

उसके मुखौटों से, चाहे जो कुछ भी रहे,
सड़ते हुए विशाल धड़ से, धूर्त्तता, कपट और आँसुओं से
आरोग्य और सुख, सार्वभौम सुख प्रकट होता है।

राशि से बाहर, विकृत और छिछले से,
दूषित बहुमत के बाहर, मानवों और राज्यों की विविध धोखा-धड़ियों से,
अब भी जो विद्युतीय, रोगाणु-नाशक है, सबसे संलग्न, सबको प्लावित करता हुआ,
केवल जो शुभ है, वही है सार्वभौम।

(3)

रोग और दुःख की पर्वताकार उपजों से ऊपर,
पकड़ से बाहर एक पक्षी, ऊपर शुद्धतर, और भी सुखकर
वायु में मँडराता, मँडराता जाता है।

अपूर्णता के स्याह से स्याह बादल से,
हमेशा अनिंद्य रोशनी की एक किरण शर-सी चली आती है,
स्वर्ग की महिमा की एक कौंध।

फैशन, रीति-रस्मों के कलह के पास,
निरर्थक शब्दों के उन्मत्त कोलाहल, कान के पर्दे फाड़ने वाली रंगरलियों के पास,
प्रत्येक शांति को सहलाती हुई एक रागिनी सुनी जाती है, सुनी भर जाती है,
किसी सुदूर तट से अंतिम सहगान की ध्वनि आती है।

आह, धन्य वे आँखें, सुखी वे हृदय,
जो वैसे सूक्ष्म पथ-प्रदर्शक सूत्र को देखते, पहचान लेते हैं,
जब वे ऐसी शक्तिशाली जटिलता से गुज़रते हैं।

(4)

और तुम, अमरीका,
योजना के समापन के लिए, उसके विचार और उसकी यथार्थता के लिए,
इनके लिए (स्वयं अपने लिए नहीं), तुम अवतरित हुए।

तुमने भी सबको चारों तरफ़ से घेर रखा है
सबको अंक में भरते हुए, सबका वहन करते हुए, सबका स्वागत करते हुए, तुम चौड़ी और नयी सरणियों से
प्रत्यय की तरफ़ अग्रसर होते हो।

अन्य देशों की नापी जा चुकीं आस्थाएँ, विगत की भव्यताएँ,
तुम्हारे लिए नहीं, बल्कि तुम्हारी स्वयं की भव्यताएँ तुम्हारे लिए,
दैवी आस्थाएँ और विस्तृत आयाम, सबको आत्मसात करते हुए, सबको सम्मिलित करते हुए,
सब सब के चयन योग्य।

सभी, सभी अमरता के लिए,
प्यार रोशनी की तरह सबको चुपचाप आच्छादित करता हुआ,
प्रकृति की उन्नति सबके लिए सुखकर,
युगों की मंजरियाँ, फल, दिव्य और संशयहीन उद्यान,
रूप, वस्तुएँ, उपजें, मानवीयताएँ, आत्मिक रूपों में परिपक्व होती हुईं।

हे प्रभु, मुझे यह अवसर दो कि वह विचार गा पाऊँ,
मुझे, उस स्त्री या पुरुष को जिसे मैं प्यार करता हूँ, यह सर्वदा अतृप्त आस्था दो,
अपने विराट ब्रह्माण्ड में अन्य जिस कुछ से भी तुमने हमें वंचित रखा है, उससे हमें मत वंचित रखो,
दिक्काल में आबद्ध तुम्हारी योजना में,
आरोग्य, शांति, सार्वभौम मुक्ति में आस्था।

क्या यह स्वप्न है?
नहीं, बल्कि इसका अभाव स्वप्न,
और इसके बिना जीवन का ज्ञान और धन स्वप्न,
और सारी दुनिया स्वप्न।

(1874) **(Song of the Universal, 1881)**

तुमसे

जो भी तुम क्यों न हो, मुझे भय है कि स्वप्नों की राह पर चल रहे हो,
भय है मुझे कि ये सारी कल्पित वास्तविकताएँ तुम्हारे पाँवों के नीचे से, हाथों से फिसल जाएँगी,
इस क्षण भी तुम्हारे रूप-रंग, आनंद, वाणी, गृह, व्यापार, व्यवहार, कठिनाइयाँ, मूर्खताएँ, वेष-भूषा और अपराध तुमसे लुप्त होते जा रहे हैं,
तुम्हारी यथार्थ आत्मा और तन मेरे सम्मुख आ रहे हैं,
धंधों के बीच से निकलकर, वाणिज्य, दुकानों, श्रम, खेतों, वस्त्रों, गृह, क्रय, विक्रय, भोजन, पान, पीड़ाएँ, मृत्यु के बीच से निकल कर वे पृथक खड़े होते जा रहे हैं।

जो भी तुम हो, अब मैं अपना हाथ तुम पर रखता हूँ, ताकि तुम मेरी कविता बन जाओ,
मैं तुम्हारे कानों के निकट अपने होठों से कुछ फुसफुसाता हूँ,
मैंने अनेक नारियों और पुरुषों को प्यार किया है, किंतु मैं अन्य किसी को तुमसे ज़्यादा प्यार नहीं करता हूँ।

आह, मैंने देर कर दी है, मूक बना रहा हूँ,
बहुत पूर्व मुझे सीधे तुम तक पहुँच जाना चाहिए था।

तुम्हारे सिवा अन्य किसी वस्तु का न नाम मुझे लेना चाहिए था, तुम्हारे सिवा मुझे अन्य किसी वस्तु का कीर्तन न करना चाहिए था।

मैं सबको अलग धर दूँगा और आकर तुमसे ऋचाएँ बनाऊँगा,
किसी ने तुम्हें नहीं समझा है, किंतु मैं समझता हूँ,
किसी ने तुम्हारे प्रति न्याय नहीं किया है, तुमने स्वयं अपने प्रति न्याय नहीं किया है,
कोई नहीं जिसने तुम्हें अपूर्ण नहीं पाया है, केवल मैं तुम्हें अपूर्ण नहीं पाता हूँ।
कोई नहीं जो तुम्हें अपने अधीन रखना न चाहता हो, केवल मैं हूँ जो तुम्हें अपने अधीन रखना स्वीकार नहीं कर सकता,
मैं ही वह व्यक्ति हूँ जो तुम पर स्थापित नहीं करता है कोई प्रभु, स्वामी, श्रेष्ठतर, ईश्वर, उसके परे जो स्वयं तुममें अन्तरस्थ प्रतीक्षा करता है।

चित्रकारों ने उमड़ते जन-समूहों को और उन सबके केन्द्र में स्थित एक आकृति का चित्रण किया है,
और उस केन्द्र-स्थित आकृति के शीश के चतुर्दिक विकीर्ण एक स्वर्णिम प्रभा-मण्डल,
किंतु मैं असंख्य शीश चित्रित करता हूँ, किंतु ऐसे कि उनमें से कोई भी अपने स्वर्णिम प्रभा-मण्डल के बिना न रह जाये,
मेरे हाथों से प्रत्येक नर और नारी के मस्तिष्क से यह प्रवाहित है, सतत दीप्तिमय प्रवाहित है।

धन्य, यदि मैं तुम्हारी भव्यताएँ और महिमाएँ गा पाऊँ!
तुमने नहीं जाना है तुम क्या हो, तुम अपने ऊपर ही आजीवन सुषुप्ति में पड़े रहे,
प्रायः तुम्हारी पलकें बन्द-सी ही रही हैं,
जो कुछ भी तुमने किया है, पहले ही, वह उपहासों में प्रत्यागमन करता जाता है,
(सारी तुम्हारी मितव्ययता, ज्ञान-राशि, प्रार्थनाएँ, यदि वे उपहास में प्रत्यागमन नहीं करतीं, तो उनका प्रत्यागमन क्या है?)

किंतु तुम वे उपहास नहीं हो,
उनके नीचे और उनके भीतर मैं तुम्हें दुबका हुआ पाता हूँ,
वहाँ मैं तुम्हारा पीछा करता हूँ, जहाँ किसी ने भी तुम्हारा पीछा नहीं किया है,
मौन, मेज़, अविनीत शब्द, रात्रि, नियमित दिनचर्या, अगर ये तुम्हें अन्यों से या स्वयं तुमसे प्रच्छन्न रखती हैं, तो ये तुम्हें मुझसे प्रच्छन्न नहीं रख सकतीं,
घुटा हुआ सिर, अस्थिर आँखें, वर्ण-संकरता, यदि ये दूसरों का पथावरोध करती हैं, तो करें, ये मुझे नहीं रोक सकती हैं,

अविनीत वेष-भूषा, विकृत अंग-विन्यास, मद्यपता, लोभ, असमय मृत्यु, इन सबको हटाकर अलग रख देता हूँ।

पुरुष या नारी में कोई संपन्नता ऐसी नहीं, जिसकी प्रतिलिपि तुममें भी न मिल जाए,
पुरुष या नारी में कोई भी ऐसा गुण नहीं, कोई ऐसा सौन्दर्य नहीं, जो उसी तरह तुममें भी न मिल जाए,
कोई पराक्रम नहीं, कोई सहनशीलता नहीं जो अन्य में हो और उसी तरह तुममें न मिल जाए,
कोई भी ऐसा आनंद नहीं जो अन्य व्यक्तियों की प्रतीक्षा करता हो और तुम्हारे लिए समान आतुरता से प्रतीक्षा न करता हो।

जहाँ तक मेरी बात है, मैं किसी को कोई ऐसी वस्तु प्रदान नहीं करता, जिसकी समतुल्य तुमको भी न सावधानी से प्रदान करूँ,
किसी की भी महिमा के गान, ईश्वर की महिमा के भी गान, तुम्हारी महिमा के गान की तुलना में अधिक तत्परता से मैं नहीं गाता।

जो भी तुम हो! आपदाओं के मुख में भी अपना स्वत्व माँगो।
ये प्राच्य और प्रतीच्य के प्रदर्शन तुम्हारी तुलना में निःसत्व,
ये विस्तृत चरागाहें, अंतहीन नदियाँ, उन्हीं के समान विस्तृत और अंतहीन तुम भी हो,
ये प्रकोप, भूत, झंझावात, प्रकृति की विक्षुब्धताएँ, आभासित विलयन की पीड़ाएँ, तुम वह पुरुष या नारी हो, जो इनका स्वामी या स्वामिनी है।

जो प्रकृति, भूतों, पीड़ा, वासना, विलयन का जन्मसिद्ध स्वामी या स्वामिनी है।

देखो! तुम्हारी घुट्ठियों में बँधी पिछाड़ियाँ छटक कर गिरती हैं, तुममें अमोघ पूर्णता का संचरण होता है,
वृद्ध या युवा, पुरुष या नारी, अविनीत, अधम, अन्यों से लांछित, जो कुछ भी तुम हो, वह अपने को घोषित करता है,
जन्म, जीवन, मृत्यु और समाधि साधन प्रदान करते हैं, सब कुछ उदारता से दिया जाता है,
आवेशों, हानियों, महत्वाकांक्षा, अज्ञान और अलसता के माध्यम से, जो कुछ भी तुम हो वह अपना मार्ग ढूँढ़ लेता है।

(1856) **(To You, 1881)**

फ्रांस
(संयुक्त राज्य का 18वाँ वर्ष)

एक महान् वर्ष और स्थान,
प्रसव की एक कठोर, बेसुरी चीख़, सब ध्वनियों को जो दबा दे, जो माँ के हृदय की आज तक की किसी भी ध्वनि से अधिक छू ले।

मैं अपने पूर्वी सागर के तटों पर घूम रहा था,
लहरों के ऊपर से आती हुई छोटी-सी आवाज़ मैंने सुनी,
उस दिव्य बच्ची को देखा जहाँ वह शोक से विलाप करती हुई, तोपों, गालियों, चिल्लाहटों, और गिरती हुई इमारतों के धमाकों के बीच जागी,
नालियों में बहते हुए खून, या अकेले या राशि-राशि पड़े हुए या छकड़ों में लादकर ले जाये जा रहे शवों को देखकर मुझे कोई ख़ास मिचली नहीं आयी,
मृत्यु के हाँके से कोई ख़ास निराशा नहीं हुई, और न तोपों की बार-बार होती हुई गोलीबारी से कोई ख़ास दहशत हुई।

निष्प्रभ, मौन, कठोर, लम्बे समय से उद्भूत उस प्रतिशोध से मैं क्या कह रहा था?
क्या मैं मानवता के किसी भिन्न रूप की चाह कर सकता था?
क्या मैं चाह सकता था कि जन काठ और पत्थर के हों?
या कि नियति और काल में न्याय का कोई अस्तित्व ही न रह जाए?

ओ स्वाधीनता! ओ मेरी संगिनी!
यहाँ भी गोली, छर्रे और कुल्हाड़ियाँ सुरक्षित रखी हैं, ताकि जब ज़रूरत हो उन्हें बाहर निकाला जाए,
यहाँ भी, लम्बे दमन के बावजूद, उसे ख़त्म करना असम्भव है,
यहाँ भी अंत में वह हत्या करती हुई, उन्मादग्रस्त उठ सकती है,
यहाँ भी प्रतिशोध में जो शेष रहा उसकी माँग कर सकती है।

यहाँ से मैं सागर के पार यह सलाम हस्ताक्षरित करता हूँ,
मैं उस भयानक रक्तिम जन्म और दीक्षा को अमान्य नहीं करता हूँ,
बल्कि उस छोटी आवाज़ को जिसे मैंने रोते हुए सुना याद रखता हूँ, और पूरे विश्वास के साथ, चाहे कितने ही दिन लग जाएँ, याद रखता हूँ,
और आज से मैं दुःखी और तर्क-सम्मत विरासत में मिले उस उद्देश्य को सारे देशों के लिए मान्यता देता हूँ,

और मैं अपने प्यार के साथ ये शब्द पेरिस के लिए प्रेषित करता हूँ,
और मेरा अनुमान है कि वहाँ के कुछ चारण उन्हें समझेंगे,
क्योंकि मेरा अनुमान है कि आज भी फ्रांस के अन्तर में संगीत, उसके प्रवाह छिपे पड़े हैं,
अरे, मैं पहले ही वाद्ययंत्रों की हलचल सुनने लगा, जल्द ही वे उन सबको डुबो देंगे
जो उन्हें बाधा पहुँचाएँगे,
अरे, मैं सोचता हूँ कि पूरब की हवा एक विजयी और स्वच्छंद राग लाती है,
यहाँ वह पहुँचती है, यह मुझे हर्षोन्माद से पूरा भर देती है,
दौड़ कर मैं जाता हूँ, और उसके औचित्य के समर्थन में शब्दों में इसे रूपान्तरित कर
दूँगा,
तुम्हारे लिए मैं फिर भी एक गीत गाऊँगा, हे देवि!

(1860) **(France, The 18th Year of These States, 1871)**

मैं स्वयं और मेरा

मैं स्वयं और मेरा व्यायामी सदा ही,
शीत या आतप सहन करने के लिए, बन्दूक से अचूक लक्ष्य लेने के लिए, नौका खेने
के लिए, घोड़ों पर सवारी करने के लिए, अनुपम संतानों को जन्म देने के लिए,
बोली के लाघव और स्पष्टता के लिए, साधारण जन के बीच सहज अनुभव करने के लिए,
और पृथ्वी और सिंधु पर भयंकर दशाओं में अविचल रहने के लिए।

किसी ज़रदोश के लिए नहीं,
(सर्वदा ही ज़रदोशों की प्रचुरता होगी, वे भी मेरे लिए स्वागत हैं,)
वरन् वस्तुओं के दृढ़ तन्तुओं के लिए और नैसर्गिक नर-नारियों के लिए।

नहीं आभूषण गढ़ने के लिए,
वरन् प्रचुर संख्या में प्रभुतापूर्ण देवताओं के शीश और अंग, स्वच्छंद शैली में गढ़ने के
लिए, ताकि यह देश उन्हें अपने बीच भ्रमण और बातचीत करते हुए पाये।

अपनी ही राह मुझे चलने दो,
अन्यों को नियम लागू करने दो, मेरा नियमों से कुछ भी सरोकार नहीं,
अन्यों को ख्यात व्यक्तियों की प्रशस्तियाँ गाने दो, शांति का आदर्श प्रस्तुत करने दो,
मैं आंदोलन और संघर्ष का आदर्श प्रस्तुत करता हूँ,

किसी ख्यात व्यक्ति की विरुदावली नहीं गाता, जिसे योग्यतम माना जाता था, उसे मैं उसके ही समक्ष फटकार देता हूँ।

(कौन हो तुम? कौन-सा अपराध, कहो, तुमने आजीवन, छिप-छिप कर किया है?
आजीवन क्या तुम रास्ता ही देते जाओगे? आजीवन घिसते और बकवास करते जाओगे?
और तुम कौन हो तोते की तरह रटते और बकवास करते हुए वर्ष, पृष्ठ, भाषाएँ, संस्मृतियाँ,
आज यह जाने बिना कि ठीक से बोलना एक शब्द भी तुम नहीं जानते हो?)

अन्य पूर्ण साँचों में ढाला करें, पूर्ण साँचों में मैं कुछ भी नहीं ढालता,
उन्हें प्रकृति के अशेष नियमों के अनुसार, आरंभ करता हूँ—अनवरत नूतन और अर्वाचीन।

किसी कर्त्तव्य की सीख मैं नहीं देता,
अन्य जिसे कर्त्तव्य की तरह देते हैं, उसे मैं जीवित प्रेरणाओं की तरह देता हूँ,
(हृदय की क्रिया को कर्त्तव्य का रूप कैसे दूँ?)

अन्यों को प्रश्नों का समाधान करने दो, मैं कोई समाधान नहीं करता, उत्तरहीन समस्यायें उठाता हूँ,
कौन हैं वे जिन्हें मैं देखता और छूता हूँ, उनके बारे में क्या कहना है?
मेरे समान जो हैं और जो मुझे अपने पास खींचते हैं, कभी स्नेह से मुझे रास्ता दिखाते हुए, कभी भरमाते हुए?

दुनिया को पुकार कर कहता हूँ : मेरे मित्रों ने जो कुछ कहा उसका विश्वास मत करना, मेरे शत्रुओं की सुनो, जैसे मैं स्वयं उनकी सुनता हूँ,
आदेश देता हूँ उनको कभी मत सुनना जो मेरी व्याख्या करते हैं, स्वयं मैं अपनी व्याख्या में अक्षम हूँ,
आदेश देता हूँ कि मेरे आधार पर कोई सिद्धांत या सम्प्रदाय की स्थापना न की जाए,
आदेश देता हूँ कि सबको स्वतंत्र छोड़ो, जैसे मैंने सबको स्वतंत्र छोड़ा है।

मेरे बाद विस्तृत दृश्य-लोक!
अरे, मैं देखता हूँ कि जिंदगी छोटी नहीं, बल्कि मापहीन लम्बी है,

आगे से पृथ्वी पर चलूँगा, निष्कलंक, संयमपूर्ण, तड़के जागने वाला, सदा अंकुरणशील,
प्रत्येक प्रहर शताब्दियों का, शताब्दियों पर, फिर भी शताब्दियों का शुक्र।

मुझे उस सीख का अनुगमन करना है जो मुझे वायु, क्षिति से निरंतर मिलती है,
मुझे बोध होता है कि खोने के लिए मेरे पास समय नहीं।

(1860) **(Myself and Mine, 1881)**

समुद्र का बहाव
Sea Drift

रात्रि में समुद्र किनारे

रात्रि में समुद्र के किनारे
एक नन्ही बच्ची पिता के संग खड़ी है,
पूर्व में हेमंती आकाश पर उनकी दृष्टि टिकी।

अंधकार भेद कर
जबकि क्षुधातुर बादल, दफ़नाते बादल, स्याह सघन पुंजों में उमड़ते हैं,
गुर्राते, वेगमय, आकाश के आर-पार, नीचे झुके चले आते हैं,
पूर्व में अब तक शेष स्फटिक, पारदर्शी, वायवीय कटिबंध के बीच,
ऊपर की ओर चढ़ता है विशाल, धीर, नखतराज वृहस्पति,
उसके समीप ही, बस कुछ और ऊपर,
कृतिका सहोदराएँ तैरती हैं।

पिता का हाथ पकड़कर सागर के किनारे खड़ी बच्ची,
दफ़न करते हुए, विजयी, शीघ्र ही सबको निगल जाने वाले उन बादलों का उतरना
देखती है और मौन रोती है।

मत रो, बेटी,
मत रो, प्यारी बेटी,
आ इधर, चूमकर मैं तेरे आँसू पोंछ डालूँ,
काले-काले इन लुटेरे बादलों की विजय बस पल भर के लिए,
बहुत समय तक आकाश पर उनकी सत्ता नहीं रह पायेगी, केवल तारों की परछाइयाँ
निगलते हैं,

वृहस्पति प्रकट होगा ही, धीरज रखो, फिर देखना वे कृतिका बहनें प्रकट होंगी,
अमर हैं वे सभी जितने भी तारे हैं, चाँदी और सोने के, तारे फिर बाहर निकल कर
चमकेंगे,
बड़े और छोटे तारे बाहर निकल कर फिर चमकेंगे, हमेशा वे बने रहेंगे,
अमर विराट सारे सूर्य, कोटि-कोटि कल्पायु, चिंतामग्न सारे चाँद चमकेंगे, फिर
चमकेंगे।

तो, ओ प्यारी बच्ची, तू सिर्फ़ वृहस्पति के लिए विलाप करती है?
तू सिर्फ़ सितारों के दफ़्न पर ध्यान देती है?

कुछ है,
(चुंबनों से तुम्हें सहलाता हुआ, कानों में और कुछ फुसफुसाता हूँ,
प्रथम संकेत तुम्हें देता हूँ, शंकाएँ देता हूँ, विभ्रम तुम्हें देता हूँ,)
कुछ है जो सितारों से भी अधिक अमर है,
(बार-बार दफ़्न होते हैं, बहुत से दिन और बहुत-सी रातें बीत जाती हैं,)
कुछ है जो चमकते वृहस्पति से भी अधिक दिन जीता है,
सूर्य से और चारों ओर घूमते किसी भी ग्रह से अधिक दिन जीता है,
चमकती कृतिका सहोदराओं से अधिक दिन जीता है।

(1871) **(On the Beach at Night, 1881)**

रात्रि में सागर तट पर एकाकी

रात्रि में सागर तट पर एकाकी,
जबकि वृद्धा माँ अपना रूक्ष गान आगे और पीछे झूमझूम कर गाती जाती है,
जबकि मैं द्युतिमान नक्षत्रों को देखता जाता, मुझे ब्रह्माण्डों और भावी की संगीत-सारिणी
के चिह्नों का विचार ध्यान में आता है।
कोई विराट एकरूपता सबको अन्तर्ग्रथित करती है,
सारे विकसित, अविकसित, लघु, विशाल, वृत्त, अनेक सूर्य, चाँद और ग्रहपिण्ड,
स्थानों के बीच चाहे कितने विस्तृत हों व्यवधान,
समय के सारे अन्तराल, सारे निर्जीव रूप,
सारी आत्माएँ, सारे जीवधारी, चाहे उनमें कितनी ही भिन्नता हो, या वे अन्य लोकों में हों,

सारी वाष्पमय, जलमय, उद्भिज, खनिज प्रक्रियाएँ, मत्स्य, वन्यपशु,
सारे राष्ट्र, वर्ण, बर्बरताएँ, सभ्यताएँ, भाषाएँ,
पृथ्वी या अन्य लोकस्थ विगत या अनागत में अस्तित्वमान सारी पृथक सत्ताएँ,
सारे जीवन और मरण, सम्पूर्ण भूत, वर्तमान और भावी,
यह विराट एकरूपता उनमें व्याप्त, सर्वदा व्याप्त रहती आयी है,
और उनमें सर्वदा व्याप्त रहती जाएगी, और उन्हें संघटित रखेगी और आलिंगित करेगी।

(1871) **(On the Beach at Night Alone, 1881)**

सड़क के किनारे से
By the Roadside

यूरोप, इस संयुक्त राज्य का 72वाँ और 73वाँ वर्ष

अपनी अभ्यस्त और उनींदी माँद, दासों की माँद से, अकस्मात्
विद्युत-सा उछल कर वह निकल आया बाहर, अपने पर स्वयं अर्द्धचकित,
उसके पाँव राख और चीथड़ों पर, उसके हाथ नृपों के टेंटुओं पर।

ओ, आशा और विश्वास!
ओ, निर्वासित देशभक्तों के व्यथित अंत!
ओ, अनेक व्यथित हृदयो!
पीछे मुड़कर यह दिन देखो और अपने में नयी स्फूर्ति भरो।

और जनता को भ्रष्ट करने के लिए क्रीत अनुचरो, मिथ्याभाषियो, सुनो!
अनगिनत पीड़ाओं, हत्याओं, लोलुपताओं के बावजूद,
राजदरबारों की चोरियों के बहुविध अधम रूपों के बावजूद, दीन की सरलता के
कारण उसके श्रम के फल कीट की तरह कुतरने के बावजूद,
जनता ने, इन सबके बावजूद, सत्ता में आने के बाद, प्रतिशोध की चोट नहीं की, और
न राजन्यों के सिर भूमि पर कट कर गिरे,
जनता को नृपों की हिंस्रता से घृणा थी।

किंतु करुणा की मधुरता से कटु विनाश उपजा, और भयभीत नृप लौट रहे,
प्रत्येक अपनी राजसी साज-सज्जा में अपने अनुचरों, जल्लाद, पादरी, राजस्व-अधिकारी,
सैनिक, वकील, सामंत, काराधिकारी और चाटुकार साथ लेकर लौट रहा।

किंतु इन सारी कुत्सित चोरियों के पीछे, देखो, एक आकृति,
रात्रि की तरह धुँधली, शीश, अग्रभाग और रूप, रक्तिम वस्त्र की बेशुमार पर्तों में आवृत,
कोई नहीं उसके चेहरे या आँखों को देखने में सक्षम है,
उसके वसनों के भीतर से मात्र यह, बाँह से उठाये गए लाल वसनों के भीतर से,
शीर्ष से ऊपर की ओर संकेत करती हुई एक वक्र उँगली, सर्प के फन-सी दीखती है।

इस बीच नयी-नयी क़ब्रों में शव, युवाओं के रक्तरंजित शव पड़े हैं,
फाँसी की रस्सी भारी झूलती है, नृपों की गोलियाँ उड़ रहीं, सत्ता के जीव अट्टहास करते हैं,
और ये सब चीज़ें फलीभूत होती हैं, और ये फल अच्छे होते हैं।

युवाओं के वे शव,
फाँसी के फन्दे से लटके हुए शहीद, वे हृदय जो मनहूस राँगे से छलनी हुए,
ठंडे और गतिहीन भले ही जान पड़ें, किंतु वे अबध जीवन्तता के साथ अन्य कहीं जीवित हैं।

ओ नृपो, वे अन्य युवाओं में जीवित हैं!
वे उन बन्धुओं में जीवित हैं, जो तुम्हें पुनः चुनौती देने को प्रस्तुत हैं,
मृत्यु ने उन्हें पावन किया, शिक्षित किया, दिव्यता दी,
हर क़ब्र, जिसमें स्वाधीनता के लिए मारा गया व्यक्ति सोता है, निश्चित ही स्वाधीनता के बीज अंकुरित करती है, और उनसे पुनः बीज अंकुरित होते हैं,
आँधियाँ जिन्हें दूर-दूर तक ले जातीं और पुनः बोती हैं, और वर्षा और हिम उन्हें पोषित करते हैं।

प्रत्येक विग्रहहीन आत्मा जिसे अत्याचारियों के आयुधों ने बंधनहीन किया,
सारी पृथ्वी पर अदृश्य भ्रमण करती रहती है,
कानों में फुसफुसाती हुई, परामर्श देती हुई, सावधान करती हुई।

ओ स्वाधीनता, चाहे अन्य तुम्हारे विषय में निराश हो जाएँ, कभी किंतु मैं तुम्हारे विषय में निराश नहीं होने को।

अभी क्या गृह के द्वार बंद? गृहस्वामी कहीं पर गया?

चिंता मत करो, प्रस्तुत रहो, चौकसी में शिथिलता मत लाओ,
शीघ्र ही वह लौटेगा, उसके संदेशवाहक आने ही वाले हैं।

(1850) (Europe, the 72d and 73d Years of These States, 1871)

हाथ का दर्पण

इसे जी कड़ा करके थामे रहो—यह जो प्रतिबिम्बत करता है उसे देखो, (कौन है यह?
तुम हो क्या?)
बाहर सुंदर वस्त्र-सज्जा, भीतर राख और कचरा,
शेष नहीं चमकती आँख, शेष नहीं सुरीली गूँजती आवाज़ या लोचभरे पाँव,
अब हैं किसी दास की आँख, आवाज़, हाथ, पाँव,
किसी मद्यप की साँस, अस्वास्थ्यकर भोजनकर्ता का मुख, आतशक का मांस,
खण्ड-खण्ड करके सड़ते हुए फेफड़े, पित्त और व्रणपूर्ण आमाशय,
गठिया-ग्रस्त जोड़, घृणित वस्तुओं से भरी आँतें,
स्याह और ज़हरीली धाराएँ संचार करता हुआ रक्त,
शब्द अर्थहीन, श्रवण और स्पर्श भावशून्य,
मस्तिष्क नहीं, हृदय नहीं शेष, यौन की चुम्बकीयता नहीं,
यहाँ से जाने के पूर्व इस दर्पण में एक बार यह सब देखो,
इतने शीघ्र ऐसा परिणाम—और ऐसे प्रारंभ से!

(1860) (A Hand-Mirror, 1880)

ईश्वर

दिव्य प्रेमी, पूर्ण साथी,
धीरज धर तकते राह, अभी अदृश्य, किंतु अनिवार्य,
ईश्वर बनो, मेरे ईश्वर बनो।

तुम, हाँ तुम, ओ आदर्श मनुज,
सुन्दरवर्ण, योग्य, सुघर, संतुष्ट, और स्नेहपूर्ण,
तन में पूर्ण, आत्मा में उदार,
ईश्वर बनो, मेरे ईश्वर बनो!

मृत्यु तुम (क्योंकि जीवन अब अपना काल पूरा कर चुका है,)
खोलती जो स्वर्ग-अट्टालिका का द्वार, भीतर जो ले जातीं,
ईश्वर बनो, मेरे ईश्वर बनो।

मुझे दिखे, मेरे गुने, या पहचाने, सर्वशक्तिशाली, सर्वोत्तम के कोई गुण,
(तुम्हें मुक्त करने को, मुक्त करने को, आत्मा, जड़ बंधनों की गाँठ काटने के निमित्त),
ईश्वर बनो, मेरे ईश्वर बनो।

सारी महत् परिकल्पनायें, जातियों के सारे स्वप्न,
सारे शौर्य, आत्मविभोर उत्साहियों के सारे कार्य,
ईश्वर बनो, मेरे ईश्वर बनो।

या देश और काल,
या पृथ्वी के दिव्य और अद्भुत रूप,
या कोई सुन्दर रूप जिसे देख उसकी आराधना करता हूँ,
या सूर्य के भास्वर वृत्त या रात्रि के नक्षत्र,
ईश्वर बनो, मेरे ईश्वर बनो।

(1871) **(Gods, 1881)**

जब मैंने ज्योतिर्विद को भाषण करते सुना

जब मैंने विद्वान ज्योतिर्विद को सुना,
और जब मेरे समक्ष प्रमाणों की पंक्तियाँ सजा दी गईं,
जब मुझे मानचित्र और रेखाचित्र, जोड़-भाग और माप करने के लिए दिखाये गए,
बैठकर जब मैंने भाषण-कक्ष में काफी करतल-ध्वनि के बीच ज्योतिर्विद को भाषण करते सुना,
न जाने क्यों मैं बहुत जल्द ही थक और ऊब गया,
और उठकर चुपके से अकेले घूमने को निकल पड़ा,
गूढ़ आर्द्र रात की वायु में रह-रह कर,
पूर्व मौन साधे ऊपर सितारों को देखता रहा।

(1865) **(When I Heard the Learn'd Astronomer, 1865)**

धिक् मैं! धिक् जीवन!

धिक् मैं! धिक् जीवन! जिनके बारे में प्रश्न बार-बार उठते हैं,
विश्वासघातियों की अंतहीन कतारों के बारे में, नगरों में मूढ़ों की भीड़ के बारे में,
स्वयं सदा अपनी निंदा करते हुए मेरे बारे में, (क्योंकि कौन है जो मुझसे बड़ा मूर्ख,
कौन है जो मुझसे बड़ा विश्वासघाती है?)
व्यर्थ ही ज्योति की ललक लिए आँखों के बारे में, क्षुद्र वस्तुओं के बारे में, सदा ही
नये-नये संघर्षों के बारे में,
सब कुछ का फल नगण्य होने के बारे में, अपने चारों ओर मुझे दिखती, घिसटती
जाती और फटेहाल भीड़ के बारे में,
अन्यों के रिक्त और निष्फल वर्षों के बारे में, और अन्यों के साथ मैं भी गुँथा हूँ–
यह प्रश्न, धिक् मैं! इतना दुःखद बार-बार उठता रहता है : इनके बीच रहने से क्या
लाभ? धिक् मैं! धिक् जीवन!

उत्तर

यह कि तुम यहाँ हो–यह कि जीवन और व्यक्ति की सत्ता है,
यह कि यह सशक्त रूपक चलता ही रहता है–तुम भी उसमें एक पद जोड़ सकते हो।

(1865-66) **(O Me! O Life, 1881)**

एक राष्ट्रपति से

वह सब जो तुम कर या कह रहे हो, अमेरिका के लिए झूलती मरीचिकाएँ हैं,
तुमने प्रकृति से सीखा नहीं–प्रकृति की राजनीति से तुमने महान् आयाम, ईमानदारी,
निष्पक्षता नहीं सीखी,
तुमने यह देखा नहीं है कि संयुक्त राज्य के लिए उनके समान जो हैं, वे ही हैं,
और वह जो उनसे कम है जल्द ही कुछ दिनों बाद, तय है, कि संयुक्त राज्य से उठ
जाएगा।

(1860) **(To a President, 1860)**

बैठा हुआ हूँ और देखता हूँ

बैठा हुआ हूँ और देखता हूँ लोक के सारे विषाद, सारे अत्याचार, सारे कलंक,
सुनता हूँ स्वयं से व्यथित युवाओं को जो अकेले में थर-थर तन सिसकियाँ भरते हैं,
अपने किए कर्मों पर पश्चात्ताप करते हुए,
देखता हूँ निम्न जीवन में माँ के साथ सन्तानों के दुर्व्यवहार, जो दम तोड़ रही,
विक्षिप्त, क्लान्त, भग्नाश,
देखता हूँ पत्नी के प्रति पति का दुर्व्यवहार, देखता हूँ उस विश्वासघाती को जो
युवतियों का शील भंग करता है,
देखता हूँ जलन के तीक्ष्ण दंश, और तिरस्कृत प्रेम, उसे छिपाने का प्रयास, लोक में ये
सारे दृश्य देखता हूँ।
देखता हूँ युद्ध के कारनामे, महामारी, अत्याचार, देखता हूँ सारे शहीद और बन्दी,
सिन्धु के वक्ष पर अन्नाभाव देखता हूँ, देखता हूँ नाविक गोटियाँ डालकर वह साथी
चुनते हैं जिसका मांस खाकर अन्य जीवित रह पायेंगे,
देखता हूँ कैसे मदान्ध व्यक्ति श्रमिकों, हीनों, हब्शियों और अन्य वैसे लोगों को
लांछित और अपमानित करते हैं,
ये सब—अन्तहीन क्षुद्रता और पीड़ा बैठा हुआ देखता हूँ,
देखता, सुनता और चुप रह जाता हूँ।

(1860) **(I Sit and Look Out, 1871)**

सम्पन्न दाताओं से

तुम मुझे जो कुछ भी दोगे हर्ष से लूँगा,
थोड़ा अन्न, कोई झोंपड़ी या बाग़, थोड़ा अर्थ—जब अभिसार करता रहूँ गीतों से,
यात्री का ठाँव और प्रातः का कलेवा देश में जब भ्रमण करता रहूँ, शर्म क्यों हो इन्हें
लेने में मुझे? किन्तु इनका ढोल भी क्या पीटना,
क्योंकि मैं ऐसा नहीं जो किसी स्त्री-पुरुष को कुछ न करता दान,
क्योंकि मैं हर पुरुष-नारी के लिए उन्मुक्त करता हूँ,
विश्व की प्रत्येक निधि का द्वार।

(1860) **(To Rich Givers, 1881)**

ईगलों की क्रीड़ा

नदी से सटकर चला जाता रास्ता (मैं सुबह भर घूमने के बाद बैठा),
सहसा दूर नभ में, वायु में कोई घुँटी आवाज़—क्रीड़ा करते हुए ईगल,
शून्य की गहराइयों में डूब कामावेश से हरहराते टूटना, मिलना,
पंजों का जकड़ना, उलझ जाना, भयावह कुंतलों में आवर्त करता एक जीवित चक्र,
फड़फड़ाते चार डैने, चंचु दो, ज़ोर से थामे हुए थरथराता एक कोई पिण्ड,
लुढ़कना, मुड़ना, गिरह-पर-गिरह भरना, ठीक सीधी खड़ी रेखा में उतरना,
अंत में जल के निकट फिर ठमक जाना, एक तन हो, एक मन हो निमिष भर शैथिल्य,
वायु में संतुलन, स्थिर, निस्पंद, पंजे ढीलना, फिर विलग होना,
और तिरछे झुके दृढ़ पर अलस डैने डुला नभ में पुनः चढ़ना, अलग हो मुँह मोड़ उड़ना,
रास्ते दो भिन्न, नर के, प्रिया के।

(1860) **(The Dalliance of The Eagles, 1881)**

खेत का एक दृश्य

शांतिमय जीवन जहाँ रहता है, उस पाही में विशाल खुले द्वार से,
धूप में नहाया हुआ घास का मैदान दीखता है जिसमें चरते हुए पशु और घोड़े,
धुँधलका वहाँ छाया है, दृश्य पसरे हैं, दूरस्थ नभ का छोर, मिटता हुआ।

(1865) **(A Farm Picture, 1871)**

शिशु का अचंभा

चुपचाप दाँतों तले उँगली दबाकर मैं जब अभी बच्चा था,
याद है सुनता था हर रविवार पादरी को बात-बात में प्रभु का नाम लेते;
कुछ ऐसे जैसे प्रभु के दिन यों बीतते हैं—किसी व्यक्ति या प्रभाव से लड़ते-लड़ते!

(1865) **(A Child's Amaze, 1867)**

सुन्दर नारियाँ

बैठी या चलती हुई जो यहाँ-वहाँ, वृद्धाएँ कुछ हैं और कुछ हैं नवेलियाँ,
सारी नवेलियाँ सुंदर हैं—पर सारी नवेलियों से कहीं सुंदर दीखती हैं वे सारी वृद्धाएँ।

(1860) **(Beautiful Women, 1870)**

माँ और शिशु

मैं एक सोया हुआ शिशु देखता हूँ, माँ की छाती से चिपका है,
निद्रा में माँ और बच्चा—चुपचाप, देर, देर तक मैं उनका अध्ययन करता हूँ।

(1865) **(Mother and Babe, 1867)**

चुपके से सब पर सरकती है

चुपके से सब पर सरकती है, सबमें से गुज़रती है,
प्रकृति में, काल में और आकाश में,
कोई जलयान जैसे जल में चला जाता हो,
आत्मा की यात्रा है—नहीं केवल ज़िंदगी के,
मौत के भी, मैं अनेक मौतों के गीत भी गाऊँगा।

(1871) **(Gliding, O'er All, 1871)**

क्या तुम्हारे पास कभी ऐसा क्षण नहीं आया

क्या तुम्हारे पास कभी ऐसा क्षण नहीं आया,
सहसा एक ऐसी दिव्य ज्योति जो वेग से ध्वस्त कर देती है इन सारे बुलबुलों को, सारे
प्रसाधन को, वैभव को,
इन आतुर व्यावसायिक लक्ष्यों को, ग्रंथ, राजनीति, कला, अज्ञात प्रणय को,
सर्वथा शून्य में सबको मिला देती है।

(1881) **(Hast Never Come to Thee an Hour, 1881)**

वृद्धावस्था से

मैं तुममें नदी का मुहाना देखता हूँ जो समुद्र में अपना विलय करते हुए विशाल और विस्तृत होता जाता है।

(1860) **(To Old Age, 1860)**

संयुक्त राज्य के प्रति

(16वें, 17वें, 18वें राष्ट्रपति-काल की पहचान के लिए)

क्यों लेटे रहना, प्रश्न करते जाना? क्यों मेरा खुद का और सबका ऊँघते जाना?
कैसा गहराता धुँधलका–लहरों के शीर्ष पर ग़लीज़ का तिरना,
कौन हैं वे चमगादड़ों और रात के कुत्तों-से, कांग्रेस-भवन में, तिरछी नज़र से देखते हुए?
कितना घिनावना है राष्ट्रपति का पद? (ओ दक्षिण, तुम्हारे दहकते सूरज! ओ उत्तर, तुम्हारे अंध-सागर में हिम का जमना!)
क्या वे सचमुच कांग्रेस के सदस्य हैं; क्या वे महान् न्यायाधीश? क्या वह राष्ट्रपति है?
तो मैं अभी कुछ देर और सोता रहूँगा, क्योंकि मैं देख रहा संयुक्त राज्य, कारणवश, सोता है;
(अँधेरे के पुंजीभूत होने के साथ, वज्र की गड़गड़ाहट की गूँज और फैलती हुई चमक के साथ, यथासमय हम जाग जाते हैं,
दक्षिण, उत्तर, पूर्व, पश्चिम, देश के आन्तरिक भागों में और सागर-तट पर तय है कि जागेंगे।)

(1860) **(To the States)**

(To Identify the 16th, 17th or 18th Presidentiad, 1881)

ढोल की थापें
Drum Taps

बजो! ढोल! बजो!

बजो! ढोल! बजो! – बजो! बिगुल! बजो!
बजो खिड़कियों से होकर, द्वारों के पार बजो–टूटो जैसे शक्ति दुर्निवार,
पावन गिरजाघरों में बजो, भक्तजन की सभा करो तुम छिन्न-भिन्न,
बजो, पाठशाला में गूँजें बटुओं के वे अध्ययन-कक्ष;
वर को अशांत करो–छीनो नववधू संग उसका लुब्ध रागरंग,
खेत में लिए हल, अनाज के पूलों में हो अशांत-मन वह कृषक शांत,
ऐसी दारुणता से ठनको, धमा-धम्म, ढोलो, तीव्रतम रोर में बजो, बिगुल!

बजो! ढोल! बजो!–बजो! बिगुल! बजो!
नगरों के जनरव के ऊपर–और जनपथों पर दौड़ रहे पहियों के घू-घर्र रोर पर,
रात्रि में गृहों के शयनकक्षों में व्यक्ति चले? रोको उन्हें, रिक्त रहेंगे वे शयन कक्ष,
दिन में अब बंद हो क्रय-विक्रय की सब दास्ताँ–ख़त्म दलाली हो, सट्टे के काम-धाम–चलते ही रहेंगे वे अभी?
गपशप करते ही चले जाएँगे बातूनी? गाते ही क्या रहेंगे अविरत संगीतकार?
क्या यह वकील कचहरियों में जज के समक्ष, उठकर रखता ही रहे अपना पक्ष?
हाँ, तब धमको, द्विगुण करो वेग, भारी ढोल!–मत्त हो और गूँजो, बिगुलो!

बजो! ढोल! बजो!–बजो! बिगुल! बजो!
बात मत करो–मत करो कहीं विनत अनुरोध,
सुनो बात मत कायर की–मत सुनो कौन रो रहा और प्रभु, हा प्रभु, करता,
मत सुनो वृद्ध की नौजवान से विनती तुम,

देखो सुनी न जाय शिशु की आवाज़ कहीं, माँ की कोई विनत प्रार्थना,
तख़्तों पर जो सुलाये गए और अर्थियाँ जिनकी सजतीं—थरथर डोलें वे मृतक, बजो,
धम्म-धम्म बोलो, ज़ोर से, और ज़ोर से, भयंकर ढोल—पंचम सुर में बजो रे बिगुल!

(1861) **(Beat! Beat! Drums, 1867)**

धाओ, खेत से यहाँ आओ, बाबा

धाओ, खेत से यहाँ आओ, बाबा, देखो हमारे पीट की चिट्ठी आयी है,
और बाहरी दरवाज़े पर आओ, माँ, देखो तुम्हारे लाड़ले की चिट्ठी आयी है।

देखो, यह पतझर है,
देखो, जहाँ पहले से ज़्यादा गहरे हरे, पीले, लाल हुए पेड़,
मंद वायु में अपनी पत्तियों को हिला-हिला कर ओहायो के गाँवों को शीतलता और
    सुगंध देते हैं,
बागों में देखो जहाँ पके सेब और अंगूर-लता की झँझरियों पर अंगूर लटके हैं,
(अंगूर की लताओं पर लटके अंगूरों की महक क्या आती है तुम्हारे पास?
फाफर की महक क्या आती है, जहाँ कुछ दिनों पूर्व मधुमक्खियाँ गुनगुनाती रहीं?)
इन सबके ऊपर, देखो, वह आसमान, कितना शांत, वर्षा के बाद कितना आर-पार
    दिखता है, और अद्‌भुत बादलों से भरा,
नीचे भी सब कुछ शांत, सब ठौर जीवन और सलोनापन है, और खेत पूरा लहलहाता है।

नीचे खेत पूरे लहलहाते हैं,
पर अब खेतों से चले आओ, बाबा, देखो तुम्हारी बिटिया तुम्हें पुकार रही,
और घर में प्रवेश के द्वार पर, आओ, माँ, फ़ौरन, बाहरी द्वार पर, आओ, माँ।

शक्ति भर तेज़ वह दौड़ती आयी, कोई अपशकुन है, उसके पाँव काँप रहे,
अपने बाल सँवारने के लिए वह नहीं रुकी, टोपी ठीक करने के लिए वह नहीं रुकी।

खोलो लिफ़ाफ़ा, देर मत करो,
आह, यह हमारे लाड़ले की लिखावट नहीं, लेकिन चिट्ठी के नीचे उसका ही नाम लिखा,
किसी अजनबी हाथ ने हमारे लाड़ले की जगह चिट्ठी लिखी—माँ का दिल टूटा,
    आह!

उसकी आँखों के सामने सब कुछ चकराने लगा, उनसे लुत्तियाँ छटकीं और उन पर
अँधेरा छाया, उसने मात्र मुख्य शब्द सुने,
टूटे हुए वाक्य सुने, *'छाती में गोली लगी, अश्वारोहियों की भिड़न्त, अस्पताल में ले जाया गया,*
इस समय ज़रा कमज़ोरी है, लेकिन बहुत जल्द ही बेहतर हो जाऊँगा।'

आह, अब मेरी आँखों के सामने केवल वह रूप,
विपुल और सम्पन्न आबादी वाले नगरों और खेतों वाले ओहायों में,
जिसका मुख रोगी-सा विवर्ण, जिसका सिर भारी है, जो अत्यंत दुर्बल है,
द्वार के पाखे पर झुका हुआ।

ऐसे मत दुखी हो, प्यारी माँ (उसकी किशोरी पुत्री सिसकियों में कहती है,
छोटी बहनें, चुप और घबरायी, सट कर खड़ी हैं,)
देखो, माँ, प्यारी माँ, चिट्ठी में तो लिखा है : पीट जल्द बेहतर हो जाएगा।
हाँ, वह बेचारा लड़का, कभी नहीं उसे अच्छा होना है (और शायद उसे, उस वीर सरल आत्मा को इसकी ज़रूरत नहीं,)
जबकि वे द्वार पर खड़े हैं, उसके पहले ही वह चल बसा है,
वह इकलौता पुत्र चल बसा है।

किंतु माँ के बेहतर होने की ज़रूरत है,
उस दुबली-पतली माँ के इस समय जिसने काले वस्त्र धारण कर रखे हैं,
जो दिन में खाना छूती नहीं, और फिर रात में जिसकी नींद कई बार टूट जाती है, अक्सर जो जागती ही रहती है,
मध्य रात्रि में जो जाग जाती है, रोती है और जिसके हृदय में केवल एक चाह, एक गहरी चाह,
और कितना अच्छा हो, किसी के जाने बिना, चली जाए चुपचाप जिंदगी से मुक्ति पाये,
अपने मृत लाड़ले का अनुगमन करने, उसे ढूँढने और उसके संग होने के लिए, चली जाए।

(1865) **(Come up From the Fields, Father, 1867)**

शिविर में धूसर और म्लान ब्राह्मवेला का एक दृश्य

शिविर में धूसर और म्लान ब्राह्मवेला का एक दृश्य,
अस्पताल-शिविर के निकटस्थ पथ पर मैं ठंढी और ताज़ी हवा में टहलता हुआ,
देखता हूँ तीन आकृतियाँ हैं, स्ट्रेचरों पर पड़ी हुईं, वहाँ पर लायी गईं अरक्षित पड़ी हुईं,
प्रत्येक पर एक कम्बल पड़ा हुआ, काफी बड़ा, भूरे रंग का ऊनी कम्बल,
धूसर और भारी वह कम्बल, सब पर लिपटा है, सबको ढँके है।

उत्सुक मैं रुक जाता और मौन खड़ा होता हूँ,
और फिर हलके से अपनी उँगलियों से सबसे समीप पड़े प्रथम के मुख पर से
थोड़ा-सा कम्बल उठा देता हूँ;
कौन हो तुम अधेड़, कहो, इतने कृश और दारुण, खिचड़ी हुए बालों और आँखों के
पास धँसे हुए मांस वाले?
कौन हो, कहो, मेरे प्रिय साथी?

और फिर दूसरे की ओर मैं जाता हूँ—कहो, तुम कौन हो, मेरे तात, मेरे लाल?
कौन हो तुम, अरे, सलोने किशोर, कहो, अभी तक तुम्हारे कपोलों पर प्रफुल्लता है।
फिर तीसरे के पास—वह मुख जो शिशु और वृद्ध दोनों का नहीं, अत्यंत शांत, मानो
सुंदर पीत-श्वेत हाथी-दाँत से निर्मित;
युवा, मेरा अनुमान ऐसा है मैं तुम्हें जानता हूँ—मेरा अनुमान है यह मुख स्वयं ईसा का
मुख है,
मृत, दिव्य और सबका बंधु, और वह पुनः यहाँ रक्खा है।

(1865) (A Sight in Camp in the Daybreak Gray and Dim, 1867)

अरे, वर्ष, जो मेरे पद तले डगमग हुए वातचक्र से घूमे

अरे वर्ष, जो मेरे पाँवों तले डगमग-डगमग हुए और वातचक्रों-से घूमे,
तुममें प्रवाहित ग्रीष्म-पवन पर्याप्त उष्ण रहा, किंतु मेरी साँसों की वायु मुझे हिम-सा
जमा देती थी,
चमकती धूप पर एक सघन कालिमा उतरी, स्याह मैं हुआ,
क्या मैं अपने विजयी गीतों को बदल डालूँ?—मन ही मन मैंने गुना,

क्या मुझे सीखना ही होगा निस्संदेह विफलकाम व्यक्तियों के हिमानी शोक-गीतों का
करना गान?
और पराजय के विषण्ण स्तोत्रों का?

(1865) (Year that Trembled and Reel'd Beneath Me, 1867)

मुझे दो भव्य मौन सूर्य

मुझे दो प्रखरतम चमकती किरणों से युक्त भव्य मौन सूर्य,
उद्यान से लाये गए हेमंत के पके, लाल, रसदार फल दो मुझे,
मुझे दो अनकटी बढ़ती घास का मैदान,
मुझे दो वितान, जाली पर चढ़ी हुई द्राक्षा की लता,
मुझे दो नया अन्न और गेहूँ, शांतमना भ्रमणशील, तोष का पाठ पढ़ाते हुए पशु दो,
मुझे दो मिसिसिपी के पश्चिम में ऊँचे पठारों की वे पूरी मौन रातें, जिनमें मैं सितारों
को देखता जाऊँ,
भोर में सुन्दर फूलों की सुगन्ध से महमह एक वाटिका दो मुझे, जहाँ निर्द्वन्द्व मैं घूमूँ,
परिणय के निमित्त मुझे दो मधुर श्वास-युक्त नारी, जिससे कभी मेरा जी न ऊबे,
एक सर्व-गुण-सम्पन्न शिशु दो मुझे, दुनिया के कोलाहल से दूर गाँव का गृहस्थ-जीवन दो,
विजन में केवल मेरे ही कानों के निमित्त स्वतः प्रसूत गीतों का गायन दो,
मुझे एकांत दो, प्रकृति दो, प्रकृति, तुम पुनः अपनी आदि प्रकृतिस्थता दो!

इन्हें माँगता हूँ मुझे मिल जाएँ (मैं थक चुका हूँ सतत उत्तेजना से, युद्ध में संघर्ष से टूटा,)
निरंतर चाहता हूँ ये मुझे मिल जाएँ, मेरा हृदय उनके लिए बिलखता ही रहता है;
माँगता हूँ उन्हें निरंतर मैं, किंतु अपने नगर पर अनुरक्त,
कितने दिन बीत चुके, कितने वर्ष, मेरे नगर, घूमते-घूमते तुम्हारे पथों पर मुझे,
जहाँ शृंखलाओं में तुम बाँध रखते मुझे थोड़े समय, मुक्त करने से इनकार करते हुए,
किंतु तुम मुझे अघा देते हो, आत्मा को सम्पन्न करते, जहाँ तुम निरंतर मुझे
आकृतियाँ देते हो;
(आह, अब मैं देखता हूँ जिससे भाग जाने को तत्पर था, अब उसे समक्ष देख,
बिलखना बदलता हुआ,
देखता हूँ, स्वयं मेरी आत्मा ही अपनी अभिलाषाएँ पैरों तले कुचलती है।)

(2)

अपना भव्य मौन सूर्य अपने पास रखो,
अपने वन और अपने वनों के विजन, ओ प्रकृति, अपने पास रखो,
अपने वनमेथी और घास के मैदान, या अपने अन्न के खेत या उद्यान अपने पास रखो,
अपने मंजरित फाफर के खेत जहाँ नवम मास की मधुमक्खियाँ गूँजती रहती हैं, अपने पास रखो;
मुझे आकृतियाँ और रास्ते दो—मुझे रास्ते की पटरियों पर अनवरत और अंतहीन चलती हुईं छायाकृतियाँ दो!
मुझे असंख्य आँखें दो, नारियाँ दो, मुझे सहस्रों सहचर और प्रेमी दो!
मुझे प्रतिदिन नयों को देखने दो—प्रतिदिन नयों के हाथ अपने हाथों में लेने दो!
मुझे ऐसे प्रदर्शन दो—मनहटा के पथ दो मुझे!
मुझे दो ब्राडवे, जिस पर सैनिक मार्च करते जा रहे हों—बिगुलों और नगाड़ों की ध्वनि दो मुझे!
(कम्पनियों या रेजीमेंटों के सैनिक—कुछ जो उल्लसित और दुस्साहसपूर्ण युद्ध पर जाते हुए,
कुछ जो अपना समय पूरा कर लेने पर, विरल पंक्तियों में लौट रहे, युवा किंतु अत्यंत वृद्ध, श्लथ-तन, मार्च करते हुए, आँखें झुकाये हुए;)
मुझे दो सिंधु-तट, और घाट, जहाँ घनी पंक्तियों में स्याह पोत खड़े हों।
आह, ऐसी वस्तुएँ मेरे लिए आह, उत्कट जीवन, जीवन जो लबालब हो और बहुरंगी हो!
रंगशाला, मदिरालय, विशालकाय होटल का जीवन यह दो मुझे!
वाष्प जलयान के कक्ष का! भीड़ भरी यात्रा का! मशालों के जुलूस का!
युद्ध पर जाते हुए सघन ब्रिगेड का, उसके पीछे चलती ऊँची लदी फौजी गाड़ियों का
जन, अनंत, प्रवहमान, सबल स्वर-युक्त, आवेगपूर्ण, भव्य समारोह,
मनहटा के पथ, सबल स्पंदनों के साथ, अभी जैसी नगाड़ों पर होती चोटों के साथ,
यह अनंत कोलाहलपूर्ण समवेत-गान, बन्दूकों की खड़खड़ और ठनक, (आहतों के भी दृश्य,)
मनहटा की भीड़ें, उनका विक्षुब्ध संगीतमय सम्मिलित गान!
मनहटा के व्यक्तियों की आकृतियाँ, आँखें, सर्वदा मेरे लिए!

(1859) **(Give Me the Splendid Silent Sum, 1881)**

दुनिया, ग़ौर से देखो

दुनिया, ग़ौर से देखो, चाँदी के सितारों का छिपना,
दूधिया रंग मिटना, उनके सफ़ेद तन्तुओं का गिरना,
अड़तीस अग्निपिण्ड, अनिष्टकर जलते हैं,
रक्तवर्ण, अर्थ भरे, दूर रहने को सावधान करते हैं,
आज और आगे के लिए इस तट पर गर्व से फहरते हैं।

(1865) **(World Take Good Care, 1881)**

नीचे देखो, सुंदर चाँद

नीचे देखो, सुंदर चाँद, और इस दृश्य को नहला दो,
बरसा दो मृदुल, निशा के प्रभामण्डल का प्रवाह,
इन भयावनी, सूजी हुई नीली आकृतियों पर,
पीठों के बल पड़े हुए, इधर-उधर बिखरी भुजाओं वाले शवों पर,
अपनी उदार प्रभा बरसा दो, पावन चाँद!

(1865) **(Look Down Fair Moon, 1881)**

संराधन

सर्वोच्च शब्द, मनोरम अंतरिक्ष-सा,
सुंदर, ताकि उचित समय से युद्ध और उसके नरसंहार के दाग़ पूरी तरह मिट जाएँ,
ताकि मृत्यु और रात्रि दोनों बहनों के हाथ पुनः निरंतर मृदुलता से इस मलिन पृथ्वी के तन का प्रक्षालन करें,
क्योंकि मेरा शत्रु अब नहीं रहा, मुझ-सा ही दिव्य एक पुरुष अब नहीं रहा,
मैं वहाँ देखता हूँ जहाँ वह विवर्ण मुख, निश्चल, ताबूत में पड़ा सोया है, निकट चला जाता हूँ,
नीचे झुकता हूँ और अपने अधरों से ताबूत में दीखते उस धवल मुख का मैं मृदुल चुम्बन करता हूँ।

(1865-66) **(Reconciliation, 1881)**

अपना सिर तुम्हारी गोद में रखकर जब सोया था, मेरे साथी

अपना सिर तुम्हारी गोद में रखकर जब सोया था, मेरे साथी,
मैंने उस वक़्त जो बातें क़बूल की थीं उनकी कथा फिर प्रारंभ करता हूँ, जो कुछ भी मैंने तुमसे और खुली वायु से कहा था, उसका फिर प्रारंभ करता हूँ,
जानता हूँ मैं उद्विग्न हूँ, और व्यक्तियों को वैसा ही बना देता हूँ,
जानता हूँ मेरे शब्द हैं आपदपूर्ण और प्राणघाती अस्त्र,
क्योंकि मैं शांति, सुरक्षा और जितने भी स्थिर नियम—उनसे टकरा कर उन्हें अस्थिर कर देता हूँ,
इतना अडिग मैं हूँ सिर्फ़ इसलिए कि सबने मुझे ठुकराया, इतना दृढ़ मैं न होता यदि मुझे सबने अपनाया होता,
चिंता नहीं करता हूँ और न कभी मैंने अनुभव, चेतावनियों, बहुमतों और उपहास की चिंता की है,
और जिसे नरक कहा जाता है, मेरे लिए उसका भय तुच्छ और नगण्य,
और जिसे स्वर्ग कहा जाता है, मेरे लिए उसका लोभ तुच्छ और नगण्य,
प्रिय साथी, मानता हूँ मैंने तुम्हें अपने साथ आगे बढ़ने को उकसाया, अब भी उकसा रहा, तनिक भी जाने बिना हमारी क्या मंज़िल है,
या कि हम विजयी होंगे या हमारा पूरी तरह दमन होगा और हम हार जायेंगे।

(1865-66) (As I Lay with my Head in Your Lap Camerado, 1881)

देखो, विजयिनी को शिखरों पर

देखो, विजयिनी को शिखरों पर,
जहाँ से तुम शक्तिमान भृकुटि से युक्त पृथ्वी को घूरती हो,
(उस पृथ्वी को, ओ स्वाधीनता, व्यर्थ ही जिसने तुम्हारे विरुद्ध षड्यंत्र रचा,)
अपने चतुर्दिक घिरे पृथ्वी के असंख्य जाल काट, उन सबको पराजित कर,
प्रभुता-सम्पन्न, अपने चतुर्दिक चमकते सूर्य के प्रकाश के बीच,
अमर आरोग्य और प्रफुल्लता में अक्षत रहकर प्रदर्शन करती हो—देखो, इन महत् क्षणों में,
तुम्हारे निकट गाकर मैं कोई गर्वपूर्ण गीत नहीं लाता हूँ, या न सिद्धहस्तता का कोई आनंदपूर्ण छंद,

वरन् गीतों का एक समूह, रात्रि का अंधकार और रक्त-स्राव करते हुए व्रण,
और दिवंगतों के पवित्र गान।

(1865-66) **(Lo Victress on the Peaks, 1881)**

आत्मा जिसका काम ख़त्म हो चुका है

(वाशिंगटन नगर, 1865)

आत्मा जिसका काम ख़त्म हो चुका है—भयावह प्रहरों की आत्मा!
विदा होने के पूर्व मेरी आँखों के सामने से संगीनों के अपने जंगलों को लुप्त कर दो;
गहनतम अंधकारपूर्ण भयों और संदेहों की आत्मा (फिर भी बाहर से अविचलित आगे को बढ़ती हुई,)
बहुत सारे गंभीर दिनों और बहुत सारे पाशविक दृश्यों की आत्मा—विद्युतीय आत्मा,
जो अब ख़त्म हो चुके युद्ध में अथक प्रेतछाया-सी बुदबुदाती आवाज़ में इधर-उधर उड़ती रही,
ढोल पीट, पीट कर देश को अग्नि-शिखा की साँस के साथ उद्बुद्ध करती रही,
अब जब ढोल का नाद, पूरा खोखला और कटु, मेरे चतुर्दिक प्रतिध्वनित होता है,
जब तुम्हारे सैनिक, तुम्हारे अमर सैनिक, मुठभेड़ों से वापस, वापस, चले आते हैं,
जब अभी नौजवानों के कंधों पर उनकी बन्दूकें लटकी हैं,
जब मैं उनके कंधों पर संगीनें चमकती देख रहा,
जब वे तिरछी संगीनें, दूरी पर उनके जंगल के जंगल दीख पड़ते हैं, घर को लौटते हुए नज़दीक आते और सामने से निकल जाते हैं,
सधी हुई गति से चलते हुए, दायें और बायें झूमते हैं,
एकरूपता और हल्केपन के साथ उठते और गिरते हुए क़दमों से क़दम मिला कर चलते हैं,
उन प्रहरों की आत्मा जिनसे मैं परिचित हूँ, एक दिन पूरी तरह उग्र लाल, किंतु अगले दिन मृत्यु की तरह विवर्ण,
विदा होने के पूर्व मेरे मुख को छू लो, मेरे होठों को कसकर बंद कर दो,
मेरे पास अपने आवेशों की धड़कनें छोड़ो—उनका उत्तराधिकारी मुझे बना दो—मुझे मरोड़ती हुई धाराओं से भर दो,
तुम्हारे चले जाने के बाद उन्हें मेरे गीतों से बाहर निकल कर भस्म करने दो, व्रण उत्पन्न करने दो,
उन्हें इन गीतों में भविष्य के साथ अपनी पहचान बनाने दो।

(1865-66) **(Spirit Whose Work is Done, 1881)**

एक सैनिक से विदा

विदा, ओ सैनिक!
विषम अभियानों वाले तुम (जिनमें हम सहभागी रहे,)
वेग से कूच, शिविरों का जीवन,
विरोधी मोर्चों के बीच घमासान युद्ध, लम्बी व्यूह-रचना,
नरसंहार से भरे रक्तिम युद्ध, स्फूर्ति, शक्तिशाली भयावह क्रीड़ा,
सारे शूर और पौरुषपूर्ण हृदयों की जादूगरी, तुमसे और तुम जैसों के माध्यम से समय
का कारवाँ,
युद्ध और युद्ध की अभिव्यक्ति से पूरी तरह भरा हुआ।

विदा, प्रिय साथी,
तुम्हारा लक्ष्य अब पूरा हुआ–किंतु मैं तुम्हारी तुलना में अधिक युद्धप्रिय,
मैं स्वयं और मेरी यह संघर्षप्रिय आत्मा,
अब भी हम अपने अभियान पर अग्रसर हैं,
अनभ्यस्त मार्गों से गुज़रते हुए, जिन पर शत्रुओं से पंक्तिबद्ध छिपी जगहें हैं,
कितनी ही कटु पराजयों और कितने ही संकटों से गुज़रते हुए, प्रायः उद्भ्रांत,
यहाँ कूच करते, अविराम कूच करते हुए–एक युद्ध करते हैं–हाँ यहाँ,
दारुणतर और गुरुतर युद्धों की अभिव्यक्ति करते हैं।

(1871) **(Adieu to a Soldier, 1871)**

प्रेसिडेंट लिंकन की यादें
Memories of President Lincoln

पिछली बार जब बकाइन के फूल द्वार के अहाते में फूले

(1)

पिछली बार जब बकाइन के फूल द्वार के अहाते में फूले,
और जब रात्रि में पश्चिमी आकाश में विशाल तारा वक़्त से पहले ही झुका आया,
मैंने विलाप किया और आगे भी सदा प्रत्यागमन करते हुए वसंत में विलाप करता जाऊँगा।

ओ सदा प्रत्यागमन करने वाले वसंत, निश्चय ही तुम मेरे लिए तीन वस्तुएँ लाते हो,
बारहमासी खिलती इस बकाइन के फूल और पश्चिम में झुका हुआ तारा,
और उसका ध्यान जिसे मैं प्यार करता हूँ।

(2)

ओ पश्चिम के शक्तिमान टूटे हुए तारा!
ओ रात की छायाएँ—ओ उदास, आँसुओं से भरी रात!
ओ अस्त हुए विशाल तारा—ओ स्याह अंधकार जिसने तारा को छिपा रखा है!
ओ क्रूर हाथो, जो मुझे अशक्त बना कर बंधन में रखते हो—ओ मेरी असहाय आत्मा!
ओ कठोर आवृत करने वाले, मेरी आत्मा को बंदिनी बनाकर रखने वाले मेघ।

(3)

एक पुरानी पाही के सामने द्वार के अहाते में सफ़ेदी किये हुए लकड़ी के सरियों से
बने बाड़े के पास,
बकाइन की एक झाड़ी है, ऊँची, गहरी हरे रंग की हृदयाकार पत्तियों वाली,
जिसमें अनेक नुकीले कोमल फूल निकले हैं, जिनमें वह उत्कट मधुर गंध है जो मुझे
प्रिय है,
जिसमें प्रत्येक पत्ती एक चमत्कार—और द्वार के अहाते में इस झाड़ी से,
जिसमें कोमल वर्ण के फूल और हृदयाकार गहरे हरे रंग की पत्तियाँ हैं,
मैं एक टहनी उसके फूलों के साथ तोड़ लेता हूँ।

(4)

दलदल में विजन एकांतों में,
संकोचशील और छिपा हुआ कोई पक्षी गीत गाता जाता है।

एकाकी कस्तूरी,
एकांतवासी, अन्तर्मुखी, बस्तियों से बचता हुआ,
स्वयं को गाकर एक गीत सुनाता है।
रक्त-स्राव करते हुए कंठ का गीत,
मृत्यु के निर्गम द्वार का जीवन-गीत, (क्योंकि मैं अच्छी तरह जानता हूँ, बन्धु,
अगर तुममें गाने की क्षमता न होती तो निश्चित थी तुम्हारी मृत्यु।)

(5)

वासंती वक्ष पर, भूमि पर, और नगरों में,
सरणियों के बीच और प्राचीन वनों से होकर, जहाँ अभी हाल में ही बनफ्शा के फूल
धरती से निकल कर झाँकते और धूसर भग्नावशेषों पर जगह-जगह दीखते थे,
डगर के दोनों ओर घास के मैदानों में जगह-जगह दीखते थे, अंतहीन घास से गुज़रते हुए,
पीली बरछी-से गेहूँ से गुज़रते हुए, प्रत्येक दाना गहरे भूरे खेतों में अपने कफ़न से
बाहर निकला हुआ,

वाटिका में सेब के वृक्षों के सफ़ेद और लाल फूलों से गुज़रते हुए,
एक शव को उसकी क़ब्र के विश्राम-स्थल तक ले जाते हुए,
एक ताबूत दिन-रात यात्रा करता है।

(6)

गलियों और सड़कों से गुज़रता हुआ ताबूत,
दिन और रात एक विशाल मेघखण्ड देश को अंधकार में ढँकता हुआ,
झुकी हुई पताकाओं की भव्य सज्जा लिए, काले वस्त्रों में सजे नगरों के बीच,
स्वयं राज्यों के प्रदर्शन के साथ जैसे रेशमी घूँघटों में खड़ी स्त्रियाँ हों,
लम्बे और चक्करदार जुलूसों और रात्रि की मशालों के साथ,
संख्यातीत जलती हुई मशालों के साथ, आकृतियों और नंगे सिरों के मौन सागर के साथ,
प्रतीक्षा में खड़े सेना के केन्द्रों के पास पहुँचता हुआ ताबूत और मलिन आकृतियों के साथ,
रात भर चलते शोक-गीतों के साथ, चीख़ों और तेज़ और गम्भीर उठती हुई आवाज़ों के साथ,
ताबूत के चारों ओर शोक-गीतों की विलाप करती हुई आवाज़ों के साथ,
गिरजाघरों की मंद रोशनी और काँपते हुए आर्गन की आवाज़ के साथ, जहाँ इनके बीच तुम यात्रा करते हो,
बजते, बजते ही जाते हुए घंटों की अनवरत झनझनाहट के साथ,
यहाँ, ओ धीमी गति से गुज़रते हुए ताबूत,
मैं तुम्हें अपनी बकाइन की टहनी भेंट करता हूँ।

(7)

(केवल तुम्हारे ही लिए नहीं, केवल एक के ही लिए नहीं,
फूल और हरी टहनियाँ सारे ताबूतों के लिए लाता हूँ,
क्योंकि प्रातः के समान अभिनव, ऐसा गीत मैं तुम्हारे लिए गाऊँगा, ओ प्रकृतिस्थ और पावन मृत्यु।

तुम्हें पूरी तरह गुलाबों के गुलदस्ते,
ओ मृत्यु, मैं तुम्हें गुलाबों और सर्वप्रथम लिली के नये फूलों से ढँक देता हूँ,

किंतु मुख्यतः और अब सर्वप्रथम खिलने वाली बकाइन से,
प्रचुरता से मैं तोड़ता हूँ, झाड़ियों से मैं टहनियाँ तोड़ता हूँ,
और अपनी भुजाओं पर उनका बोझ लिए आता हूँ, तुम्हारे लिए उँड़ेलता हूँ,
तुम्हारे लिए और सारे ताबूतों के लिए, ओ मृत्यु।)

(8)

आकाश में संतरण करते हुए, ओ पश्चिम के तारा,
अब मैंने समझा तुम्हारा आशय अवश्य ही क्या रहा होगा, आज के एक माह पूर्व जब मैं घूमता-फिरता रहा,
जब मैं मौन रहते हुए पारदर्शी छायादार रात्रि में चक्कर लगाता रहा,
जब मैंने देखा कि हर रात मुझसे तुम कुछ कहना चाहते थे,
जब तुम आकाश से नीचे झुक कर मेरे पार्श्व में जैसे उतर आये, (जबकि अन्य सभी तारे यह देखते जाते थे),
जब मैं तुम्हारे साथ गम्भीर रात्रि में टहलता रहा (क्योंकि कोई चीज़, जिसे मैं नहीं जानता था, नींद से मुझे वंचित रखती थी),
जब रात ढलते समय मैंने पश्चिम के हाशिये पर देखा कि तुम कितनी व्यथा से भरे रहे,
जब मैं शीतल पारदर्शी रात्रि में टीले पर बहती हवा में खड़ा रहा,
जब मैंने देखा कहाँ तुम जाते थे और मैं रात्रि के निचले अंधकार में खोया था,
जब मेरी आत्मा अपने क्लेश से अधीर डूबती जाती थी, जब तुमने, ओ शोक-संतप्त वृत्त,
अपने को समाप्त किया, रात्रि में लुढ़क पड़े, और विदा हुए।

(9)

दलदल में वहाँ गाते चलो,
ओ गायक, संकोचशील और कोमल, तुम्हारे स्वर मैं सुनता हूँ, तुम्हारी पुकार मैं सुनता हूँ,
मैं सुन रहा हूँ, अभी-अभी आया, मैं तुम्हें समझता हूँ,
किंतु एक क्षण के लिए मैं विलम्ब करता हूँ, क्योंकि चमकते तारे ने मुझे रोक रखा है,
तारा, मेरा विदा होता साथी, मुझे पकड़ लेता और रोक रखता है।

(10)

आह, मैं कैसे वहाँ उस दिवंगत के लिए गाऊँ, जिसे मैं प्यार करता था?
और कैसे मैं अपने गान को उस चली गई विशाल मधुर आत्मा के लिए सजाऊँ,
और मैं उसकी क़ब्र के लिए जिसे मैं प्यार करता हूँ कैसी सुगन्ध लाऊँ?

समुद्री हवाएँ जो पूर्व और पश्चिम से चली आती हैं,
जो पूर्वी सागर से चली आती हैं और जो पश्चिमी सागर से चली आती हैं, और अंत
में आकर जब वे चरागाहों में मिलती हैं,
इनसे और अपने गीत की साँस उनके साथ मिलाकर,
मैं उसकी क़ब्र को सुगंधित करूँगा जिसे मैं प्यार करता हूँ।

(11)

आह, मैं उसकी समाधि के कक्ष की दीवारों पर क्या लटकाऊँ?
और वे चित्र क्या होंगे जिन्हें मैं दीवारों पर लटका दूँ,
उसके समाधि-गृह को अलंकृत करने के लिए, जिसे मैं प्यार करता हूँ?

विकसित होते हुए वसंत और खेतों और आवासों के चित्र,
सूर्यास्त के समय वासंती संध्या, और प्रांजल और चमकदार धूमिल धूम्र के चित्र,
वायु में अग्नि की लपटें उठाते और उसका आयतन बढ़ाते भव्य, अलसाये अस्तप्राय
रवि के पीत स्वर्ण के प्रवाहों के चित्र,
पाँवों के नीचे नवजात मधुर घासपात और सघन वृक्षों की पीली हरी, पत्तियों के चित्र,
दूर पर प्रवाहित ज्योति-पुंज, सरिता के वक्ष, और उस पर यहाँ-वहाँ वायु से चित्रित
अनेक आकृतियों के चित्र,
तटवर्ती पर्वत-शृंखलाओं और नभ में खचित रेखाओं और छायाओं के चित्र,
निकट के नगर, गृहों से अत्यंत सघन और चिमनियों के स्तंभ-पुंजों के चित्र,
और जीवन के समस्त दृश्यों और कारखानों के, और घर को लौटते हुए श्रमिकों के
चित्र।

(12)

देखो, तन और आत्मा को–देखो, यह देश,
मीनारों और चमकते और वेगवान ज्वारों और जलपोतों के मेरे स्वयं के मनहटा को,
विविधता और बहुलता के देश, आलोक से घिरे दक्षिण और उत्तर को, ओहायो के
तटों और बिजलियों-सी कौंधती मिसौरी को,
घास और अन्न से आच्छादित और सदा दूर-दूर तक विस्तृत चरागाहों को।

देखो, मनोहरतम रवि को, कितना शांत और दर्पपूर्ण,
कोमल स्पर्श करती हुई वायु के बैगनी और नीललोहित प्रातः को देखो,
मृदुल, कोमल दिगृदिगन्त तक फैले प्रकाश को,
उस चमत्कार को फैलते और सबको नहला देने वाले चमत्कार को–मध्याह्न की
पूर्णता को,
आती हुई रुचिकर संध्या को, स्वागत रात्रि और सितारों को,
मेरे नगरों पर सब चमकते हुए मानव और पृथिवी को आवृत करते हुए।

(13)

गाते चलो, गाते चलो, ओ धूसर-भूरे पक्षी!
गाओ दलदलो से, गह्वरों से, अपने गीतों को झाड़ियों के बीच से,
अनवरत, गोधूलि वेला में, देवदारों और चीड़ों के बीच उँड़ेलते चलो।

गाते चलो, प्रियतम बन्धु–वंशी के स्वरों में,
तुमुल मानव गीत, गहनतम वेदना के स्वर में गाते चलो।

ओ तरल, निर्बन्ध और कोमल!
ओ नियंत्रणहीन और मेरी आत्मा को स्वच्छंद बनाने वाले–ओ अद्‍भुत गायक!
केवल मैं तुम्हें सुन रहा हूँ–अभी उस तारे ने मुझे बाँध रखा है (किंतु वह शीघ्र विदा
हो जाएगा),
अभी बकाइन ने अपनी अभिभूत करने वाली सुगंध से मुझे बाँध रखा है।

(14)

तो जब मैं दिन में बैठा था और देख रहा था,
दिन का अवसान, उसका प्रकाश, उसके वासंती खेत और अपनी फ़स्लों को तैयार करते किसान,
अपने देश के अचेत दृश्य और उसकी झीलें और वन,
स्वर्गिक वायवी सौन्दर्य (क्षुब्ध हवाओं और आँधियों के बाद,)
अपराह्न के मेहराबदार आकाश के नीचे वेग से गुज़रती हुई बच्चों और औरतों की आवाज़ें,
हिलोरें लेते बहुत सारे समुद्री ज्वार, और मैंने देखा कैसे संतरण कर रहे थे जलपोत,
और ग्रीष्म अपनी सम्पन्नता के साथ आता हुआ, और श्रम से पूरी तरह व्यस्त खेत,
और असंख्य स्वायत्त आवास, उन सबमें चलते हुए व्यापार, प्रत्येक अपने भोजन और प्रत्येक दिन प्रयुक्त होने वाले उपकरणों के साथ,
और सड़कें, कैसे उनकी धड़कनें धड़कती थीं, और सघन आबद्ध नगर—वह देखो, उसी क्षण और उसी जगह,
उन सब पर गिरता हुआ और उन सबके बीच, अन्यों के साथ मुझे भी ढँकता हुआ,
बादल दीख पड़ा, बादल की एक लम्बी स्याह पंक्ति,
और मैंने मृत्यु को पहचाना, उसका ध्यान आया और उसका पुनीत ज्ञान हुआ।

और तब मृत्यु का ज्ञान लिए, जैसे वह मेरे एक पार्श्व में चलती हो,
और मृत्यु का ध्यान करते हुए जैसे वह निकट होकर दूसरे पार्श्व में चलती हो,
और साथियों के मध्य जैसे मैं, और जैसे साथियों के हाथ पकड़कर,
मैं रात्रि की ओर भागा जो अपनी गोद में छिपा लेती है, स्वागत करती है और जो मौन रहती है,
नीचे जल के किनारे, धुँधलके में दलदल के पास वाले पथ पर,
भव्य छायादार देवदारों और प्रेत-से चीड़ों के पास भागा।

और अन्यों से संकोच करने वाले गायक ने मेरा स्वागत किया।
उस धूसर-भूरे रंग के पक्षी ने, मुझे मालूम है, हम तीनों साथियों का स्वागत किया,
और उसने मृत्यु का पावन गीत गाया, और उसके लिए एक गान, जिसे मैं प्यार करता हूँ।

विजन गहन गह्वरों से,

सुरभिमय देवदारों से और अत्यंत निश्चल प्रेतों जैसे चीड़ों से,
पक्षी का पावन गीत आया।

और उसके पावन गीत ने मुझे मंत्रमुग्ध किया,
जब मैं रात्रि में अपने साथियों के हाथ हाथ में पकड़े था,
और मेरी आत्मा की आवाज़ उस पक्षी के गान जैसी थी।

आओ, सुघर और विश्रामदायिनी मृत्यु,
शांति से धीरे-धीरे आकर, पृथ्वी पर चारों ओर लहराओ,
दिन में, रात्रि में, सबके पास, प्रत्येक के पास,
शीघ्रतर या विलम्ब करके, ओ सुकुमार मृत्यु।

धन्य, धन्य यह अथाह विश्व,
जीवन और आनंद के निमित्त, वस्तुओं और अद्‌भुत ज्ञान के निमित्त,
और प्यार, मधुर प्यार के निमित्त—केवल धन्य, धन्य, धन्य!
शीतल मृत्यु की आबद्ध-पाश करती हुई भुजाओं के निमित्त।

ओ श्यामवर्ण माँ, सदा धीमे क़दमों से निकट चली आती हुई माँ,
किसी ने क्या तेरे लिए पूर्णतम स्वागत का गीत नहीं गाया है?
तब मैं तेरे लिए ऐसा गीत गाता हूँ, मैं तुझे सर्वोपरि महिमामय बनाता हूँ,
तेरे निमित्त मैं एक ऐसा गान लाता हूँ कि, बेहिचक आए जब तू निस्संदेह अनिवार्यतः आए।

निकट आ, ओ शक्तिशाली मुक्तिदायिनी,
जब ऐसा होगा, जब तू उन्हें प्राप्त कर लेगी, मैं आनन्द से दिवंगतों के गीत गाऊँगा,
तेरे प्यार-भरे संतरित महासिंधु में जो खोये,
जो तुम्हारे सुख के प्रवाह में प्यार पाते हैं, ओ मृत्यु।

तेरे निमित्त मेरे हर्षपूर्ण सांध्य-गीत,
तेरा अभिवादन करते हुए मैं तेरे लिए नृत्यों का, तेरे लिए साज-सज्जाओं और उत्सवों के आयोजन का प्रस्ताव लाता हूँ,
और खुले हुए मैदानों के दृश्य और ऊँचाई पर फैला हुआ आकाश तेरे योग्य,
तेरे योग्य हैं जीवन और खेत और विराट और चिंतनशील रात्रि।

बहुत सारे नक्षत्रों के नीचे मौन में पड़ी रात्रि,
महासागर का तट और भर्रायी फुसफुसाती तरंग, जिसकी आवाज़ मैं पहचानता हूँ,
ओ तेरी ओर उन्मुख आत्मा, ओ विराट और पूरी तरह घूँघट में छिपी मृत्यु,
और तन, जो तेरी छाती से कृतज्ञता के साथ चिपका रहता है।

वृक्षों की शिखाओं पर मैं तेरे लिए एक गीत संतरित करता हूँ,
उठती और गिरती तरंगों पर, संख्यातीत मैदानों और विस्तृत चरागाहों पर,
सारे सघन ठँसे नगरों पर और अनेक गोदियों और पथों पर,
मैं यह पावन गीत हर्ष के साथ, तेरे पास हर्ष के साथ संतरित करता हूँ।

(15)

मेरी आत्मा से एकलय होकर,
धूसर-भूरा पक्षी ऊँचे और ज़ोरदार स्वरों में गाता रहा,
अपने संकल्पित शुद्ध स्वरों को फैलाकर रात्रि को गूँज से भरता रहा।

धुँधले चीड़ों और देवदारों के बीच तुमुल,
आर्द्र ताज़गी और दलदल की सुगंधों के बीच स्पष्ट,
और रात्रि में मैं वहाँ अपने साथियों के संग।

जबकि मेरी खुली आँखों में जो दृष्टि बँधी रही,
उसके सामने स्वप्नों के विस्तृत दृश्यलोक रहे।

और मैंने सेनाएँ परोक्ष दृष्टि से देखीं,
जैसे निस्वन स्वप्नों में युद्ध के सैकड़ों ध्वज देखे,
मैंने युद्धों में धुएँ के बीच उनका वहन देखा, चिथड़े हुए, रक्त-रंजित,
और अंत में लट्ठे पर कुछ फटे टुकड़े शेष (और सब कुछ मौन,)
और लट्ठे पूरी तरह से चिरे हुए और खण्ड-खण्ड।

मैंने युद्ध के शव देखे, संख्या में अगण्य,
और युवाओं के श्वेत अस्थि-पंजर, मैंने उन्हें देखा,
और मैंने मलबे देखे, युद्ध में मारे गए सैनिकों के मलबे,

लेकिन मैंने देखा कि वे वैसे नहीं थे जैसा सोचा जाता था,
स्वयं वे पूरी तरह विश्राम करते जा रहे थे, उन्हें कोई पीड़ा नहीं थी,
जीवित जो शेष रहे पीड़ा सह रहे थे, माँ पीड़ा सहती थी,
और पत्नी और बच्चे और चिंतन करते हुए साथी पीड़ा सहते थे,
और जो सेनाएँ शेष रहीं, पीड़ा सहती थीं।

(16)

विदा होने लगे स्वप्न, विदा होने लगी रात,
विदा होने लगे, ढीले होने लगे मेरे साथियों के पकड़े हाथ,
विदा होने लगा उस पक्षी का गीत और उसके स्वर से एकलय हुआ मेरी आत्मा का गीत,
वह विजयी गीत, मृत्यु के निर्गम-द्वार का गीत, किंतु विविधता लिए सदा परिवर्तनशील गीत,
जैसे मंद और बिलखता हुआ, किंतु स्वच्छ स्वरों से युक्त, आरोह और अवरोहपूर्ण, रात्रि पर उमड़ता हुआ गीत,
खिन्न, क्षीण और मूर्च्छित होता हुआ, जैसे सावधान, सावधान कहता हुआ, और फिर भी पुनः हर्ष से विस्फुटित होता हुआ,
पृथ्वी को आच्छादित करता हुआ और आकाश का विस्तार भरता हुआ,
और जब वह सशक्त पावन गीत जिसे मैंने गह्वरों से सुना,
विदा होता है, ओ हृदयाकार पत्तियों वाली बकाइन, मैं तुम्हारा साथ छोड़ता हूँ,
मैं तुम्हें वहाँ द्वार के अहाते में, खिलती हुई और वसंत में प्रत्यावर्तित छोड़ता हूँ।

तुम्हारे लिए मैं अपना गान बंद करता हूँ,
पश्चिम में, पश्चिम की तरफ़ अपनी दृष्टि किये हुए, तुमसे संलाप करना बंद करता हूँ,
ओ मेरे साथी, रात्रि में जो रजताभ चेहरे के साथ चमकते हो।

किंतु फिर भी प्रत्येक को, सबको, पास रखने के लिए, रात्रि के बीच से बचा रखता हूँ, गीत, धूसर-भूरे पक्षी का अद्भुत गीत,
उससे एकलय हुए गीत, अपनी आत्मा में जगी प्रतिध्वनि,
और चमकदार और झुके तारा को उसके व्यथापूर्ण चेहरे के साथ,
और मेरे हाथ को हाथों में पकड़ने वालों के साथ पक्षी के आवाहन के निकट जाते हुए,
मेरे साथी और उनके बीच मैं, और उनकी याद सदा बनाये रखने को, उस दिवंगत के

लिए जिसे मैं इतना ज़्यादा प्यार करता हूँ,
मेरे सारे दिनों और देशों की मधुरतम, प्रज्ञतम आत्मा के लिए—और यह उसके प्रति
प्यार के लिए,
बकाइन और तारा और पक्षी जो मेरी आत्मा के गीत से अभिन्न गुँथे हैं,
उन सुरभिमय चीड़ों और स्याह और धुँधले देवदारों के बीच।

(1865-66) **(When Lilacs Last in the Dooryard Bloom'd, 1881)**

आज शिविर शांत हो जाएँ

(4 मई, 1865)

आज शिविर शांत हो जाएँ,
और आओ, सैनिको, हम अपने युद्ध-जर्जर आयुधों को ढँक दें,
और आओ, प्रत्येक चिंतन-रत आत्मा से और विश्राम लेकर अपने महानायक की
मृत्यु का यशोगान करें।

अब उसके लिए जीवन के संघर्षों की झंझाएँ नहीं रहीं,
विजय या पराजय नहीं—आकाश में इधर से उधर लगातार दौड़ते तेज़ बादलों-सी
समय की स्याह घटनाएँ उसके लिए नहीं रहीं।

किंतु, कवि, तुम गाओ, हमारे लिए,
उसके प्रति हमारे प्रेम का गीत—क्योंकि तुम शिविरों के वासी उसे वस्तुतः जानते हो।

जब लोग उसका ताबूत वहाँ समाधि में रखते हों,
गाओ, कवि—जब लोग उसके ऊपर पृथ्वी के द्वार बंद करते हों—गाओ, कवि, एक
छंद,
सैनिकों के व्यथित हृदयों के लिए।

(1865) **(Hush'd Be the Camps Today, 1871)**

यह धूल कभी वह आदमी थी

यह धूल कभी वह आदमी थी,
मृदुल, सरल, न्यायप्रिय, दृढ़ और इसके सजग हाथों ने
देशों, युगों के सारे विगत इतिहास में सबसे बड़े अपराध से लड़कर
इस संयुक्त राज्य की एकता की रक्षा की।

(1871) **(This Dust was Once the Man, 1871)**

उलट-पलट

आगे जो खड़ा था, उसे पीछे हटने दो,
पीछे जो खड़ा था, उसे आगे बढ़ने दो,
कट्टरों, मूर्खों, गंदों को नयी स्थापनाएँ करने दो,
और पुरानी स्थापनाओं को ठहरने दो,
अपने से बाहर हर आदमी को हर जगह सुख में उतरने दो,
अपने से बाहर हर नारी को हर जगह सुख में उतरने दो।

(1856) **(Reversals, 1881)**

पतझड़ की धाराएँ
Austumn Revulets

वृद्धा आयरलैंड

यहाँ से बहुत दूर अद्भुत मनोरम एक द्वीप जहाँ,
एक क़ब्र पर कोई प्राचीन संतप्त माँ है झुकी हुई,
कभी राजरानी थी, किंतु अब कृशकाय, जर्जर हो धूल में बैठी है,
उसके वृद्ध श्वेत केश अस्त-व्यस्त कंधों पर फैले हैं,
उसके चरणों के निकट गिरी एक अप्रयुक्त राजसी वीणा है,
बहुत दिनों से मौन, बहुत दिनों से वह मौन,
शव की कामरी में लिपटी हुई अपनी आशा और उत्तराधिकारी के लिए रोती है,
पृथ्वी पर सबसे अधिक उसका हृदय व्यथापूर्ण, क्योंकि वह सबसे अधिक वत्सलतापूर्ण है।

किंतु एक शब्द तुमसे कहता हूँ, बूढ़ी माँ,
अब तुम्हें घुटनों के बीच में माथा झुका, हिमशीत भूमि पर, सिकुड़ कर बैठने की
ज़रूरत नहीं,
कोई ज़रूरत नहीं तुम अपने ऐसे अस्त-व्यस्त वृद्ध केशों में मुँह छिपाकर बैठी रहो,
जान लो तुम जिसके लिए रोती हो, वह उस क़ब्र में अब नहीं सोया है,
यह एक छलना थी, जिसको तुम इतना स्नेह करती हो, सचमुच वह मरा नहीं,
ईसा वह मरा नहीं, वह किसी अन्य देश में जाकर फिर जी उठा है, युवा और
शक्तिमान,
उस क्षण भी जब तुम क़ब्र के निकट बैठी हुई रोती रहीं और वीणा चरणों के निकट
पड़ी रही,
जिसके लिए रोती रहीं, वह रूपान्तरित होकर, क़ब्र से निकल आया,
पवन अनुकूल हुए, सिंधु ने प्रवाहित किया,

और उसमें बहता है गुलाबी-सा नया ख़ून,
उसके चरण एक नये देश में पड़ते हैं।

(1861) **(Old Ireland, 1867)**

नगर का मुर्दाघर

नगर के मुर्दाघर के फाटक के निकट से,
कोलाहल से बचने के लिए मैं निष्प्रयोजन घूमता हुआ,
वहाँ कुतूहलवश रुक जाता हूँ, क्योंकि देखो, वहाँ एक लांछित आकृति, एक दीन मृत वेश्या लायी गई;
वे उसके शव को, जिसे कोई अपना सगा कहने वाला नहीं, वहाँ रख देते हैं, वह सीली ईंटों की पटरी पर पड़ा हुआ है,
वह दिव्य नारी, उसका तन, मैं उस तन को, सिर्फ़ उसे देखता हूँ,
वासना का, सौन्दर्य का कभी वह भरा-पूरा भवन, किसी अन्य पर मैं ध्यान नहीं देता,
उस शीत-भरी जड़ता या उसके मुँह से बहते पानी या रोगकारी गंध का कोई प्रभाव मुझ पर नहीं पड़ता;
मैं तो देखता हूँ मात्र वह भवन—अद्‌भुत वह भवन—वह कोमल सुन्दर भवन—वह ध्वंस!
अमर वह भवन अब तक के बने पंक्तिबद्ध आवासों से बढ़कर रम्य!
आवासों या अमरीकी कांग्रेस के भवन के श्वेत गुम्बज से, जिसके ऊपर एक भव्य मूर्ति स्थापित है—या सभी प्राचीन, ऊँची मीनारों वाले गिरजाघरों से,
सबसे बढ़कर है वह लघु आवास—वह दीन और हताश आवास।
सुंदर भयानक विध्वंस—आत्मा का आवास—स्वयं आत्मा,
अनाथ, परित्यक्त भवन, मेरे काँपते होठों की एक साँस मुझसे लो,
यहाँ से जाते हुए, तुम्हारे ध्यान में गिरी मेरे आँसू की एक बूँद ग्रहण करो!
प्रेम के मृत भवन! उन्माद और पाप के भवन! ध्वस्त भवन! पदाक्रांत!
जीवन के भवन—कुछ ही पूर्व बोलते और हँसते हुए—किंतु, आह, दीन भवन! तब भी मृत,
कितने ही माहों और वर्षों तक प्रतिध्वनित, अलंकृत भवन—लेकिन मृत, मृत, मृत।

(1867) **(The City Dead House, 1881)**

यह खाद

(1)

जहाँ मैं अपने को सर्वाधिक सुरक्षित समझता था, वहाँ कुछ मुझे चौंका देता है,
मेरे लिए जो प्रिय थे उन मौन वनों से अपने को अलग कर देता हूँ,
आगे से अब मैं चरागाहों में घूमने न जाऊँगा,
अपने प्रेमी सागर से मिलने के लिए मैं अपना तन निर्वस्त्र नहीं करूँगा,
जैसे पुनर्नवा होने को अन्य किसी तन का स्पर्श करते हैं, वैसे नहीं अपने तन से पृथ्वी
 को छूना मुझे।

अरे, कैसे यह होता है कि भूमि स्वयं रुग्ण नहीं हो जाती?
कैसे तुम जीवित रह जाते हो, ओ वसंत में विकसित होने वालो,
कैसे तुम आरोग्य प्रदान करते हो, जड़ी-बूटियो, मूलो, उद्यानो, अन्नों के रक्त?
बार-बार लोग क्या तुम्हारे अंतर में विवर्ण शव नहीं रखते?
क्या प्रत्येक महाद्वीप अम्ल शवों से बार-बार परेशान नहीं हुआ?

कहाँ तुमने उनकी लोथों को ठिकाने लगाया है?
इतनी सारी पीढ़ियों के पियक्कड़ों और खब्बुओं को?
कहाँ तुमने सारे गंदे द्रव और मांस को खींच कर बाहर किया?
इनमें से किसी को आज मैं तुम्हारे ऊपर नहीं देखता हूँ या शायद मुझे धोखा हुआ है,
मैं अपने हल से एक खाँचा बनाऊँगा, मैं फावड़े को हरी भूमि पर चलाऊँगा और जो
 नीचे है उसे उलट-पुलट डालूँगा,
मुझे विश्वास है कि मैं गंदे मांस का कुछ अंश सामने ला दूँगा।

(2)

कूड़े की इस खाद को देखो! अच्छी तरह देखो!
शायद प्रत्येक कण एक समय किसी रोगी का अंश रहा—फिर भी देखो!
वासंती घास ने चरागाहों को ढँक डाला,
वाटिका में मटर बिना आवाज़ के हल्की मिट्टी के बाहर सहसा निकल आयी,
प्याज़ का कोमल कुंत छेद कर ऊपर उठा आता है,

सेब की शाखों पर सेब की मंजरियाँ गुच्छों में दीख पड़ती हैं,
गेहूँ अपनी क़ब्र से पीले चेहरे के साथ फिर से जीवित होकर बाहर निकल आता है,
भिंसा और शहतूत के वृक्षों पर हल्का रंग संचरित होने लगा,
नर पक्षी सुबह-शाम गाते हैं, जबकि मादाएँ घोंसलों में अण्डे सेती हैं,
मुर्गियों के चोज़े सेये हुए अण्डे तोड़कर बाहर निकलते हैं,
पशुओं के नवजात दिखते हैं, गाय से बछड़ा निकल कर गिरा, घोड़ी से बछेड़ा,
अपनी छोटी पहाड़ी से आलू की गहरी हरी पत्तियाँ निष्ठा-सहित ऊपर को उठती हैं,
अपनी छोटी पहाड़ी से मक्के का पीला तना ऊपर को उठता है, द्वार के सहन में
वकाइन के फूल खिले,
वासंती विकास में अबोधता है और वह अम्ल शवों के स्तरों की परवाह नहीं
करता।

कैसा रसायन है!
यह कि हवाएँ वास्तव में संक्रामक नहीं,
यह कि यह धोखेबाज़ नहीं, मेरे व्यग्र प्रणयी सागर का यह पारदर्शी हरित धावन,
यह कि यह सुरक्षित है कि मैं अपने पूरे नग्न तन को चाटने के लिए उसकी जिह्वाओं
को अनुमति दूँ,
यह कि यह उन ज्वरों से मुझे संकट में न डालेगा, जिन्होंने इसके अंदर अपने को
जमा कर रखा है,
यह कि सब कुछ स्वच्छ है, सदा, सदा के लिए,
यह कि कुएँ के शीतल जल का स्वाद इतना अच्छा है,
यह कि काली अंजियाँ इतनी स्वादिष्ट और रसमय हैं,
यह कि सेब के उद्यान और नारंगी के उद्यान के फल और तरबूज़, खरबूज़, अंगूर,
आलू, आलूचे, इनमें से कोई भी मेरे लिए विष नहीं है,
यह कि जब मैं घास पर लेटता हूँ, मुझे कोई रोग नहीं पकड़ता है,
यद्यपि यह संभव है कि घास का प्रत्येक कुंत उसमें से निकला है एक समय जो
संक्रामक रोग रहा।

अब मुझे पृथ्वी को देखकर भय लगता है, वह कितनी शांत और धैर्यवान,
ऐसी विकृतियों से ऐसी मधुर चीज़ें वह उत्पन्न करती है,
रुग्ण शवों के ऐसे अंतहीन सिलसिलों के बावजूद, वह अपनी धुरी पर अक्षत और
कलंकहीन घूमती है,
ऐसी सघन दुर्गन्धों से ऐसी अन्यतम हवाओं को छान लाती है,

ऐसी अजान दिखती हुई अपनी उदार, वार्षिक, वैभवपूर्ण फ़स्लों का नवीकरण करती है,
ऐसे दिव्य सामान मानवों को देती है, और अंत में उनसे छोड़ी हुई वस्तुएँ स्वीकार करती है।

(1856) **(This Compost, 1881)**

यूरोप के एक विफल क्रांतिकारी से

फिर भी साहस रखो, मेरे बन्धु या मेरी बहन!
लगे रहो—स्वाधीनता की सेवा करनी है, जो भी घटित हो;
कुछ भी नहीं है वह जो एक या दो विफलताओं से या कितनी ही विफलताओं से,
या जन की उदासीनता या कृतघ्नता से या किसी विश्वासघात से,
या शक्ति के लम्बे तेज़ दाँतों के प्रदर्शन से, सैनिकों से, तोपों से, दण्ड के विधानों से दब जाए।

हमारी जो आस्था है, वह सारे महाद्वीपों में सदा-सदा के लिए अप्रकट प्रतीक्षा करती है,
किसी को आमंत्रित नहीं करती, कोई वचन नहीं देती, शांति और प्रकाश में स्थित रहती है, आश्वस्त और स्थिर-चित्त कोई निराशा नहीं जानती है,
धैर्य से प्रतीक्षा करती है, अपने समय की प्रतीक्षा करती है।
(ये केवल निष्ठा के ही गान नहीं,
किंतु विद्रोह के भी गान,
क्योंकि मैं सारी दुनिया में प्रत्येक निर्भीक विद्रोही का प्रतिश्रुत कवि हूँ,
और जो मेरे साथ चलता है, वह शांति और लीक अपने पीछे छोड़ देता है,
और किसी क्षण अपने जीवन को खोने का ख़तरा मोल लेता है।

अनगिनत आवाहनों के बीच, और बार-बार आगे बढ़ने और पीछे हटने के बीच घमासान युद्ध चलता रहता है,
निष्ठाहीन विजयी होता है, या मान लेता है कि वह विजयी है,
बंदीगृह, फाँसी का तख़्ता, फंदा, हथकड़ियाँ, लोहे के हार, सीसे की गोलियाँ अपना काम करती हैं,
नामी और गुमनाम शूर दूसरे लोकों को चले जाते हैं,
जो महान् वक्ता और लेखक थे, देश से निष्कासित होते हैं, दूर के देशों में वे रुग्ण पड़े होते हैं,

लक्ष्य सो जाता है, सबलतम कंठ को अपने ही रक्त से रुद्ध कर दिया जाता,
युवाजन मिलने पर अपनी पलकें भूमि पर नीचे झुका देते हैं,
किंतु इस सबके बावजूद स्वाधीनता अपने स्थान से स्खलित नहीं होती और निष्ठाहीन
पूर्ण प्रभुता स्थापित नहीं कर पाता।

स्वाधीनता जब अपने स्थान से स्खलित होती है, जाने वालों में वह पहली या दूसरी
या तीसरी नहीं होती,
वह अन्य सबके चले जाने की प्रतीक्षा करती है, अंतिम वह होती है।

शूरों और शहीदों की यादें जब नहीं रह जाएँगी,
और जब सारा जीवन और पुरुषों और स्त्रियों की सारी आत्माएँ पृथ्वी के किसी भाग
से विसर्जित हो जाएँगी,
तभी केवल स्वाधीनता या स्वाधीनता का विचार पृथ्वी के उस भाग से विसर्जित
हो पायेगा।

इसलिए साहस रखो योरप के विद्रोही, विद्रोहिणी!
क्योंकि जबतक सब कुछ का अंत नहीं हो जाता, तुम्हारा भी अंत नहीं सम्भव है।

मुझे मालूम नहीं तुम क्या चाहते हो (स्वयं मुझे, स्वयं नहीं मालूम मैं क्या चाहता हूँ
या किसी भी अन्य चीज़ का लक्ष्य क्या है?)
किंतु मैं विफल होकर भी सावधानी से उसकी खोज करता जाऊँगा,
पराजय, दैन्य, क्रांति और क़ैद में भी करूँगा–क्योंकि वे भी महान् हैं।

क्या हमने विजय को महान् समझा?
बेशक, वह है–किंतु अब मुझे प्रतीत होता है कि जब अनिवार्य हो जाए, पराजय भी
महान् होती है,
और यह कि मृत्यु और कातरता महान् होती हैं।

(1856) **(To a Foil'd European Revolutionaire, 1881)**

स्वर-साधना

(1)

स्वर-साधना, माप, एकाग्रता, संकल्प और शब्दों को बोल पाने की शक्ति,
क्या तुम लम्बे प्रयोग से दमदार फेफड़े और फुर्तीले होठों वाले हो? ज़ोरदार कसरत

से? शारीरिक गठन से?
क्या तुम इतने विस्तृत प्रदेशों में, जैसे विस्तृत वे हैं, भ्रमण करते हो?
शब्दों के बोलने की शक्ति के निकट विधिवत् आते हो?
क्योंकि अनेक वर्षों के बाद मात्र अंत में ही शुचिता, मित्रता, प्रजनन, विवेक, और नग्नता के बाद,
भूमि पर चलने और नदी और झील में तैरने के बाद,
बन्धनमुक्त कण्ठ, युगों, स्वभावों, नस्लों के बाद, ज्ञान, स्वाधीनता, अपराधों के बाद,
पूर्ण आस्था के बाद, स्पष्टीकरणों, उत्थानों और बाधाओं के निराकरण के बाद,
इनके और इनसे ज़्यादा के बाद, सम्भव होता है कि एक ऐसा पुरुष हो, एक ऐसी नारी हो, जिसके पास शब्दों को बोलने की शक्ति आती है;
तब उस पुरुष या नारी की ओर सभी दौड़े हुए आते हैं—कोई इंकार नहीं करता, सभी उपस्थित होते हैं,
सेनाएँ, जलपोत, पुराकाल, पुस्तकालय, चित्र, यंत्र, नगर, घृणा, निराशा, सौहार्द, पीड़ा, चोरी, हत्या, महत्वाकांक्षा, एक दूसरे के निकट पंक्तिबद्ध होते हैं,
वे उस पुरुष के या उस नारी के मुख के माध्यम से, उसकी आज्ञा का पालन करते हुए उसकी इच्छानुसार आगे बढ़ने के लिए प्रकट होते हैं।

(2)

ओह, क्या है मुझमें जो आवाज़ों को सुनकर मुझे कँपा देता है?
निस्संदेह मैं उस पुरुष या नारी का अनुगमन करूँगा, जो मुझसे सही आवाज़ में बोले,
वैसे ही जैसे जल चाँद का अनुगमन करता है, चुपचाप, तरल क़दमों से, पृथ्वी के वृत्त चारों ओर, जहाँ कहीं।

सब कुछ सही आवाज़ों की प्रतीक्षा करता है;
कहाँ है अभ्यस्त और सम्यक अंग? कहाँ है विकसित आत्मा?
क्योंकि मैं देखता हूँ कि वहाँ से बोले हुए प्रत्येक शब्द में गहनतर, मधुरतर, नयी ध्वनियाँ हैं, इससे कम शर्तों पर असम्भव।

मैं बंद मस्तिष्क और होंठ देखता हूँ, ऐसे कर्णपटल और कनपटियाँ देखता हूँ, जो ध्वनि से वंचित रहे,
जबतक वह नहीं आता है जिसमें ध्वनित करने और खोलने का गुण है,

जबतक वह नहीं आता है जिसमें यह गुण है कि उसे बाहर लाये, शब्दों में जो सदा
प्रस्तुत किंतु सुप्त पड़ा रहता है।

(1860) **(Vocalism, 1881)**

उससे जो सलीब पर चढ़ाया गया

मेरी तुम्हारी आत्मा के पास, प्रिय बन्धु,
ध्यान मत दो अगर जो तुम्हारा नाम जपते हैं, तुम्हें नहीं समझते हैं,
मैं तुम्हारा नाम नहीं जपता हूँ, लेकिन मैं तुम्हें समझता हूँ,
तुम्हारा विशेष उल्लेख मैं हर्ष के साथ करता हूँ, ओ मेरे प्रिय साथी, तुम्हारा अभिवादन करने के लिए, और उनका अभिवादन करने के लिए जो तुम्हारे साथ रहते हैं, पहले और बाद में जो आये, और जो आगे भी आयेंगे,
ताकि हम सभी एक साथ मेहनत करें और वही कार्यभार और रिक्थ आगे के लिए छोड़ें,
हम जो समानधर्मा हैं, देशों के बारे में उदासीन, युगों के बारे में उदासीन,
हम जो सारे महाद्वीपों को, सारी जातियों को अंक में भर लेते हैं, जो सारे धर्मशास्त्रों को मान्यता देते हैं,
करुणामय, द्रष्टा, मानवों के बीच सौहार्द,
विवादों और दावों के बीच हम चुपचाप चलते हैं, लेकिन हम विवादियों या किसी चीज़ को, जिसका दावा किया जाता है, तिरस्कृत नहीं करते,
चीख़ना-चिल्लाना या शोरगुल हम चारों तरफ़ से सुनते हैं, चारों तरफ़ से हमारे पास विभाजन, ईर्ष्याएँ, प्रत्यारोपण आते हैं,
वे हमें घेरने के लिए दुर्निवार बनकर हम पर टूट पड़ते हैं, मेरे साथी,
फिर भी हम पकड़ में आये बिना, स्वाधीन, सम्पूर्ण पृथ्वी पर, एक तरफ़ से दूसरी तरफ़ यात्रा करते जाते हैं और अन्ततः काल और विभिन्न युगों पर अपनी अमिट छाप छोड़ देते हैं,
अन्ततः हम काल और युगों को शराबोर कर देते, ताकि हर नस्ल के पुरुष और स्त्रियाँ, भावी युगों में, अपने को कुटुम्बी और प्रेमी प्रमाणित करें, जैसेकि हम हैं।

(1860) **(To Him That was Crucified, 1881)**

एक साधारण वेश्या से

अपना मन स्थिर रखो—मुझसे मत घबराओ—मैं वाल्ट ह्विटमन हूँ, प्रकृति-सा उदार, वासनापूर्ण,
जब तक न सूर्य तुम्हें बहिष्कृत कर दे, तब तक मैं भी नहीं बहिष्कृत करूँगा,
जब तक सागर तुम्हारे लिए चमकना और पत्तियाँ तुम्हारे लिए मर्मर करना न बंद कर दें, तब तक मेरे शब्द चमकेंगे और मर्मर करेंगे तुम्हारे लिए।

प्रिये! तुमसे मिलने का दिन नियत करता हूँ और तुम्हें सावधान करता हूँ कि मुझसे मिलने के योग्य बनने का उपक्रम करो,
मैं तुम्हें सीख देता हूँ, धीरज रखे रहना, पूर्ण बनना, जबतक न मैं लौटूँ,
तबतक के लिए मैं आँखों के गहरे इशारे से तुम्हें सलाम करता हूँ, ताकि तुम मुझे भूल मत जाओ।

(1860) **(To a Common Prostitute, 1860)**

चमत्कार

अरे, कौन है जो चमत्कार की महत्ता बखानता है?
मेरी बात पूछो तो मेरे लिए चमत्कारों के सिवा कुछ भी नहीं;
चाहे मैं मनहटा की गलियों में भ्रमण करता रहूँ,
या मैं आवासों की छतों के ऊपर आकाश पर अपनी दृष्टि दौड़ाऊँ,
या मैं नंगे पाँव तट पर ठीक जल के सिरे पर हेलूँ,
या मैं वनों में, पेड़ों के नीचे खड़ा हो जाऊँ,
या दिन में मैं अपने प्रिय से बात करूँ, या मैं रात्रि समय अपने प्रिय के संग सो जाऊँ,
या मैं अन्य व्यक्तियों के साथ भोजन के लिए बैठूँ,
या मैं सामने से जाती हुई कार में अपरिचितों को देखूँ,
या मैं ग्रीष्म में किसी पूर्वाह्न, शहद के छत्ते में व्यस्त मधुमक्खियाँ ध्यान से देखूँ,
या मैदानों में चरते हुए पशु,
या पक्षी, या वायु में कीटों की विलक्षणता,
या सूर्यास्त की विलक्षणता, या इतने शांत और चमकते नखतों की विलक्षणता,
या वसंत के नये चंद्रमा की अन्यतम, कोमल, प्रतनु वक्रता,

ये सारी अन्य वस्तुओं के साथ, प्रत्येक और सभी, मेरे निकट है चमत्कार,
संदर्भित समष्टि से, किंतु प्रत्येक विशिष्ट और अपने स्थान पर प्रतिष्ठित।

मेरे लिए आलोक और तम का प्रत्येक घंटा है एक चमत्कार,
अवकाश का प्रत्येक वर्ग इंच है एक चमत्कार,
पृथ्वी के धरातल का प्रत्येक वर्ग गज़ है एक चमत्कार,
पृथ्वी के गर्भ के प्रत्येक पुट में वही है पुंजीभूत,

सिंधु मेरे निकट है सतत चमत्कार,
तैरती मछलियाँ–चट्टानें–तरंगों की चंचलता–भीड़ से भरे हुए जलपोत,
इनसे बढ़कर विलक्षण चमत्कार क्या होंगे?

(1856) **(Miracles, 1881)**

आख़िर मैं क्या हूँ

आख़िर मैं एक शिशु मात्र नहीं तो और क्या हूँ, कहो? अपने नाम की ध्वनि से मुदित-मन होता हूँ,
बार-बार उसका जप करता हूँ।
ज़रा कुछ हटकर उसे सुनता हूँ–मेरा जी इससे कभी नहीं ऊबता है।

वैसा ही हाल कुछ तुम्हारा है–अपने नाम के साथ;
तुमने क्या समझा था, तुम्हारे नाम की ध्वनि में दो-तीन उच्चारणों के सिवा और कुछ भी नहीं?

(1860) **(What am I After All, 1867)**

अपने सारे वरदानों के बावजूद

अपने सारे वरदानों के बावजूद, अमरीका,
सुरक्षित खड़े होने, वेग से आगे बढ़ने, दुनिया में सर्वोच्च दिखने के बावजूद,
शक्ति, धन, विस्तार, तुम्हारे लिए प्रतिभूत–इनके लिए और इनके समान जो हैं,

तुम्हारे लिए प्रतिभूत,
क्या है अर्थ इनका अगर तुम एक वरदान के ही बिना रहे? (अगर तुम मानव की मूलभूत समस्या का समाधान कभी नहीं कर पाए),
तुम्हारे योग्य अनिंद्य नारियों का वरदान—क्या अर्थ है, अगर तुम वरदानों के वरदान के ही बिना रहे?
बुलंदियाँ छूती हुई तुम्हारी नारी? तुम्हारे योग्य सुंदरता, आरोग्य, पूर्णता?
तुम्हारे योग्य माताएँ?

(1873) **(With All Thy Gifts, 1881)**

कोलम्बस की प्रार्थना

आहत, ध्वस्त, वृद्ध,
इस वन्य तट पर फेंका हुआ, दूर, घर से बहुत दूर,
सिंधु और स्याह विद्रोही भ्रूवंक से कुंठित, दुस्सह बारहों मास,
दुःखी, अनेकानेक संघर्षों से क्लांत, जठर, रुग्ण, मृतप्राय,
द्वीप के तट पर भ्रमणशील,
मुखर होकर हल्का करता हूँ रुद्ध हृदय का भार।

मेरी व्यथा है अकूत!
शायद एक दिन से अधिक मुझे नहीं करना पार,
मुझे विश्राम नहीं, भगवान, भोजन-पान, निद्रा में सर्वथा हूँ असमर्थ,
जब तक न अपनी बात, अपनी प्रार्थना को तेरे पदतल में निवेदित करूँ पुनः मैं एक बार,
तुझमें न साँस लूँ, तुझमें न स्नान करूँ पुनः मैं एक बार, तुझसे न करूँ आन्तरिक संलाप,
सेवा में न उपस्थित करूँ अपने को तेरे द्वार।

तुझे ज्ञान है मेरे सारे वर्षों का, जीवन का,
मेरे दीर्घ कर्मशील घटना-बहुल जीवन का, नहीं अर्चना भर का;
तुझे ज्ञान मेरे यौवन की याचना, तप का,
तुझे ज्ञान मेरी प्रौढ़ता के गंभीर, स्वप्नमय चिंतन का,
तुझे ज्ञान कुछ भीं करने के पूर्व सारा फल तुझे ही अर्पित किया करता था,

तुझे ज्ञान मैंने जरा आने पर सारी वे प्रतिज्ञाएँ संपुष्ट कर दी हैं, अक्षरशः उनको निबाहा है,
तुझे ज्ञान एक बार भी मैंने तुझमें विश्वास या तुझसे प्राप्त दिव्य आनन्द नहीं खोया है,
चाहे शृंखला में रहा, बंदी हुआ, चाहे अपमानित हुआ, अविचल रहा,
तेरा ही यथोचित दान समझ कर सब कुछ किया अंगीकार।

मेरे साहस के कार्य तुझसे रहे संपृक्त,
मेरी परिकल्पनाएँ, योजनाएँ सभी तेरे चिंतन में उद्भूत और परिचालित हुईं,
अतल जल की या थल की मेरी सब यात्राएँ तेरे ही निमित्त रहीं,
इच्छाएँ, ध्येय, महत् कल्पनाएँ मेरी रहीं, छोड़ा था तुझ पर ही फल का भार।

मुझे विश्वास है कि तू ही रहा उनका यथार्थ स्रोत,
प्रेरणा, उत्साह, दुर्धर्ष इच्छाशक्ति;
शक्तिशाली, अनुभूत आन्तरिक आदेश, शब्दों से अधिक जो शक्तिमान,
स्वर्ग का संदेश मेरे कानों में जो बुदबुदाता रहा, चाहे मैं सोता रहा,
इन्होंने मेरे पैरों में किया वेग का संचार।

मैंने और इन्होंने साथ-साथ आज तक का सारा कार्य पूरा किया,
मुझसे ही पृथ्वी के वयोवृद्ध गतिहीन कुंठित देश गतिशील, मुक्त हुए,
मुझसे ही अज्ञात और ज्ञात एक दूसरे से बँधे, गोलार्ध हुए वृत्ताकार।

अंत से मैं हूँ अनभिज्ञ, सब कुछ तुझमें ही है,
लघु और महत् का मुझे कुछ ज्ञान नहीं, शायद कैसे लम्बे-चौड़े खेत, कैसे प्रदेश,
शायद मानव का यह पाशविक अनंत कुंठित झाड-झंखाड़ जिसे मैं जानता हूँ,
उस स्थल पर रोपित हो ऊँचे उठे, यह ज्ञान तेरे ही योग्य,
शायद वे खड्ग जिनसे मैं परिचित हूँ, उस स्थल पर खेत काटने के यंत्र बन जाएँ,
शायद निर्जीव वह सलीब जिससे मैं परिचित हूँ, योरप का मृत सलीब, वहाँ मुकुलित हो, धारण करे पुष्प-भार।

मेरा अंतिम प्रयास, यह उजाड़ बालुका मेरी वेदी है;
क्योंकि, हे ईश, तूने ही मेरा जीवन किया है दीप्त,
ज्योति की किरणों से, निश्चल, शब्दातीत और तेरी कृपा का दान,
ज्योति जो दुर्लभ, अकथनीय, स्वयं ज्योति को भी जो ज्योतित करे,

सारे संकेतों, वर्णनों और भाषाओं से जो अतीत;
इसके लिए, मेरे ईश, नतजानु, मेरी प्रार्थना का यह नवीनतम शब्द,
वृद्ध, दयनीय और अशक्त, व्यक्त मैं करता हूँ तेरे प्रति आभार।

मेरा अंत निकट है,
मेरे चतुर्दिक घन उमड़ते आते हैं,
यात्रा अवरुद्ध, शंकामय और भूला हुआ मेरा पथ,
तुझे ही बनाता हूँ अपने जलपोतों का कर्णधार।

मेरे हाथ, मेरे अंग शून्य हुए जाते हैं,
मेधा टूक-टूक हुई जाती है, निरुपाय,
विघटित हो जाएँ ये जीर्ण-शीर्ण काष्ठ-खंड, खंडित नहीं होना मुझे,
तेरे अंक में ही चिपका रहूँगा मैं, मेरे ईश, यद्यपि तरंगों का होता ही जाता है प्रहार।
तुझे, हाँ, तुझे तो जानता हूँ, बंद रहे भले ही ज्ञान के अन्य सारे द्वार।

क्या मैं मसीहा के शब्द दुहराता हूँ, या प्रलाप करता हूँ?
जीवन का ज्ञान ही कितना मुझे? स्वयं का कितना ज्ञान?
मुझे स्वयं अपने कर्मों का नहीं कोई ज्ञान, या वर्तमान कर्मों का,
धुँधले और निरंतर बदलते हुए उनके अनुमान ही मेरे समक्ष फैले हैं,
नव्यतर सुंदरतर लोकों के, उनके विराट जन्म,
जो मेरा परिहास करते हैं, जिनसे मेरी बुद्धि जाती हार।

सहसा ये वस्तुएँ मुझे दीख पड़ने लगीं, अर्थ क्या उनका है?
जैसे कोई चमत्कार, कोई दिव्य हाथ मेरी आँखें हैं रहा खोल,
छायावत् विराट रूप वायु और आकाश में से मुस्कुराते हैं?
और उन सुदूर तरंगों पर पोत दीख पड़ते हैं, संख्यातीत,
और नयी भाषाओं में उठ रहे गीत मैं सुनता हूँ, करते हैं वे मुझे नमस्कार।

(1874) **(Prayer of Columbus, 1881)**

दिव्य मृत्यु की कानाफूसियाँ
Whispers of Heavenly Death

उसके बारे में जिसे मैं आठों याम प्यार करता हूँ

उसका स्वप्न आया मुझे जिसे प्यार करता हूँ, आठों याम, सुना, वह नहीं रहा,
और मैं स्वप्न में वहाँ पहुँचा जहाँ लोगों ने प्रिय को समाधि दी थी, किंतु वह मुझे वहाँ नहीं मिल पाया,
और स्वप्न में मैं उसे ढूँढ़ने के लिए समाधियों के बीच चक्कर मारता फिरा,
और मुझे ऐसा प्रतीत हुआ जैसे प्रत्येक स्थल ही समाधि रहा;
जीवनमय गृह मुझे उतने ही मृत्युमय लगने लगे (अब स्वयं यह गृह है,)
मार्ग, जलपोत, आमोद-गृह, शिकागे नदी, बोस्टन, फिलाडेल्फिया, मनहटा नदी—मृतकों से वैसे ही पूर्ण रहे जैसे जीवितों से थे,
और जीवितों की तुलना में विशालतर संख्या में मृतकों से पूर्ण;
और मैंने जो स्वप्न में देखा उसे प्रत्येक व्यक्ति और प्रत्येक युग को बताऊँगा,
और आज के दिन से मैं अपने स्वप्न के साथ बँधा,
और अब मैं समाधि-स्थलों की उपेक्षा करने के लिए प्रस्तुत हूँ, मुक्ति देने के लिए प्रस्तुत हूँ,
और यदि बिना ध्यान प्रत्येक स्थल पर मृतकों के स्मारक बनाये जायें, मेरे भोजन या शयन-कक्ष में भी, मुझे संतोष होगा,
और यदि मेरे किसी प्रिय का या स्वयं मेरा शव विधिवत् भस्म बनाकर सिंधु में प्रवाहित हो, मुझे संतोष होगा,
या यदि हवाओं में उसको उड़ाया जाय, मुझे संतोष होगा।

(1860) **(Of Him I Love Day and Night, 1881)**

अंतिम आह्वान

अंत में, मधुरता के साथ,
मज़बूत क़िलाबंदी के बीच घर की दीवारों से,
एक दूसरे से गुँथे तालों की पकड़ से, कसकर बंद द्वारों की रखवाली से,
मुझे बाहर प्रवाहित होने दो।

निःस्वन मुझे आगे सरक जाने दो,
कोमलता की कुंजी से तालों को खोल डालो—फुसफुसाहट के साथ,
द्वारों को खोल डालो, ओ आत्मा!

मधुरता से—अधीरता मत दिखलाओ,
(ओ मर्त्य तन, तुम्हारी पकड़ सबल,
तुम्हारी पकड़ सबल है, ओ प्यार।)

(1868) **(The Last Invocation, 1871)**

खेत जोतते हलवाहे को देखकर

खेत जोतते हलवाहे को देखकर,
और देखकर बीज बो रहे, खेत काटते कृषक को,
मैंने सोचा वहाँ ज़िंदगी, मौत की तुलनाएँ प्रस्तुत हुईं?
जीवन—जैसे जोता जाता खेत है,
मौत—खेत का पका अन्न ज्यों काटना!

(1871) **(As I Watch'd the Ploughman Ploughing, 1871)**

दोपहर से सितारों-भरी रात तक
From Noon to Starry Night

गूढ़ तूर्यवादक

(1)

सुनो, बजा रहा है तूर्य कोई उन्मत्त वादक, कोई अद्भुत संगीतकार,
वायु में मँडरा रहा अदृश्य, आज की रात लहरा रहा चंचल-चित्त राग।

मैं सुन रहा हूँ तुम्हें, ओ तूर्यवादक, सुन रहा, गुन रहा एकाग्र मन से तुम्हारे स्वर,
कभी वे झड़ी-सी लगा देते, नाचते हैं मेरे चतुर्दिक ज्यों वातचक्र,
कोमल, मंद होते कभी, कभी दूर जाकर डूब जाते हैं।

(2)

निकटतर चले आओ, ओ तुम विग्रहहीन, शायद तुममें प्रतिध्वनित हो
कोई दिवंगत स्वर-लिपिकार, शायद तुम्हारा चिंतामय जीवन
वहन करता रहा बड़े-बड़े सपनों का, अरूप आदर्शों का,
अस्त-व्यस्त उमड़ती तरंगों और संगीत के महासिंधुओं का,
अब तुम जिन्हें अपने तूर्य पर प्रतिध्वनित करते हो, मंद्र स्वर में भरते हो मेरे निकट
झुककर, ओ वायवी तन, हर्षोन्मत्त,
अन्य जन को छोड़ मात्र मुझको सुनाते हो, मुक्तहस्त लुटाते हो मेरे कानों के लिए,
चाहते हो मैं अपनी वाणी में करूँ तुम्हारा अनुवाद।

(3)

वादन करो, स्वच्छंद और स्पष्ट, तूर्यवादक, अनुगमन मैं तुम्हारा करता हूँ,
जबकि सुनकर तुम्हारा तरल, प्रसन्न, स्वच्छ आलाप,
चिंता-निमग्र संसार, उसके मार्ग, दिवस के कोलाहल भरे याम होने लगे अन्तर्धान,
मुझ पर उतरती है, ओस की तरह एक पावन शांति,
शीतल स्फूर्तिमय रात्रि में स्वर्ग के पथों पर मैं भ्रमण करता हूँ,
घास, आर्द्र वायु और गुलाब के फूल मैं सूँघता हूँ,
मेरी संज्ञाहीन, बंदिनी आत्मा को विस्तार देता है तुम्हारा गान, तुम मुक्त कर देते,
 मुझे, यात्रारूढ़ कर देते हो,
स्वर्ग के सरोवर में संतरण क़रने को, धूप का आनंद लेने को।

(4)

वादन करो फिर, तूर्यवादक! मेरे रूप-लोभी नेत्रों के निमित्त,
पुरातन झाँकियाँ प्रस्तुत करो, दिखला दो मुझे सामंती समाज।

कैसा इंद्रजाल बुनता है, तुम्हारा संगीत! मेरे सामने से गुज़रने लगे,
देवियाँ और उनके प्रणयीजन, कवलित जिन्हें कर चुका बहुत पूर्व काल, प्रासादों के
 मुख्य कक्षों में सामंत दीख रहे, चारण कवि गाते हुए,
निर्मूल करने को अधर्म्म अस्त्र-सज्जा में शूरवीर, उनमें से कुछ "पावन पात्र" की
 खोज करने को कूच करते हैं,
मैं प्रतियोगिता को देखता हूँ भारी कवचों के आवरण में और भव्य अधीर अश्वों पर
 बैठे हुए प्रतियोगी देखता हूँ,
मैं चिल्लाहटें, प्रहारों और टकराते हुए खड्गों की आवाज़ सुनता हूँ,
मैं धर्म-योद्धाओं की कोलाहलपूर्ण सेनाएँ देखता हूँ—सुनो, झाँझ झंकार उठते हैं,
देखो, कैसे वहाँ मसीही संन्यासी सलीब को ऊपर उठाये हुए आगे-आगे चल रहे हैं।

(5)

वादन करो फिर, तूर्यवादक, अपने वर्ण्य विषय के निमित्त,
अब स्वीकार करो वह वर्ण्य विषय जो सबको आबद्ध करता है, जिसमें सब विलय

और विन्यास पाते हैं,
प्रेम, जो सबका स्पंदन है, पोषण है, पीड़ा है,
पुरुष और नारी का हृदय केवल प्रेम के निमित्त,
प्रेम के अतिरिक्त कोई अन्य विषय नहीं, जो गूँथ देता है, आबद्ध करता है, सबमें विकीर्ण होता है।
आह, कैसी अमर्त्य प्रेत-छायाएँ मेरे चतुर्दिक भीड़ लगा देती हैं!
मैं विराट भभके अविराम कार्यरत देखता हूँ, मैं उन ज्वालाओं को देखता और पहचानता हूँ जो लोक को तापमय रखती हैं,
आभा, संकोच, प्रेमियों के धड़कते हृदय,
कुछ अतिशय आनन्दमय, प्रसन्न, और कुछ अतिशय मौन, स्याह और मृत्यु के निकट;
प्रेम जो प्रेमियों के लिए सारी पृथ्वी है—प्रेम जो समय और अवकाश का उपहास करता है,
प्रेम जो दिन और रात है—प्रेम जो सूरज और चाँद और सितारे है,
प्रेम जो अरुणाभ, विपुल, अपनी सुगंध से अचेत,
प्रेम के शब्दों के सिवा कोई अन्य शब्द नहीं, प्रेम के सिवा और अन्य विचार नहीं।

(6)

वादन करो फिर तूर्यवादक—अपनी माया से रचो युद्ध की ललकार,
माया से तुम्हारी उठने लगा एक क्षिप्र प्रकंपित रोर, गूँजा ज्यों वज्रघोष,
देखो, अस्त्र-सज्जित जन एकत्र होते वहाँ—देखो, धूलि की घटाओं के बीच, संगीनों की चकाचौंध के बीच,
देखता हूँ तोपची ध्वांत, धूम्र के बीच अरुणाभ कौंध, बन्दूकों की कड़कड़ मैं सुनता हूँ,
तुम्हारा भयानक संगीतबद्ध गीत, उन्मत्त तूर्यवादक, सिर्फ़ युद्ध ही नहीं बल्कि भय के समस्त दृश्य रचता है,
निर्मम लुटेरों के व्यापार, व्यापक संहार, हत्या-काण्ड सुनता हूँ, बचाओ, बचाओ की पुकार!
देखता हूँ सिंधु में जलपोत होते ध्वस्त, देखता हूँ डेक पर, डेक के नीचे होती भयंकर लीलाएँ समस्त।

(7)

जान पड़ता है कुछ ऐसा, ओ तूर्यवादक, मैं ही हूँ तुम्हारा वह तूर्य,
मेरे हृदय और मस्तिष्क हुए द्रवणशील, चाहते हो जब उन्हें करते हो गतिशील,
खींचते हो अपने निकट, परिवर्तित कर देते हो;
और अब तुम्हारे ये क्षुब्ध नाद भरने लगे मुझमें अवसाद,
तुम समेटने लगे मुझसे उत्साहप्रद आलोक, आशा का लोक,
देखता हूँ मैं समस्त पृथ्वी के दास, पद-न्यस्त, आहत, शोषण-ग्रस्त,
अनुभव करता हूँ अपनी जाति के अगणित कलंक, अपमान, बन जाते मेरे अंग ये समस्त,
मानव की सारी प्रतिहिंसाएँ, मेरा दाय, युग-युगों के सारे अन्याय, सारी रक्त-लिप्साएँ, सारी घृणाएँ,
होता हूँ अविकल पराजय से चूर-चूर, सर्वस्व खोता हूँ, बैरी मुझ पर विजय प्राप्त करता है,
(फिर भी किंतु ध्वंसावशेषों में तुंग अभिमान अंत तक स्थिर रहता खड़ा, अपनी टेक पर अड़ा शेष, झेलने का बल, अंत तक प्रण पर अटल।)

(8)

अब अपने गीत के अंत के लिए, तूर्यवादक,
आजतक के सारे स्वरों से उच्चतर स्वर प्रदान करो,
मेरी आत्मा को सुनाओ गीत, उसकी क्षय होती हुई आस्था और आशा को नया जीवन दो,
मेरा मंद विश्वास फिर जगाओ, भावी का कुछ स्वप्न मुझे प्रदान करो,
बस केवल एक बार इसकी भविष्यवाणी और आनंद मुझको प्रदान करो।

ओ प्रसन्न, उल्लसित, समापन गान!
तुम्हारे स्वरों में पृथ्वी से बढ़कर ओजस्विता है,
विजय की धुनें—खिन्न मानव—अन्त में विजय-प्राप्त,
सर्वव्याप्त ईश्वर के प्रति सर्वव्याप्त मानव के विनय-गान, आनंद ही आनंद!
एक पुनर्जन्म-प्राप्त जाति प्रकट होती है—एक सम्यक-संसार, आनंद ही आनंद!
ज्ञान, अबोधता और स्वास्थ्य में जीवित नारी और पुरुष—आनंद ही आनंद!

संयमहीन हास के मधुपर्क, आनंदपूर्ण!
युद्ध, दुःख, पीड़ा विदा—दुर्गंधपूर्ण पृथ्वी परिष्कृत—आनंद के अतिरिक्त कुछ भी शेष नहीं,
महासिंधु आनंद से ओतप्रोत—वायुमण्डल आनंद ही आनंद!
स्वाधीनता, आराधना, प्रेम में आनंद ही आनंद! जीवन के परम सुख में आनंद ही आनंद!
अस्तित्व मात्र ही पर्याप्त! मात्र साँस लेना ही पर्याप्त!
आनंद! आनंद! सब जगह आनंद ही आनंद!

(1862) **(The Mystic Trumpeteer, 1881)**

मेरे साहसी जीवन, बुन दो

बुन दो, मेरे साहसी जीवन, मेरे अन्तर में,
भावी महान् अभियानों के निमित्त फिर एक शक्तिशाली और पूर्ण सैनिक बुन दो,
मेरे अन्तर में सुर्ख ख़ून बुन दो, रस्सों की तरह स्नायुओं को बुन दो, इन्द्रियों के बोध,
दृष्टि बुन दो,
बुन दो स्थायी निश्चितता, बुन दो दिन और रात जैसे ताना-बाना, निरन्तर बुन दो,
मत थको,
(हमें मालूम नहीं क्या प्रयोजन है, ओ जीवन, नहीं मालूम क्या लक्ष्य, अंत क्या है, या
न कोई ऐसा है जिसे मालूम कहें,
लेकिन हमें मालूम है काम, जिसकी ज़रूरत बनी रहती है और बनी रह जाएगी, मृत्यु
से आवृत शांति और वैसे ही युद्ध का महान् अभियान चलता रहता है,)
शांति के महान् अभियानों के लिए उन्हीं, उन्हीं तारों की तरह मज़बूत धागे बुनना।
हमें मालूम नहीं क्यों और क्या, फिर भी बुनो, निरन्तर बुनते चलो।

(1865) **(Weave in, My Hardy Life, 1881)**

स्पेन, 1873-74

सघनतम बादलों के अंधकार के नीचे से,
सामंती विध्वंसों और राजाओं के राशि-राशि अस्थि-पिंजरों के नीचे से,
सम्पूर्ण प्राचीन योरोपीय मलबे, ध्वस्त हुए मूकाभिनयों के नीचे से,
जर्जर गिरजाघरों, ढहते हुए प्रासादों, पादरियों के मक़बरों के नीचे से,

वह देखो, स्वाधीनता की आकृति, स्फूर्तिमय, धुंध-रहित झाँकती है—वही अमर
आकृति झाँकती है;
(एक झाँकी जैसे यह तुम्हारी माँ के चेहरे की हो, कोलम्बिया,
खड्ग की चमक जैसी अर्थपूर्ण,
तुम्हारी ओर विकीर्ण।)

और मत सोच तू कि तुझे हम भूल रहे, मातृवंशजा,
इतने दिनों तू पिछड़ी रही? बादल क्या फिर तुम पर घिर आयेंगे?
आह, चूंकि तू स्वयं ही हमारे समक्ष प्रकट हुई—हम तुझे जानते हैं,
तूने हमें निरापद प्रमाण प्रस्तुत किया है, स्वयं अपनी झाँकी,
तू वहाँ, जैसे हर जगह, अपने वक़्त की प्रतीक्षा करती है।

(1873) **(Spain, 1873-74, 1881)**

चौड़े पाट वाली पोटोमैक नदी के तट पर

चौड़े पाट वाली पोटोमैक नदी के तट पर, पुनः वृद्ध जिह्वा,
(अबतक बोलती हुई, उद्गीरित, क्या यह बकवास बंद नहीं कर सकती?)
पुनः वृद्ध हृदय इतना रंगीन, पुनः तुम्हारे पास, तुम्हारे बोध में वसंत के पूर्ण प्रवाह का
प्रत्यावर्तन,
पुनः नवोन्मेष और सुरभियाँ, पुनः वर्जीनिया का ग्रीष्मकालीन आकाश, निर्मल और
रजताभ,
पुनः पहाड़ियों के पूर्वाह्न का नील-लोहित,
पुनः अमर्त्य घास, कितनी नीरव, कोमल और हरी,
पुनः खून से सुर्ख़ खिलते हुए गुलाब।

मेरी इस पुस्तक को सुगंधमय कर दो, ख़ून से सुर्ख़ गुलाबो!
प्रत्येक पंक्ति को निपुणता के साथ अपनी लहरों से नहला दो, ओ पोटोमैक!
अपना जो कुछ है मुझे दे दो, ओ वसंत, ताकि मैं अंत करने के पूर्व उसे अपने पृष्ठों
के बीच रखूँ!
ओ पहाड़ियों के नील-लोहित, मेरे अंत करने के पूर्व, अपना जो कुछ है!
ओ अमर्त्य घास, अपना जो कुछ है।

(1872) **(By Broad Potomac's Shore, 1881)**

पुराने युद्ध स्वप्न

घटा के घिरने में, अर्द्धरात्रि की निद्रा में अनेक व्यथित चेहरों का,
सांघातिक रूप से आहत की आकृति का, उस शब्दातीत आकृति का,
पीठ के बल पड़े हुए और फैली हुई भुजाओं के मृतकों का स्वप्न देखता हूँ मैं, स्वप्न
देखता हूँ मैं, स्वप्न देखता हूँ मैं।

प्रकृति के दृश्यों के, मैदानों और पर्वतों के,
आँधी के बाद मनोहर नभों के, और रात्रि में चंद्रमा की अलौकिक घड़ी के,
मधुर चमकती नीचे झरती हुई चाँदनी के, जहाँ हम खाइयाँ खोदते हैं और ढेर दबा
देते हैं,
स्वप्न देखता हूँ मैं, स्वप्न देखता हूँ मैं, स्वप्न देखता हूँ मैं।

बहुत दिन हो चुके हैं उन चेहरों और खाइयों और मैदानों के बाद,
जहाँ मैं उस नरमेध के बीच, हृदयहीन, स्थिर-चित्त, उस समय आगे बढ़ जाता था या
खेत आये सैनिकों से दूर रहता था,
किंतु अब रात्रि में उनकी आकृतियों और उनके रूपों के
स्वप्न देखता हूँ मैं, स्वप्न देखता हूँ मैं, स्वप्न देखता हूँ मैं।

(1865-66) **(Old War Dreams, 1881)**

एक स्वच्छ मध्यनिशा

यह तुम्हारा खास अपना प्रहर है, ओ आत्मा, शब्द से जो परे उसमें मुक्त उड़ने का,
पुस्तकों से दूर, सारी कलाओं से दूर, दिन का मिटाकर आलेख, सारा पाठ पढ़कर,
पूरी तरह बाहर निकल आने, मौन होकर, दृष्टि को एकाग्र करने, और जो भी तुम्हारे
प्रिय विषय हैं उन पर मनन का,
रात्रि, निद्रा, मृत्यु, तारे!

(1881) **(A Clear Midnight, 1881)**

विदा के गीत
Songs of Parting

जैसे-जैसे वक़्त नज़दीक चला आता है

जैसे-जैसे वक़्त नज़दीक चला आता है, एक मेघ-खण्ड को स्याह करता हुआ,
न जाने क्या है जिसके पार एक भय मेरा चेहरा स्याह कर जाता है।

आगे मैं जाऊँगा,
कुछ वक़्त अपने देश के राज्यों की ख़ाक छानूँगा, लेकिन कहाँ और कितनी देर, कह नहीं सकता,
शायद जल्द ही किसी दिन या रात जबकि मैं गाता रहूँगा, मेरी आवाज़ अचानक बंद हो जाएगी।

ओ ग्रंथ! ओ गीतो! सबका तब क्या यही नतीजा निकलना है?
क्या हमें बस अपने आदि पर ही पहुँचना है? फिर भी यह काफी है, ओ आत्मा!
निश्चय ही हम प्रकट हुए हैं—और यह काफी है, ओ आत्मा।

(1860) **(As the Time Draws Nigh, 1871)**

आधुनिक के वर्ष

आधुनिक के वर्ष! असम्पादित कार्यों के वर्ष!
क्षितिज-पट तुम्हारा उठता है, देखता हूँ भव्यतर रूपकों के लिए उसकी यवनिका उठी जाती,
मैं केवल अमरीका, स्वाधीनता के देश को ही नहीं, बल्कि तैयारियों में लगे अन्य राष्ट्रों को भी देखता हूँ,

मुझे दीखते हैं विराट प्रवेश और निर्गम के द्वार, अभिनव मिश्रण, जातियों का ऐक्य;
देखता हूँ वह शक्ति जो निर्बाध लोक के मंच पर अग्रसर हैं,
(क्या पुरानी शक्तियाँ, पुराने युद्ध, अपनी भूमिकाएँ ख़त्म कर चुके हैं, उनके योग्य अंक समाप्त हुए?)
देखता हूँ स्वाधीनता को अस्त्र-शस्त्रों से सुसज्जित, विजयिनी, साहसी, जिसके एक पार्श्व में हैं नियम, दूसरे में शांति,
तीन विशाल संगी, लड़ने बढ़े जाते हैं जातियों की भावना के विरुद्ध,
कैसे ऐतिहासिक निर्वहण हो रहे, जिनके निकट हम इतने वेग से अग्रसर हैं अत्यंत?
देखता हूँ मैं कोटियों ऐसे मनुज जो वेग से प्रतिकूल दिशाओं में कूच कर रहे हैं,
देखता हूँ प्राचीन के आभिजात्य के टूटे हुए सीमांत, बाड़े,
देखता हूँ हटते हुए योरोप के नरेशों की कीर्तियों के स्तम्भ,
देखता हूँ आज जनता उठाती है अपने नये कीर्ति के स्तम्भ, (अन्य उनके सामने माथा झुकाते हैं;)
कभी नहीं उठे थे आज जैसे ज्वलंत प्रश्न!
कभी नहीं सामान्य जन, उसकी आत्मा, बन सकी थी आज से अधिक स्फूर्तिमय, आज से अधिक ईश्वरमय,
अरे देखो! दे रहा वह प्रेरणा पर प्रेरणा, जन, मत करो विश्राम!
उसके साहसी पद पड़ रहे जल और थल पर, सब जगह, प्रशांत महासागर और उसकी द्वीपमालाओं पर बस्तियाँ बन रही हैं,
वाष्प पोतों और विद्युत के तार-समाचारों और अख़बारों, युद्ध के सम्पूर्ण अस्त्रों से,
इन सबसे और सारे जगत में फैलते कारखानों से गूँथता जा रहा वह भूगोल, सारे देश;
कैसी आ रहीं ये मंद ध्वनियाँ, अरे देशो, दौड़तीं तुम्हारे आगे, सिंधु-तल से गुज़रती हैं?
अरे, क्या करने लगीं संलाप सारी जातियाँ? एक ही हो जायगा भूवृत्त का क्या मर्म?
बनेगा क्या मनुज का बस एक जन-समुदाय? क्योंकि, देखो, आततायी काँपते हैं, राज-मुकुट विवर्ण होते जाते हैं,
एक नवयुग खड़ा चंचल धरित्री के सामने, शायद सर्वव्यापी दिव्य कोई युद्ध,
नहीं कोई जानता क्या घटित हो, आगे हो रहे कुछ अलौकिक संकेत हैं दिन-रात;
आगमों के वर्ष! शून्य जिसके बीच मैं चल रहा, और जिसको भेदने का व्यर्थ श्रम करता, यह भरा है वायवी तनधारियों से,
कार्य जो हैं गर्भ में, शीघ्र आती वस्तुएँ, रूप अपने कर रहीं प्रक्षिप्त मेरे चतुर्दिक,
कल्पना के परे हैं यह उमड़ती भीड़, ये सरगर्मियाँ, स्वप्नों का, अरे, यह विलक्षण उल्लसित ज्वर, धन्य वर्षो!
आह, वर्षो, स्वप्न सारे ये तुम्हारे, भेदते जा रहे कैसे मुझे! (कौन जाने सो रहा या जगा हूँ;)

संपादित अमरीका और योरप धुँधेले हुए जाते, ले रहे विश्राम मेरी पीठ पीछे छाँव में,
और संपादित नहीं जो, सर्वदा से बृहत्तर, मेरी ओर आते।

(1865) **(Years of the Modern, 1881)**

सांध्य-गीत

संतरित दिवसांत का ऐश्वर्य मुझमें भर रहा,
अनागत को मुखर करता प्रहर, विगत की कथा को आगे बढ़ाता हुआ,
कण्ठ में वायु भरकर सुनो, हे दिव्य साधारण, पृथ्वी और जीवन,
तुम्हारे गीत मैं गाता, अंतिम किरण जबतक चमकती है।

खुलो, मेरी आत्मा के मुख, हर्ष के स्वर सजें,
मेरी आत्मा के नेत्र, पूर्णता देखें,
मेरा सहज जीवन भक्ति से वस्तुओं की वंदना करता रहे,
मैं निरन्तर वस्तुओं की विजय का साक्षी बनूँ।

यशस्वी हर एक!
यशस्वी हम जिसे अवकाश कहते हैं–संख्यातीत वायवी तनधारियों का वृत्त,
यशस्वी गति का मर्म, जितने जीव, उनमें, और लघुतम कीट में भी,
यशस्वी वाणी का धन, इन्द्रियाँ, तन,
यशस्वी है छिपता हुआ आलोक–यशस्वी है पश्चिम के आकाश में उगे नये चन्द्रमा
की पीत छाया,
यशस्वी सब कुछ, जिसे अन्तिम समय तक देखता, सुनता और छूता हूँ।

हर किसी में देखता हूँ शुभ,
पशुओं जाति के संतोष, संभ्रमहीनता में,
हर वर्ष लौटती ऋतुओं में,
यौवन के असंयमपूर्ण उल्लास में,
प्रौढ़ता की शक्ति में, सम्पन्नता में,
जरा के ऐश्वर्य, उसकी चारुता में,
मृत्यु के अनुपम प्रसारों में।

अद्भुत है, कूच कर जाना!
अद्भुत है, यहाँ होना!
हृदय, धड़कनों में निसृत करता रक्त, सर्वथा समरूप, और अबोध,
फेफड़ों में वायु का भरना, मधुर कितना!
बोलना—चलना—किसी भी वस्तु को हाथ में लेना!
नींद की तैयारियाँ करना, बिस्तर लगाना और अपना गुलाबी तन देखना!
तन का बोध, इतना तुष्ट, इतना विपुल!
कल्पना के परे ऐसा ईश होना, जोकि मैं हूँ!
दूसरे जो ईश, उनके बीच जाना, वे पुरुष, वे नारियाँ जो मुझे प्रिय हैं।

अद्भुत, अरे, कैसा स्तवन करता हूँ तुम्हारा, स्तवन अपना!
मेरे भाव कैसे सूक्ष्म क्रीड़ित चतुर्दिक के भव्य दृश्यों में!
कैसे मेघ नीरव उड़ रहे ऊपर!
कैसे तीर-सी घूमती ही घूमती जा रही पृथ्वी, कैसे घूमते ही घूमते जा रहे, सूरज, चाँद, तारे,
कैसे केलि, गायन कर रहा है जल! (संशय नहीं कि वह जीवित है!)
कैसे उठ रहे हैं, खड़े होते जा रहे हैं वृक्ष, मोटे तनों वाले, घनी डालों, पल्लवों वाले!
(संशय नहीं कि जितने भी वृक्ष उनमें हर किसी में और कुछ व्याप्त—जीवित एक देही व्याप्त।)
वस्तुओं की विलक्षणता! एक अणु में भी निहित, ओ विलक्षणता!
वस्तुओं में निहित, ओ आध्यात्मिकता!
ओ सुरीले राग, युगों और महाद्वीपों से ध्वनित अब चले आ रहे मेरे निकट, और अमरीका के निकट!
मैं तुम्हारे सब तुमुल स्वर ग्रहण और विकीर्ण करता हूँ, उन्हें आगे बढ़ाता हूँ।

मैं भी गीत गाता हूँ नवोदित या तरुण रवि के, या कि जैसे इस समय, सांध्य रवि के,
धरित्री की चेतना के, चारुता के साथ, धरित्री पर अंकुरित सब वस्तुओं के साथ, मैं भी धड़कता हूँ,
मैं भी जानता हूँ स्वयं का अप्रतिघ आह्वान।

मिसिसिपी बहती जिधर उस ओर वाष्प-पोतों में चला जाता हुआ,
दूर तक फैली हुई चरागाहों में विचरता हुआ,
और जीवन बिताता, और अपनी खिड़कियों से अपनी आँखों से झाँकता हुआ,
भोर में घर से निकल पड़ता—पूर्व में फटती हुई पौ देखता हुआ,

पूर्वी सागर के किनारे स्नान करता हुआ—और पुनः पश्चिमी सागर के किनारे,
शिकागो के भीतरी भू-भाग में पथों पर भ्रमण करता हुआ, किसी भी पथ पर भ्रमण
करता हुआ,
या नगरों या मौन वनों, या युद्ध के दृश्यों के बीच भ्रमण करता हुआ,
जहाँ भी मैं रहा हूँ, विजय और तुष्टता से विद्युन्मय रहा हूँ।

आधुनिक, प्राचीन समतायें—अंत तक उनका गीत गाता हूँ,
वस्तुओं के अन्तहीन फलागमों का गीत गाता हूँ,
मेरा कथन है कि प्रकृति बनी रहती है, यश बना रहता है,
विद्युत स्वरों में मैं वंदना करता है,
क्योंकि इस विश्व में कोई त्रुटि नहीं मुझे मिलती,
विश्व में मुझको न ऐसा हेतु या परिणाम मिलता है जिसे मैं अंत में जाकर दुःखद समझूँ।

जानता हूँ अवसान-वेला आ पहुँची है, अस्त के सूरज
किंतु फिर भी मैं अकेले ही, अगर कोई अन्य नहीं, तुम्हारे छत्र के नीचे, शुद्ध अक्षय
वंदना के गीत गाता हूँ।

(1860) **(Song at Sunset, 1881)**

अनकही अपेक्षा

वह अनकही अपेक्षा जिसे जीवन और भूमि ने कभी नहीं पूरा किया,
उसे खो जाने और पाने के लिए, ओ यात्री, अपनी नाव के बंधन खोलो और आगे बढ़ो।

(1871) **(The Untold Want, 1871)**

ये गीत

ये गीत गाये हैं कि गोचर संसार बीच अपना मन बहलाऊँ,
पूर्ण हो अतः इन्हें अगोचर सृष्टि को समर्पित करता हूँ।

(1871) **(These Carols, 1871)**

विदा, आगे फिर मिलेंगे

अंत में, मेरे बाद आ रहा है क्या, यह सुनाऊँगा;

मुझे है यह याद मैंने कहा था इन पत्तियों के जन्म के पहले, बहुत पहले,
कहा था मैं उठाऊँगा विहँसते सबल स्वर जिनमें फलागम व्यक्त होंगे।

मैं समझ लूँगा कि मुझमें फल लगे, सार्थक हुई वाणी,
जबकि अमरीका अनागत-स्वप्न को साक्षात कर दे,
और जब इस देश में चारों तरफ़ दस कोटि अनुपम मानवों के चरण पड़ते हों,
अन्य चल दें रिक्त कर यह देश अनुपम मानवों के लिए, उनके बनाने में करें अपना दान,
जबकि अविकल पूर्णता-संपन्न, माताओ, तुम्हारी नस्ल में अमरीका अभिव्यक्त हो।

मुझे अपने स्वत्व का अनुमान था, बढ़ता रहा,
और तन के, आत्मा के गीत गाये, युद्ध के और शांति के, गीत जीवन, मृत्यु के,
गीत गाये जन्म के, यह दिखाया–जन्म पर हैं जन्म होते।

सभी को मैंने निमंत्रण दिया : बाना धरो मेरा, और मैंने पग भरे विश्वास के;
मोद से पूरी तरह से भरे क्षण में और उसके अंत के ही पूर्व कहता, मंद स्वर में,
        "विदा, आगे फिर मिलेंगे!"
और अंतिम बार अपने हाथ में हाथ लेता हूँ युवा का और युवती का।

सुनो, मेरी घोषणा है कि नैसर्गिक मनुज का उदय होगा,
सुनो, मेरी घोषणा है, विजय निश्चित न्याय की होगी,
सुनो, मेरी घोषणा है, आ रही स्वाधीनता, समता, अडिग जो टेक पर होंगी,
वंद्य होगा खुला जीवन, वंद्य होगा दर्प।

सुनो, मेरी घोषणा है कि जितने राज्य हैं इस देश में सभी का व्यक्तित्व केवल एक है,
सुनो, मेरी घोषणा है कि राज्य ये अपने संघ में अविच्छेद्य होंगे,
सुनो, कहता हूँ कि आगे दृश्य अनुपम, भव्यतायें आ रहीं ऐसी कि जिनके सामने
        फीकी लगेंगी लोक की आज तक की राजनीतिक कुशलताएँ।

सुनो, मेरी घोषणा संयुक्तता की, और कहता हूँ कि यह निस्सीम होगी, नहीं उसके
        खुलेंगे बन्धन कभी,
सुनो कहता हूँ मिलेगा तुम्हें अपना मित्र जिसको खोजते हो तुम, मिलेगा ही।

सुनो, आगे आ रहा है पुरुष कोई, आ रही नारी–अरे, शायद तुम्ही हो, *(विदा, आगे फिर मिलेंगे।)*
सुनो, आगे आ रहा है महत् कोई व्यक्ति, तरल जो है प्रकृति-सा, पावन, सनेही, आर्द्र, सम्यक् और सायुध।

सुनो, आगे आ रही है ज़िन्दगी, भरी-पूरी, उग्र, साहसिक, प्रसन्न,
सुनो, कहता आ रहा वह अंत जो रूपान्तरण अपना सहजता से, हर्ष से स्वीकार कर लेगा।

सुनो, कहता हूँ कि आगे आ रहे अगणित युवा जो सुघर और विशाल होंगे, मृदुल जिनका रक्त होगा,
सुनो, कहता हूँ कि आगे आ रही है वृद्ध-जन की जाति जिसमें भव्यता, उद्दाम बर्बर शक्ति होगी।

अरे, देखो, सघन होती पंक्ति, बढ़ता वेग–*(लो यह विदा, साथी फिर मिलेंगे!)*
अरे, मेरे निकटतम रेला लगा जाता,
पूर्व से ही गहनतम होने लगा है ज्ञान–अरे, यह है महत्तर अनुमान से,
जान पड़ता है कि मेरा अंत अब आ गया।

शीघ्रता अब करो, मेरे कंठ, यहीं से हो अंत वाणी का,
नमन मेरा करो, बीते दिनों का, नमन अंतिम बार–गूँजे पुरानी झंकार अंतिम बार।

किलकता विद्युत स्वरों में उड़ा मैं आकाश में,
जहाँ होती दृष्टि पड़ती, देखता जिनको, समोता,
उड़ा जाता वेग से, पर उतरता आता एक क्षण को,
और मैं कुछ विलक्षण संदेश देता, बंद कर,
डालता जलती हुई चिनगारियाँ, दिव्यता के बीज मल पर,
स्वयं को अज्ञात, किंतु मैं कर्त्तव्य के संकेत पर, मुझे साहस नहीं संशय करूँ जिस पर,
युगों, अगणित युगों पर, बीज का अंकुरित होना छोड़कर,
युद्ध में से निकलते उन सैनिकों पर जो प्रवर्तित करेंगे वे काम जो मैंने चुने थे,
नारियों के कान में कुछ मंद-स्वर में बुदबुदाता और उनके स्नेह का मैं स्वयं को स्पष्टतम आशय बताता,
और अपनी समस्याएँ युवाओं को सौंपता–मैं नहीं कोई विदूषक–परखता मस्तिष्क के स्नायुओं का बल युवाओं में,

उड़ा जाता—कुछ समय तक किलक भरता, दीखता, विपरीत जाता,
किंतु फिर संकल्प करता मधुर स्वर का, (मृत्यु सचमुच अमरता दे रही मुझको)
सुनो, मेरे कूच के ही बाद मेरा श्रेष्ठ—उसी का आजन्म करता रहा उपक्रम!

अरे, अब क्या शेष, क्यों मैं पिछड़ता, विलमता, खुले मुँह लेटा पड़ा,
अरे, अंतिम विदा का क्या शब्द कोई रह गया अनकहा?

गीत मेरे बंद होते हैं—साथ उनका छोड़ता हूँ,
वह यवनिका, जहाँ अब तक छिपा था, हटाकर मैं स्वयं ही आ गया, तुमसे मिल रहा,
मात्र तुमसे।

आह, साथी! नहीं यह पुस्तक तुम्हारे हाथ में,
परस इसका किसी मानव का परस है,
(रात्रि है यह! साथ में हम-तुम अकेले यहाँ!)
तुम मुझे पकड़े हुए हो, मैं तुम्हें पकड़े हुए हूँ,
अहा, पृष्ठों से उछलकर मैं तुम्हारे अंक में आ गया—मौत मुझको बुला लाती।

नींद आती है तुम्हारी उँगलियों के स्पर्श से,
और मेरे चतुर्दिक—ज्यों ओसकन—पड़ती तुम्हारी साँस,
और मेरे कर्ण-कुहरों में तुम्हारी नाड़ियों की धड़कनें लोरियाँ गातीं,
जान पड़ता शीश से आपाद डूबा हूँ किसी मधुकुण्ड में—भर गया जी।

भर गया जी, ओ सहज व्यापार, भेद के व्यापार,
भर गया जी, अरे आहटहीन प्रस्तुतकाल—भर गया जी, अरे संचित भूत।

मेरे मित्र, जाने कौन हो तुम, किंतु यह चुम्बन तुम्हारे लिए,
यह चुम्बन तुम्हारे लिए केवल तुम्हें चुनकर—कहीं मुझको भूल मत जाना,
मुझे लगता है कि मैं वह व्यक्ति हूँ जो खटा दिन भर और कुछ आराम करने चला,
अनगिनत विग्रह—विकल्पों-सा पुनः मैं प्राप्त करता एक और विकल्प, और पीछे
छोड़ता जितने हुए अवतार, निश्चय और भी अवतार मेरी राह तकते।

मेरे सामने अज्ञात, पर जो अधिक नृत, जो सुगमतर है, स्वप्न में भी मैं न जितना
सोच पाया, एक ऐसा लोक शर-सा चमक उठता, और मेरे चतुर्दिक किरण-मालायें

जगाता, *"विदा, साथी फिर मिलेंगे!"*
याद रखना शब्द मेरे, लौट सकता हूँ पुनः मैं,
मुझे तुमसे प्यार है, वस्तुओं के लोक से मैं बिछुड़ता हूँ,
मैं शरीर-विहीन-सा, विजयी, दिवंगत हूँ।

(1860) **(So Long! 1881)**

सत्तर के बाद भागता जाता वक़्त
Sands at Seventy

उनके लिए जो विफल रहे

उनके लिए जो अपनी महत्त्वाकांक्षाओं में विफल रहे,
उन अज्ञात-नाम सैनिकों के लिए जो अग्रिम पंक्तियों में धराशायी हुए,
शांत, समर्पित अभियंताओं के लिए—अतिरिक्त उत्साही यात्रियों के लिए,
बहुत सारे उच्चकोटि के गीतों और चित्रों के लिए जो नहीं सराहे गए—मैं विजय-पत्रों
से आच्छादित एक स्मारक उठाऊँगा,
ऊँचा, अन्यों के ऊपर—उन सबके लिए जो वक़्त से पहले ही समाप्त हुए,
किसी विचित्र अग्नि की आत्मा से अनुप्राणित,
जिसे अकाल मृत्यु ने बुझा दिया।

(1888) **(To Those Who've Fail'd, 1888-89)**

पहला डैंडेलियन

शीत गया और वह सरल, शुचि, सुघर रूप प्रकट हुआ,
सारे प्रसाधन, व्यवसाय, राजनीति के छद्‌म से अछूता-सा,
छाया में उगी घास के अपने सूर्य-तप्त कोने से—निष्कलंक, हेमाभ, निर्विकार ऊषा-सा
देखो, वसंत का प्रथम खिला डैंडेलियन, निःशंक छवि में खड़ा।

(1888) **(The First Dandelion, 1888-89)**

दिन की चमक के चले जाने के बाद

दिन की चमक के चले जाने के बाद,
सिर्फ़ अँधेरी, अँधेरी रात मुझे सितारे दिखाती है;
भव्य आर्गन की झनझनाहट या समवेत गान के या अनिंद्य वाद्य-वृंद के बाद,
मेरी आत्मा के भीतर, सच्ची सिम्फनी मौन चलती है।

(1888) **(After the Dazzle of Day, 1888-89)**

बसंत के प्रदर्शनों में से चयन

सेब के बाग़, पूरी तरह मंजरियों से आच्छादित वृक्ष,
जीवित मरकत-हरित रंग के चारों ओर बिछे क़ालीन जैसे गेहूँ के खेत,
हर तड़के प्रातः की शाश्वत अक्षय ताज़गी,
उष्ण अपराह्न की धूप की पीली, सुनहरी, पारदर्शी धुंध,
राशि-राशि बैगनी या सफेद फूलों से लदी बकाइन की ऊपर उठती हुई झाड़ी।

(1888) **(Out of May's Shows Selected, 1888-89)**

शांतिमय दिन

सिर्फ़ सफल प्रेम से ही नहीं,
या धन, या न सम्मानित मध्य आयु, या न राजनीति या न युद्ध की जीतें,
बल्कि जैसे-जैसे जीवन अल्पतर होता जाता है, और सारे अशांत आवेग शांत होते हैं,
जैसे-जैसे प्रगाढ़, वाष्पमय, मौन रंग, संध्या के आकाश पर छाते हैं,
जैसे-जैसे मृदुलता, पूर्णता, विश्राम पहले से ज़्यादा ताज़ा और लेप-सी सुखद वायु की
तरह तन में भर जाते हैं,
जैसे-जैसे दिनों का प्रकाश मधुरतर होता जाता है और अब अंत में वृक्ष पर सेब
सचमुच तैयार और अलसाया, पका लटका है,
तो फिर भरे-पूरे सबसे शांत, सबसे सुखी दिन!
चिंतन-रत और आनंद से भरे दिन!

(1888) **(Halcyon Days, 1888-89)**

अगर मेरी इच्छा पर निर्भर हो

अगर सर्वश्रेष्ठ कवियों के समान बनना मेरी इच्छा पर निर्भर हो,
उनके भव्य, सुंदर चरित्रों का वर्णन या उनका अनुकरण करना जब कभी चाहूँ, सम्भव हो,
होमर और उसके युद्धों और हेक्टर, एकिलीज़, एजाक्स,
या शेक्सपीयर के दुःख में फँसे हुए हैगलेट, लियर, ओथेलों, टेनिसन की सलोनी नवेलियों को,
सर्वोत्तम छंद या उक्ति-चमत्कार को, अनुपम कल्पना की उड़ान को, अभंग अन्त्यानुप्रास में ढालने को, जो गीतकारों को आनन्द देता है,
इन सबको, सिंधु, मैं इन सबको छोड़ दूँ बदले में,
मात्र एक ही तरंग का आरोह-अवरोह, उसका रहस्य, सिंधु, अगर तुम मुझे दे दो,
या मेरी कविता पर अपनी मात्र एक साँस, सिंधु, तुम पड़ने दो,
और उसकी सुरभि वहाँ तुम छोड़ो।

(1885) **(Had I the Choice, 1888-89)**

भाटा की अंतिम लहरें और दिन का छीजता प्रकाश

भाटा की अंतिम लहरें और दिन का छीजता प्रकाश,
सागर की सुगंधित शीतलता थल की ओर आती हुई, नरकुलों और क्षार की गंधें,
जलावर्तों से निकलती हुईं अधसुनी अनेक आवाज़ें,
पाप की अनेक घुँटी-घुँटी स्वीकृतियाँ, अनेक सिसकियाँ और फुसफुसाये शब्द,
जैसे बोलने वाले कहीं दूर या छिपे हुए हों।

कैसे वे बुहारती हुई दूर पीछे को निकल जाती हैं! कैसे वे भुनभुनाती हैं!
अनाम कवि–कलाकारों में महानतम, ऐसे जिनके प्रिय रूपांकन लुप्त हुए,
प्रेम का तिरस्कार, युगों के दुखड़ों का एक समवेत गान, आशा के अंतिम शब्द,
किसी आत्महत्या की हताश चीख़ : *"चलो सीमाहीन वीरान की तरफ़, लौट कर फिर मत आना।"*

बढ़ो, तब, विस्मृति की ओर!
बढ़ो, बढ़ो, और अपनी भूमिका का निर्वाह करो, ओ समाधि देने वाले भाटा के प्रवाह!
बढ़ो, अपने काल के लिए, ओ विक्षुब्ध विदा।

(1885) **(Last of the Ebb and Daylight Wan, 1888-89)**

तब सबसे अंत में

तब सबसे अंत में, इन तटों और पहाड़ी से लपका हुआ,
ओ प्रवाहो, तुम्हारा रहस्यमय मानवीय अर्थ :
मात्र तुम्हारे नियम से, तुम्हारे ज्वार और भाटा से, जो मुझे समान घेरते हैं,
यह मस्तिष्क जो रूप देता है, वह वाणी जो यह गीत गाती है।

(1885) **(Then Last of All, 1888-89)**

तुम्हारे उस स्फूर्तिमय कण्ठ के बारे में

विजन और शून्य उत्तरी ध्रुवसागर से तुम्हारे स्फूर्तिमय कण्ठ की सीख,
ओ एकाकी पक्षी, ध्यान में रखूँगा, मुझे भी ठिठुराते प्रवाहों का स्वागत करने दो,
गहनतम शीत भी, जैसा इस काल–शिथिल नाड़ी और स्नायुहीन मस्तिष्क,
अपनी शीतकालीन खाड़ी में चतुर्दिक थल से आबद्ध जरा, (शीत, शीत, ओ शीत!)
हिम-से ये बाल, मेरी अशक्त भुजा, मेरे हिम-जटित पाँव,
उनके लिए तुम्हारी आस्था, तुम्हारा नियम मैं ग्रहण करता हूँ और अंत तक उत्कीर्ण करता जाता हूँ;
अकेले ग्रीष्म के प्रदेशों का ही नहीं, यौवन के गीतों का ही नहीं, या अकेले दक्षिण की धाराओं का ही नहीं,
बल्कि मंथर हिमवाहों में आबद्ध, उतरी हिम में बंद पड़े, वर्षों का संचय,
इनका भी मैं प्रसन्न-चित्त गान करता हूँ।

(1885) **(Of That Blithe Throat of Thine, 1888-89)**

गीतों की अंतिम लय पकड़ पाने के लिए

गीतों की अंतिम लय पकड़ पाने के लिए,
कवियों के अन्तरतम ज्ञान का भेदन करने के लिए, शक्तिमानों को जानने के लिए,
जॉब, होमर, एस्किलस, दांते, शेक्सपीयर, टेनिसन, एमर्सन :
प्रेम, अभिमान, संदेह के अस्थिर कोमल हल्के रंगों का निदान करने के लिए,
अपनी परिधि में इन्हें लाने के लिए, अंतिम प्रखर क्षमता और प्रवेश-शुल्क,
जरा, और वह जो अपने अतीत के साथ आता है।

(1888) **(To get the Final Lilt of Songs, 1888-89)**

योन्नोनडियो

(इस शब्द का अर्थ "आदिवासियों के प्रति शोक-गान" है यह इरोकाई शब्द है और इसका इस्तेमाल एक व्यक्तिगत नाम के रूप में हुआ है।)

एक गान, स्वयं की एक कविता—यह शब्द स्वयं एक मर्सिया है,
बियाबानों, चट्टानों, आँधी और जाड़े की रात,
मेरे लिए शब्दांश मेरे सामने कैसी कोहरेभरी, विचित्र झाँकियाँ लौटा लाते हैं,
योन्नोनडियो—बहुत दूरी पर पश्चिम हो या उत्तर, मैदानों और स्याह पहाड़ों वाला,
अंतहीन एक गह्वर मैं देखता हूँ,
मैं हट्टे-कट्टे मुखियाओं, हकीमों और योद्धाओं के झुण्ड के झुण्ड देखता हूँ,
प्रेतों के बादलों की तरह तेज़ उड़ते हुए वे गुज़र जाते हैं और धुँधलके में खो जाते हैं,
(जंगलों, मुक्त विस्तृत दृश्यों और प्रपातों की नस्ल!
कोई चित्र, कविता, कथन उन्हें भावी को समर्पित नहीं करता :)
योन्नोनडियो! योन्नोनडियो! उल्लेखहीन वे लुप्त हो जाते हैं;
आज का दिन स्थान रिक्त करता है और धुँधला पड़ जाता है—नगर, फार्म, कारखाने
धुँधले पड़ जाते हैं;
एक दबी-दबी हुई सुरीली आवाज़, एक बिलखता हुआ शब्द जिसका वहन वायु एक
क्षण के लिए करती है,
बाद में जो रिक्त, विदा और निश्चल हो जाता, पूरी तरह खो जाता है।

(1887) **(Yonnondio, 1888-89)**

वृद्धावस्था में धन्यवाद

वृद्धावस्था में धन्यवाद—विदा होने के पहले धन्यवाद,
आरोग्य, दोपहर की धूप, अगोचर हवा—ज़िंदगी के लिए, सिर्फ़ ज़िन्दगी के लिए
धन्यवाद,
मूल्यवान सदा बनी रहने वाली स्मृतियों के लिए, (तुम्हारी, मेरी प्रिय माँ—तुम्हारी,
पिता—तुम्हारी, भाइयो, बहनो ओर दोस्तो,)
मेरे सारे दिनों के लिए—नहीं सिर्फ़ शांति के—वैसे ही युद्ध के दिनों के लिए,
मधुर शब्दों, लाड़-प्यार, विदेशों से भेंटों के लिए,
आश्रय, शराब और भोजन के लिए—मधुर गुणग्राहकता के लिए,
(तुम जो दूर हो, धुँधले अशांत—या युवा या वृद्ध—असंख्य, विवरणहीन, प्रिय पाठको,
हम कभी मिले नहीं, और कभी नहीं मिल पायेंगे—फिर भी हमारी आत्माएँ आलिंगन
करती हैं, देर तक, और कस कर देर तक;)
व्यक्तियों के लिए, समूहों, प्रेम, कर्मों, शब्दों, पुस्तकों के लिए—रंगों और रूपों के लिए,
सारे वीर शक्तिशाली व्यक्तियों के लिए, समर्पित और निर्भय जो हैं—
जो स्वाधीनता की सहायता के लिए, जीवन भर, सभी देशों में, कूद कर आगे आये हैं,
उनसे बढ़कर वीर, शक्तिमान और समर्पित व्यक्तियों के लिए—(विदा होने के पहले,
जीवन के युद्ध के लिए, चयनित व्यक्तियों के लिए एक विशेष विजय-पत्र,
गीतों और विचारों के गोले बरसाने वाले—महान् तोपचियों—सर्वोच्च नेताओं, आत्मा
के कर्णधारों के लिए :)
ख़त्म हुए युद्ध से लौटे हुए सैनिक की तरह—संख्यातीत यात्रियों में से एक यात्री की
तरह, लम्बे जुलूस की तरफ़ जो मुड़ कर देखता है,
धन्यवाद—हर्षपूर्ण धन्यवाद!—एक सैनिक, एक यात्री का धन्यवाद।

(1888) **(Thanks in Old Age, 1888-89)**

अतीत को न भूलते हुए भी

जो हुआ उसको बिना भूले
कम से कम, आज तुम दफ़्न कर दो सारा विवाद—शांति और भ्रातृत्व का उदय हुआ है;
पारस्परिक संकेत के निमित्त उत्तर और दक्षिण के हमारे हाथ
सभी खेत आए सिपाहियों की समाधियों पर तुम रख दो, चाहे वे दक्षिण या उत्तर के रहे,

(मात्र अतीत के ही निमित्त नहीं–भावी में अर्थ के भी निमित्त,)
गुलाब की मालाएँ और ताल-पत्र।

(1888) (While Not the Past Forgetting, 1888-89)

बढ़कर शक्तिशाली सीखें

तुमने क्या सीख सिर्फ़ उन्हीं से ली है, जो तुम्हारी पूजा करते रहे, और जो तुम्हारे साथ कोमलता से पेश आए, और तुम्हारे लिए रास्ता छोड़ा,

तुमने क्या महान् सीखें उनसे नहीं ली हैं, जो तुम्हें स्वीकार नहीं करते और जो तुम्हें चुनौती देते हैं? या जो तुम्हारा अनादर करते हैं या रास्ते से स्वयं पहले गुज़रने के लिए तुमसे झगड़ते हैं?

(1860) (Stronger Lessons, 1888-89)

चरागाह का सूर्यास्त

(उत्तरी ध्रुव के पास–ग्रीली ने, जिसने उसकी खोज की, वहाँ निर्जन में केवल एक पक्षी का गीत सुना)

सुनहरा, लोहित, बैजयंती, हीरक, हरित मणि, मृगदेहिया,
पृथ्वी का विपुल विस्तार और निसर्ग की बहुरूप-धारी शक्ति रंगों को समर्पित है;
प्रभा यह, यह वायु जो निर्बंध है, अभिभूत उनसे–रंग ये अबतक अजाने ही रहे हैं,
ये असीमित, सर्वथा निर्बाध–नहीं केवल पश्चिमी आकाश, नभ का शीर्ष, उत्तर और दक्षिण, सब कहीं–
विमल भास्वर रंग अपने प्राणप्रण से मूक छायावाहिनी से लड़ रहे हैं।

(1888) (A Prairie Sunset, 1888-89)

फ्लोरिडा से मेल द्वारा आयी हुई नारंगी की मंजरियाँ

(वाल्तेयर ने एक तर्क के अंत में कहा था कि युद्धपोत और ऑपेरा सभ्यता और फ्रांस की प्रगति के अकाट्य प्रमाण थे)

यह प्रमाण बूढ़े वाल्तेयर के प्रमाण से कमतर, फिर भी महत्तर है,
वर्तमान का प्रमाण, और तुम्हारे विपुल प्रसार का प्रमाण, अमरीका,
उत्तर में मेरी इस साधारण कुटिया में, बाहर मेघों और बर्फ़ में पड़ी हुई,
एक हज़ार मील की यात्रा जल-थल पर तय करके, सकुशल,
आज से लगभग तीन दिन पूर्व अपनी धरती पर जो जीवित लहलहाती रहीं,
इस क्षण मेरे कमरे में जिनकी सुगन्ध अनावृत होती है,
नारंगी की ये मंजरियाँ हैं, जिनका गुच्छा फ्लोरिडा से मेल द्वारा आया है।

(1888) **(Orange Buds by Mail from Florida, 1888-89)**

विदा, मेरी कल्पना
Good-Bye My Fancy

विलम्ब करती हुईं आखिरी बूँदें

और कहाँ से क्यों आई हो, तुम?
(उत्तर मिला,) हमें मालूम नहीं कहाँ से;
हमें सिर्फ़ इतना मालूम है कि हम यहाँ औरों के साथ आयी हैं,
हम विलम्ब करती रहीं और पीछे छूटीं—लेकिन अंत में उड़ाकर हमें यहाँ लाया गया,
    और अब यहाँ हैं,
ताकि हम ख़त्म होती हुई वर्षा की आख़िरी बूँदें बनें।

(1891) **(Lingering Last Drops, 1891-92)**

विदा, मेरी कल्पना

विदा, ओ कल्पना, तुमसे एक शब्द कहना था,
लेकिन वह क्षण नहीं आया है—किसी भी व्यक्ति का सर्वोत्तम शब्द या संदेश
वह है जो समय से कहा जाय—उसका अर्थ समझा जाय,
अतः जो कहना है अंत तक उसे छिपा रखता हूँ।

(1891) **(Good-Bye My Fancy, 1891-92)**

पूर्ववत् बढ़ती चलो, बढ़ती चलो, प्रसन्नमना तुम दोनों!

पूर्ववत् बढ़ती चलो, बढ़ती चलो, प्रसन्नमना तुम दोनों!
मेरी ज़िंदगी और कविता, जिनमें जन्म, यौवन और मध्यायु के वर्ष,
अग्निशिखा की बहुरूपी जिह्वाओं की तरह चपल, अभिन्न अनुस्यूत और विलयन से एक हुईं—सबको संयुक्त किये हुए,
मेरी अपनी स्वयं की आत्मा—लक्ष्य, पुष्टियाँ, असफलताएँ, आनंद और न तो मेरी स्वयं की ही अकेली आत्मा,
मैं अपने राष्ट्र के मोड़ की स्थिति का गायक हूँ (अमरीका की, शायद मानवता की महान् परीक्षा, महान् विजय,
अतीत, पूर्वी दुनिया, प्राचीन, मध्यकालीन सारे जन की विलक्षण जमघट,
यहाँ, यहाँ भ्रमणों, भटकनों, सीखों, युद्धों, पराजयों से होकर—पश्चिम की एक विजयिनी आवाज़—सबके औचित्य की घोषणा करती हुई,
हर्ष में डूबी हुई एक बुलंद आवाज़—एक बार आत्यंतिक गर्व और संतोष का गीत;
इससे मैं सर्व के सामान्य, सामान्य औसत टोली के गीत गाता हूँ, (उतनी ही त्वरा से हीनतम के, जितनी कि उत्तम के)
और अब वृद्धावस्था का गान करता हूँ,
(पहले पूर्वाह्न के लिए, और वसंत और पतझड़ के विस्तार के लिए लिखी गई अपनी कविताएँ,
अब मैं हिम-श्वेत केशों को वैसे ही हस्तांतरित करता हूँ और वैसे ही शीत ऋतु से सर्द हुई धड़कनों को सौंपता हूँ,)
और यहाँ बेपरवाह चहकते हुए, मैं और मेरी कविताएँ, विश्वास और प्रेम के साथ,
दूसरे कार्य, अज्ञात गीतों, स्थितियों के निकट संतरण करती हैं,
बढ़ती चलो, बढ़ती चलो, प्रसन्नमना तुम दोनों! पूर्ववत् बढ़ती चलो!

(1891) **(On, on the, Same, Ye Jocund Twain! 1891-92)**

बहुत, बहुत दिनों बाद

बहुत दिनों, बहुत दिनों बाद, सैकड़ों वर्षों बाद, परित्यक्त हो-होकर,
संचय, जाग्रत प्रेम और हर्ष और चिंतन के बाद,
आशाओं, इच्छाओं, महती आकांक्षाओं, मनन, विजय, असंख्य पाठकों के बाद,

लेपन, सर्वेक्षण, आच्छादन होने पर, युग-युग की परतें जम जाने पर,
इतना समय बीत जाने पर मेरे इन गीतों में, चाहता हूँ, फलों का आगम हो।

(1891) **(Long, Long, Hence, 1891-92)**

शीतकाल के स्वर

शीतकाल के स्वर भी,
पर्वतों पर धूप, रेत की पटरियों पर प्रसन्न दौड़ती ट्रेनों की
दूर से आती हुई आवाज़, पर निकटतर खेतों, भण्डारों, आवासों की आवाज़,
कानाफूसी करती हुई हवा–मूक फ़स्लों, राशियों में रखे हुए सेबों, अन्न,
बच्चों और औरतों के स्वर–बहुत सारे किसानों और मूसलों की लय,
अन्यों के बीच एक वृद्ध आदमी के वाचाल होंठ–*मत सोचो कि हमने सब कुछ कह डाला है,*
हिम-से इन बालों से अभी हमने अपना गीत जारी रखा है।

(1891) **(Sound of the Winter, 1891-92)**

पूर्ण सिद्ध कवि जब आ पहुँचा

पूर्ण सिद्ध कवि जब आ पहुँचा
प्रकृति प्रसन्न होकर बोली (दिन और रात के अपने सारे प्रदर्शनों के साथ वृत्ताकार, निरावेग पृथ्वी, और उसने कहा, *मेरा है यह,*

लेकिन मानव की आत्मा ने भी कहा–गर्वीली, ईर्ष्यालु, असंतुष्ट–*नहीं, वह सिर्फ़ मेरा है;*
तब पूर्ण सिद्ध कवि उनके बीच खड़ा हुआ और उसने अपने हाथों में उनके हाथ लिए;
और आज वह और हमेशा वैसे ही खड़ा है, चीज़ों को मिलाते, कस कर हाथों को थामे हुए,
जिन्हें वह कभी नहीं छोड़ेगा जब तक न वह दोनों में समझौता करा दे,
और उन्हें पूरी तरह और प्रसन्नता के साथ मिला दे।

(1876) **(When the Full-grown Poet Came, 1891-92)**

घा. की प. का उद्देश्य

जो अनिष्टकर हैं उन्हें बहिष्कृत, उनका सीमांकन करने के लिए नहीं, उनकी भयानक
राशियों में से चयन करने के लिए नहीं (उन पर से पर्दा उठाने के लिए भी नहीं,)
बल्कि योग और मिश्रण करने के लिए, पूर्णता और विस्तार देने के लिए और जो
अमर और शुभ है, उसका गुण-गान करने के लिए।

यह गान, इसके शब्द और आयाम दंभपूर्ण,
दिक्काल के विराट विस्तारों पर,
उस पर जो पुंजीभूत—वृद्धि और पीढ़ियों पर सेतु बाँधने के लिए।

परिपक्व यौवन में प्रारम्भ और लगातार उनका पीछा करते हुए,
यायावर, झाँकते, सबके साथ मन-बहलाव करते हुए—युद्ध, शांति, दिन और रात
आत्मसात करते हुए,
कभी नहीं, एक प्रहर के लिए भी नहीं, अपने कार्य-भार का त्याग करते हुए
यहाँ मैं उनका अंत करता हूँ, रुग्ण, निर्धन और वृद्ध।

जीवन का गान मैं करता हूँ, फिर भी मृत्यु का पूरा ध्यान रखता हूँ :
आज छायावत् मृत्यु मेरे हर क़दम, मेरे अविचल रूप का पीछा करती है, और वर्षों से
करती आयी है—
कभी-कभी मेरे निकट चली आती है, जैसे हम आमने-सामने हों।

(1891) **(L. of G's Purpose, 1891-92)**

अभिव्यक्ति से वंचित

कैसे कोई कहने का साहस करे?
गर्व से जिनका नाम लिया जाता है, प्राचीन यूनान और भारत के वृत्तों, कविताओं,
गायकों, नाटकों—होमर, शेक्सपीयर, लम्बे, लम्बे समय से सघन पदचिह्नों से
भरे पथों और प्रदेशों के बाद,
चमकते हुए नक्षत्र-मण्डलों और आकाश-गंगाओं के बाद, प्रकृति की धड़कनों की
फ़स्लें काट लेने के बाद,

विगत के सारे आवेगों, नायकों, युद्ध, प्रेम, आराधना के बाद,
सारे युगों की अतलतम गहराइयों की माप ले लेने के बाद,
सारे मानवों के जीवन, कष्टों, कामनाओं, मस्तिष्कों–सारे अनुभवों को व्यक्त कर लेने के बाद,
संख्यातीत गीतों, लम्बे या छोटे, सारी भाषाओं और सारे देशों के बाद,
फिर भी कविता की वाणी या मुद्रण में कुछ अनकहा रह जाता है, कोई कमी रह जाती है,
(कौन जाने? सर्वोत्तम अभी अनकहा ही रहा और उसकी कमी बनी रह गई है।)

(1891) **(The Unexpress'd, 1891-92)**

अनदेखी कलियाँ

अनदेखी कलियाँ, संख्यातीत, विधिवत् आवृत,
कोहरे और हिम में दबीं, अंधकार में दबीं, इंच-इंच पृथ्वी में,
अंकुरित होती हुईं, अप्रतिम, सुकुमार, सुग्रथित, सूक्ष्मतम, अप्रसूत,
गर्भ में शिशुओं-सी, अन्तरस्थ, अवगुंठित, सुगठित, निद्रामग्न,
खरबों पर खरबों, और शंखों पर शंखों प्रतीक्षारत,
(पृथ्वी पर, सागर में, विश्व भर में–नभ में वहाँ सितारों में,)
मंद-मंद किंतु वे निस्संदेह ऊर्ध्वमुखी, अनवरत सृष्टिरत,
और उनसे भी अधिक प्रतीक्षारत, सदा ही अनुगमन को प्रतीक्षारत।

(1891) **(Unseen Buds, 1891-92)**

अलविदा, मेरी कल्पना!

अलविदा, मेरी कल्पना!
विदा, प्रियसंगिनी, मेरी प्रिया!
कहाँ जा रहा हूँ, यह नहीं मालूम,
या न मेरी नियति क्या है, या तुम्हें फिर देख पाऊँगा,
इसलिए अलविदा, मेरी कल्पना।

एक क्षण के लिए अंतिम बार मुड़ कर देख लेने दो,
अंतर की घड़ी मुझमें, मंदतर, क्षीणतर ध्वनि करती जा रही है,
निष्क्रमण, रात्रि का आगमन, जल्द ही मेरे हृदय की धड़कनें रुक जाएँगी।

साथ-साथ लम्बे समय तक हम रहे, सुख भोगा, परस्पर लाड़-प्यार किया,
आनंदपूर्ण! विदा का क्षण प्रस्तुत है—अलविदा, मेरी कल्पना।

फिर भी मुझे बहुत ज़्यादा उतावली नहीं करनी है,
लम्बे समय तक हम बेशक साथ रहे, सोये, छनते रहे, सचमुच घुल-मिल कर एक हुए,
तो अगर हमें मर जाना है, साथ में मरेंगे, (हाँ, हम एक होकर रहेंगे,)
अगर हमें कहीं जाना है, एक साथ जाएँगे, और जो कुछ भी होगा उसका सामना करेंगे,
शायद हमारी हालत बेहतर हो, प्रसन्नतर हो, और हम कुछ सीखें,
शायद तुम स्वयं मेरे लिए सच्चे गीतों का द्वार उन्मुक्त करती हो, (कौन जाने?)
शायद तुम मृत्यु की घुण्डी घुमाकर उसका अंत कर रही हो—इसलिए अब अंतिम बार,
अलविदा—और सलाम! मेरी कल्पना।

(1891) **(Good-Bye, My Fancy! 1891&92)**

बुढ़ापे की अनुगूँजें
Old Age Echoes

शून्य से डूब जाऊँ मुक्त और शक्ति-भरा

मधुर वैतालिक पखेरुओं का अनुकरण करूँ, मुझे कभी नहीं रुचा,
मैंने अपने को ऊँची उड़ानों की मौजों में, बड़ी-बड़ी भँवरों की मौजों में छोड़ा है,
बाज़ और सिंधु-काक का मैं वशीभूत हूँ, कैनरी या महोव पक्षियों से ज़्यादा, कभी नहीं
मन हुआ गाऊँ या चहकूँ मैं, चाहे कितना ही मधुर स्वर क्यों न मेरे हों,
मेरा मन होता है शून्य में डूब जाऊँ, मुक्त और शक्तिपूर्ण, हर्ष और स्वेच्छा से।

(1897) **(To Soar in Freedom and in Fullness or Power, 1897)**

कुछ बूँदें जो ज्ञात हैं

सूरमाओं, इतिहास, भव्य घटनाओं, स्थापनाओं, मिथकों, कविताओं की
कुछ ज्ञात बूँदों को ही अज्ञात के महासिंधुओं का प्रतीक बनना होता है,
इस सुघर सघन बसी पृथ्वी पर, यहाँ-वहाँ कुछ बानगियों भर का ही उल्लेख हुआ है,
यूनानियों और रोम वालों की थोड़ी-सी जानकारी, हिब्रू के भजन, और जैसे क़ब्रों से,
मिस्र से, मृत्यु की कुछ गंधें,
क्या हैं वे प्राचीन के दीर्घकालीन और विपुल सिंहावलोकन की तुलना में?

(1897) **(The Few Drops Known, 1897)**

एक विचार जो हमेशा आगे रहा

एक विचार जो हमेशा आगे रहा–
यह कि इस दिव्य जलपोत, लोक में, काल और अवकाश का सामना करते हुए,
पृथ्वी के सारे जन सहयात्री हैं, एक ही यात्रा पर निकले हैं और एक ही उनकी मंज़िल है।

(1897) **(One Thought Ever at the Fore, 1897)**

मत, मत बताओ मुझे आज प्रकाशित लज्जा

(1873 का शिशिर, कांग्रेस का सत्र चलता हुआ)

मत, मत बताओ मुझे,
पढ़कर मत सुनाओ मुझे संवाद, पत्र का भीड़भरा पृष्ठ,
समाचार जो भाल पर भाल दग्ध कर जाते हैं,
एक अपराधी स्तंभ के बाद आता हुआ दूसरा अपराधी स्तंभ।

आज यह कथा मेरे लिए मना करते हुए,
इससे मुँह मोड़ते हुए, श्वेत कांग्रेस-भवन से मुँह मोड़ते हुए,
इन वृहदाकार गुम्बदों से मुँह मोड़ते हुए, जिसके शीर्षों पर मूर्तियाँ स्थापित हैं,
इनसे बढ़कर अंतहीन, प्रसन्नचित्त, प्राणवान स्वप्न प्रकट होते हैं–प्रकाशन के बिना, चर्चा के बिना।

तुम्हारे सारे शांत पथों के बीच, उत्तर हो या वह दक्षिण हो, ओ समान राज्यों और निष्कपट खेतों,
तुम्हारी कोलाहल-रहित माताएँ, बहनें, पत्नियाँ, अपने सत्त्व के प्रति अचेत,
तुम्हारे सघन आवास, निर्धन नहीं और न सम्पन्न, स्वप्नों में जन्म लेते हैं–(यहाँ तक कि तुम्हारी श्रेष्ठ विपन्नताएँ भी,)
तुम्हारे स्वतः-आसवित अंतहीन सद्गुण, आत्म-त्याग, लालित्य,
तुम्हारे अंतर में गहन सत्यनिष्ठा का अनन्त आधार, भीरु किंतु संशयहीन,
तुम्हारा आशीषों का नियमित दान, आलोक की तरह निश्चित और शांत,
(इनके बीच उछल कर मैं वैसे ही डूबता हूँ जैसे कोई दृढ़-संकल्प गोताख़ोर सागर की अनजान गहराइयों में डूबे,)

ये हैं, ये हैं जिन पर मेरा चिंतन केंद्रित है—अन्य सब कुछ अस्वीकृत करते हुए—इनका
मैं अध्ययन करता हूँ,
इन्हें मैं मिलने के लिए बुलाता हूँ।

(1873) **(Nay, Tell Me Not Today the Publish'd Shame, 1897)**

याद हैं अपने अनेक काले कारनामे

मैं निरा खल हूँ—मुझे याद हैं अपने अनेक काले कारनामे, उनसे भी मैं बुरे कर्म कर
सकता हूँ,
फिर भी मैं शांतचित्त प्रकृति को निहारता हूँ, जीवन-रस पीता हूँ दिन-रात और पूर्ण
स्थिरप्रज्ञ मृत्यु की प्रतीक्षा करता हूँ,
क्योंकि मैं अपने प्रिय को मधुर और अपार प्रेम करता हूँ, और क्योंकि मेरा प्रिय मुझे
अपार प्रेम करता है।

(1897) **(Of Many a Smutch'd Deed Reminiscent, 1897)**

सिर्फ़ होना ही

सिर्फ़ होना ही—इससे बेहतर क्या है?
मेरे विचार से अगर कोई चीज़ और विकसित न होती तो भी जीव बालू में अपने
संवेदनहीन शंख में महिमामय होता,

मैं किसी संवेदनहीन शंख में बंद नहीं;
मैं लचीले संवाहकों में बंद हूँ, पूरे तन में,
वे हर चीज़ का हाथ पकड़ लेते और उसे मेरे अन्दर लाते हैं;
वे हज़ारों में हैं, प्रत्येक का प्रवेश अपने तक है;
वे अपनी छोटी आँखों से, मेरे सिर से लेकर पैर तक, ग़ौर से देखते रहते हैं;
एक बिंदु से न ज़्यादा वे भीतर और मुझसे बाहर कितना आनंद लाते और खो जाते हैं,
मेरे विचार से मैं घर की धरन को उठा सकने में समर्थ हूँ, अगर वह मुझमें और मेरी
चाही हुई चीज़ों के बीच आड़े आये।

(1855) **(To Be at All, 1897)**

यम की घाटी

मत, सपना मत देखो, ओ व्यूह के भयानक रचनाकार,
यह कि तुम अपने सम्पूर्ण विषय का चित्रांकन कर चुके और यह कि तुमने उस पर ठीक निशाना साधा है;
इन दिनों इस काली घाटी के निकट, इसके सीमांतों के निकट चक्कर लगाते हुए, इसकी झाँकियाँ ले लेने के बाद,
अब मैं तुमसे लड़ने को ताल ठोंकता और एक बिम्ब रचने के अपने अधिकार का दावा पेश करता हूँ।
क्योंकि मैंने अनेक आहत सैनिकों को दारुण कष्ट झेलने के बाद मरते हुए देखा है,
मुस्कुराहटों के बीच उनके जीवन का अंत होते हुए देखा है–
मैंने वृद्धों के मृत्यु-प्रहर देखे हैं; शिशुओं को मरते हुए देखा है;
और सम्पन्न को उसकी सारी नर्सों और चिकित्सकों के बीच;
और निर्धन को उसकी जर्जरता और निर्धनता के बीच;
और स्वयं मैंने, ओ यम, लम्बे समय तक अपनी प्रत्येक साँस तुम्हारी निकटता में और तुम्हारे विषय में मौन चिंतन करते हुए ली है।

और मैं इनको और तुम्हें लेकर
एक दृश्य, एक गान रचता हूँ, तुम्हारा भय नहीं,
(और न विषाद के गह्वर और न उजाड़-खण्ड और न अंधकार का ही, क्योंकि मैं तुमसे डरता नहीं,
और न संघर्ष या ऐंठन या कसकर बँधी गाँठ की स्तुति करता हूँ)
जिसमें विस्तृत और सुखद प्रकाश और अनिंद्य वायु, चरागाहें, लहराते ज्वार, और वृक्ष और फूल और घास,
और जीवित तरल हवा की मंद गूँज–और सबके बीच प्रभु का सुंदर, शाश्वत् दाहिना हाथ,
तुम, स्वर्ग के पवित्रतम पुरोहित–तुम, दूत, प्रवेशक और सबसे अंत के पथ-प्रदर्शक,
सम्पन्न, सुसज्जित, और उस रचना-ग्रंथि को खोलने वाले, जिसे जीवन कहा जाता है,
मधुर, शांत, स्वागत यमदेव।

(1892) **(Death's Valley, 1897)**

❑❑❑